叢書・ウニベルシタス　1026

市民の共同体

国民という近代的概念について

ドミニク・シュナペール
中嶋洋平 訳

法政大学出版局

Dominique SCHNAPPER
LA COMMUNAUTÉ DES CITOYENS

This book is published in Japan by arrangement with GALLIMARD
through le Bureau des Copyrights Français, Tokyo.

国民の運命について無関心ではなかった、近くて遠い私の家族たちを記念して

目次

第四章　国民的特殊性の創出　141

確かに、国民の概念というものは謎に満ちていて、よくわからない理念である。

エミール・デュルケム

緒　言

もともと一冊の本として出版されたものを普及版叢書へ収録するということになると、筆者としては必然的に、その本が経験した運命について自問するように促されるし、十年も昔の自らの仕事に関して批判的な考察を述べたくもなってくる。——加えて、過ぎ去った年月についての、ノスタルジックでかなり月並みな感想も浮かんでくるものだ。

私が『市民の共同体』の執筆計画について表明したのは、ベエル・シェバ大学にて開かれたイスラエル人類学者協会のメンバーたちを前にして行った講演後のことだった。その内容は必ずしも歓迎されなかったのだが、私は『統合のフランス（*La France de l'intégration*）』(1)の主なテーマについて発表した。その時の聴衆は、彼らが日頃からよくつきあいのあるアメリカの諸大学で支配的な多文化主義の雰囲気に染まっていて、きわめて丁重にではあったが、しかし断固として、私が提示した国民《ネイション》（nation）の「理論」を批判した。彼らによれば、私はその「理論」をフランスの例をもとにして作り上げているというのだった。この出逢いからこそ、暗黙裡となっている理論的概念を明確に述べたいという野心が生まれたのである。こうした理論的概念が、これまで実際にフランス的な国民に向けられた分析の基礎となってきたのだった。

私の意図は、フランスの事例に限定的に留まることなしに、近代の国民社会の理念型（マックス・ウェーバーによって用いられた語。ある社会的事象について、さまざまな社会的現実を考察しつつ、抽象化することで導き出す合理的な概念。あるべき理想や規範という意味での理念ではない）を明らかにすることだった。この国民社会は、市民権の価値、原理、そして制度に基礎づけられているのである。

こうして私が本書のなかで明らかにしたこととは、近代の国民社会の理念型の本質的な特徴が、市民権というものによって、成員の具体的な出自（enracinements）や特殊な信仰、そして社会的不平等などを超越することにより、一つの抽象的政治社会を作り出す企てにあるということだった。諸個人は、（言葉の最も広義の意味で）歴史的な、あるいは民族・宗教的な出自がどうであれ、また社会的な特徴がどうであれ、等しく市民となる。民主主義の国民は、その正統性の根拠を、この抽象的政治社会に、すなわち市民的、法的、政治的に自由で平等な市民から形成される「市民の共同体」に置く。民主主義の国民は、政治的正統性の原理であり、社会的紐帯の源泉でもある。いうまでもなく、現実を描写することが問題なのではない。近代的・民主主義的国民の政治的正統性を根拠づける原理について、明確に述べるということである。いいかえれば、政治的近代性の（論理的な意味での）「理念」、もしくは理念型を明確に述べるということである。

政治による超越という理念が理解させてくれるのは、自らを最も「市民的」であると宣言している社会においてですら、民族的《エスニック》な特殊性や特殊主義が維持され、また新たに生み出されさえするということである。あらゆる民主主義社会は、実際に多文化的なのである。市民による社会を特徴づけるものとは、社会が民族的であるよりむしろ市民的であるとか、あるいは民族的であるよりも市民的であるとかいったことではない。社会が市民的原理によって、実際の社会の民族的な現実を超越するという原理を定めることであり、その正統性の根拠をこの創造的なユートピアに置くことである。こうして分かるのはまさに、社会生活や学術文献のなかで慣例のように描かれる伝統的対立、すなわち「民族的」もしくは「ドイツ的」な国民と、「市民的」もしくは「アメリカ的」な（あるいはフランス的な）国民との間の対立というものが、歴史的でイデオロギー的ではあるけれども、分析的ではないということである。

　国民の理念型を――市民的原理によって民族的現実や社会的不平等を超越するものとして――明確に述べることで、かくして歴史から受け継がれた歴史的でイデオロギー的な二元的概念を用いるよりも、よりよく社会的現実を説明することができる。また歴史学や社会学による研究の結果を説明することもできる。そうした研究は、すべての民主主義社会において、民族的次元と市民的次元とが錯綜していることを明らかにしているのである。国民の形成の歴史がどうあれ、またナショナリストによって持ち出される議論がどうあれ、そういうものなのである。「市民的な」と形容されるすべての国々《ネイション》では、「民族的な」と形容されるすべての国々同様、国民たち（nationaux）は同じ一つの言語、同じ一つの文化、同じ一つの歴史的記憶、そして世界を理解し共に行動する同じ一つの方法を共有している。私が民族的と形容する現実が、市民権の原理や制度と結びつくのは避けられないことである。一つの社会がたんに抽象的な原理――市民権や法治国家――のみによっては組織されえないだけでなく、歴史的、文化的、そして社会的特殊性を伴う具体的な個人から形成される限りにおいてはそうなのである。

　またこの分析から理解することができるのは、ある社会が、市民権の普遍性を目指す原理と社会成員の民族的・宗教的な出自や社会的な特性といった現実との間で必然的に緊張を抱え、市民的原理を生み出す創造的ユートピアと具体的な歴史的社会同士の競合関係や衝突、そして不均等といった現実との間でもそうした緊張を抱えているがゆえに、本質的に脆いものだということである。ユートピア的な原理に基づく社会であっても——さらにいえば創造的なユートピアであっても——、自ら高らかに宣言する諸価値を裏切らずにはいられないものだし、他でもないその諸価値の名において、市民からの批判を養うものなのである。

もし、私が今日本書を出版したのなら、主に「民族的なもの《エスニック》」の概念についてテクストを少々修正するだろう。[2] 本書執筆時、私は国民《ネイション》やナショナリズムに関する膨大な文献を幾度も読み返したが、そうした国民やナショナリズムの議論を形作る原理となっている「民族的なもの」と「市民的なもの」との間の対立関係はそのままに保持した。そのときの私の研究アプローチは、この歴史的な対立関係を乗り越え、国民《ネイション》には二つの理念など存在せず、一つであると認めねばならないと論証することにあった。私はこの分析を的確だと思っている——この分析は、そのうえ他の研究者たちによってときどき「発見されている」。しかし、政治的で学問的な議論での見慣れた表現からはよりはっきりと距離を置いて、私はいくぶん異なる表現を用いてこの分析を説明するだろう。「民族的なもの」という概念は、本書のなかでは二つの意味で用いられている。どちらももちろん互いに関係し合っているが、一緒くたになるものではない。そして二つを区別することは妥当だった。[3]

ある場合には、「民族的なもの」という概念は、歴史的集団に自己を同一化することを意味している。歴史的集団とは、国民の構成に先んじて存在するものであり、国民以下のもの、あるいは国民以上のものでありうる。たとえば、スペインという国民に対するカタルーニャ地方やバスク地方、あるいはアルメニア人、華人、ユダヤ人といった、さまざまな国民のなかに散らばっているにもかかわらず、ある一つの民族に自己を同一化し続けている人びとである。歴史的集団という用語は、私が『他者への関係（*La relation à l'autre*）』のなかで提唱したものであるが、独立した政治的まとまりとしては承認されていない人的グループを指し示すのに、「民族《エスニー》」や「歴史的・文化的共同体」（後出四一頁参照）よりも的確であると思われる。(4) またこの用語は、アメリカ社会の経験にあまりに密接に結びついてしまっている、民族的《エスニック》あるいは人種的《レイシャル》グループという表現の代わりを首尾よくつとめてくれる。アメリカ社会は、移民（民族的グループ）や、先住民もしくは奴隷として連れて来られた人びと（人種的グループ）によって形成されたのである。もしウェーバーがそう見たように、合衆国で黒人と呼ばれている人びとが一つの歴史的集団を形成しているのだとしても、それは皮膚の色が理由になっているわけではない。黒人が自らを一つの特異な歴史的条件に従属したアフリカ人の子孫のように見なし、またそう見なされているからである。人身売買、奴隷制度、また奴隷制度に起因するさまざまな事象、つまり他のアメリカ人がそれらについて抱いたイメージ、そして他のアメリカ人による黒人の扱いといった、特異な歴史的条件があったのだ。また、アメリカ社会における黒人たちの社会的行動が、この集団の運命のなかに刻み込まれてもいる。黒人はある特異な歴史によって歴史的集団となったのである。このような黒人には、ダカールやケープタウンの住民と社会的にいかなる共通性があるのだろうか。民族的なものという用語は、不可避的に曖昧な内包的意味《コノテーション》を伴ってしまう。この曖昧な内包的意味のなかに生物学なものが存在しているのである。そして、歴史的集団という用語は、集団に対し自己を同一化したり、それに参加したりすることの歴史的性格や、さまざまな集団が政治的国民として組織されている人びとと維持する諸関係の歴史的性格を強調するものなのである。

だから私は今日ならば、続く分析のいくつかを少々違った言葉づかいで表明するだろう。市民の社会を組織する市民権の原理――あるいは市民的原理――とは、同じ政治的まとまりのうちに統合された諸個人が維持している、特殊な歴史的集団への自己同一化を乗り越えてゆくものなのである。

これとは逆に、私は、ある共通の文化を共有するすべての人びとを結びつける共通の暗黙的了解や情動を指し示すために、民族的なものという言葉を用い続けるだろう。国民同士の多様さや不均等性がどうあろうと、これぞすべての国民について言えることなのである。この意味で、最も市民的な諸国民は、後述の第四章が明らかにするように、国民的な民族的なもの（*ethnique national*）を生み出すことを自らの目的とする。そうした国民は、国家以下の、あるいは超国家的な他の歴史的集団をよそに、一つの歴史的集団、つまり一つの国民的集団を創造することを目指す。近年、歴史家や人類学者は、国民の創出、あるいは流行りの言葉を用いるならば、国民の「発明」を分析した際、まさにこのことを強調したのだった。民族的なものという用語のなかに含まれている「生物学的な」次元への信仰は、これらの関係のさまざまな側面の一つにすぎない。つまり、共通の一つの文化を共有する人びとは、彼らが何らかの形で同じ一つの先祖、あるいは同じ一つの民族から出自していると、とかく信じたいものなのだ。この信仰は客観的に真なるものではないとしても、ある文化を共有している諸個人たちによって養われているのである――国民という言葉の語源そのものがこのことを意味している。第三共和制期のフランスの子供たちには、ガリア人が祖先たることが教えられていたのだった。

十年来、本書が出会った反響は、マックス・ウェーバーが以下のように書いた際の考察を例証するものである。つまり、「時代に特徴的な何らかの社会的現れを抽象化することで手に入る、何らかの社会状況の理念型が、実際に同時代人の目には理想に見えたということもある。その理想へと、同時代人は現実的に到達しようと努力したのだ。あるいは、理念型がある種の社会関係の調整に向けられる原則に見えた場合もある。――この種の例はかなりよく見かけさえする」[5]。「理念」の論理的ないし分析的意味を規範的意味から区別するためのウェーバーの努力にもかかわらず、理念型はたいていの場合、理想と混同され続けている。『市民の共同体』は、フランスや外国で、フランス共和国について擁護し顕揚する宣言書《マニフェスト》のように読まれたのであって——あるいは最もよい場合でも、あらゆる「共和国」についての宣言書のように読まれたのであって——、まさしくこの理由で、「共和主義者」の熱烈な賛同を、あるいは近代性の諸価値の名における「民主主義者」の非難を呼び起こした。『市民の共同体』は社会学的な議論をほとんどかきたてなかったのである。市民権は、ウェーバーの表現を用いて言うならまさに一つの「理念《イデアル》」であるが、同時代人が「ある種の社会関係の調整に向けられる原則」のように、そこに「現実的に到達」しようと努力した、というのは本当である。民主主義の国民の「理念」に関する分析が、社会生活や政治生活のなかでは「理想《イデアル》」を述べているもののように読まれたということは、おそらく避けられないことだった。

なおもウェーバーの言によれば、「ある時代の実践的で理論的な考え方の傾向という意味で把握される「思想《イデー》」と、われわれによって概念的な補助として役立つために構築される、この時代の理念型という意味での「理念《イデー》」との間には、概して何らかの関係が存在する」[6]、ということも等しく本当である。私はいわゆる共和主義的な信念を決して隠さなかった。すなわち——歴史的で社会学的な分析に基づいた——私の信念とは、市民権こそが唯一の理念であって、たとえ要求された理想の高みには社会的現実が決して達しないにしても、そのような理念をわれわれは人間社会を組織するために手にしているというものである。最も客観的で最も注意深くあろうと努める研究者は——そしてもちろん私も例外ではないが——、つねに理念型を組み立てるなかに規範的な要素を持ち込んでしまうおそれがある。客観化の努力も、研究者が有する諸価値から決して完全には独立したものではない。しかし、絶対的な客観性が存在しえないからといって、社会学的な認識が、社会的アクターの言説やその政治的アンガジュマンと混ぜこぜになるわけではない。認識するということは、歴史的経験や特殊な知的伝統のなかに留まることを超えて、理性というものの普遍性に向かう性質を帯びているのである。

二〇〇三年二月十五日

序論　理念としての国民《ネイション》と民主主義

われわれは今日、公民精神や政治的紐帯が弱体化する時代を生きている。近代的・民主主義的国民が過去においてそうであったように、未来においても社会的紐帯を保証する能力を持っているだろうということを、何もわれわれに保証してはくれない。それぞれの国民の政治的・経済的独立と主権とが、今日、政治的ユニットの間の経済交流や諸関係のグローバル化に結びついた制約によって、厳しく制限されてしまっているということは疑うべくもない。加えて、われわれの集団生活が富を生産したり再配分したりすることにもっぱら集中しているように見える今日、そうした民主主義諸国の内的な変化が、諸国民の誕生する起源となった政治理念を徐々に蝕んでもいる。民主主義諸国にとっては、生命を犠牲にしてまでも民主主義を守るということを市民に要求するのが不可能に思われるほどである。民主主義においては、もはやはなはだしい犠牲を払うなどといったことはない。個人や個人の利益が市民や市民の理想に取って代わってしまったのである。まさしくこのことが、国民の建設や国民の機能を司った論理について、過去にさかのぼって考察するよう促すのである。人びとが国民について抱いている、表象という意味での思想《イデー》を提示することが問題なのではない。国民の内的論理、あるいは――言葉の分析的な意味での――理念こそを、私はここで分析しようとするだろう。

政治的なものと社会的紐帯

今日の国民の、衰亡とまではいわないにしても衰弱は、世界的に確認されるわけだが、たいていの場合、満足感と希望とを呼び起こしている。比較的最近、「今日の民主主義」というタイトルの講演でマリオ・バルガス・リョサが提示した解釈には、たとえ表現には多くのニュアンスが伴うにせよ、多くの人が同意している。専制的で、人びとの役に立つわけではない政治的フィクションである国民は、二十世紀の最もひどい権力乱用のアリバイとしての役割を果たしたといえよう。「もし歴史の進展のなかで、国民のために流れた血、国民が偏見や人種主義や外国人嫌い、そして人びとや文化の間の理解の欠落を育むことの原因となってしまった振舞い、国民が独裁、全体主義、植民地主義、宗教的・民族的ジェノサイドに与えたアリバイを検討するなら、国民は有害なる空想の産物の代表的な例のように、私には思えます」[1]。

こうして国民的なものは、集団的情念や二十世紀の戦争と惨禍とを激発させたとして、刑事被告人の席に立たされるのである。南米の偉大なる作家で、民主主義者である人物が、話が単純で分かりやすいだけに誘惑的なこうした分析の代弁者になってしまっていることについては、残念に思われるかもしれない。もちろん、人びとを殺戮したり、文明を消滅させるに至るすべての信念や行為と同様に許しがたい何らかの信念や行為を免罪したり、正当化したりしようとするわけではない。しかし帝国、王朝体制、あるいは神権政治が寛容だったり平和だったりしただろうか？　近代的・政治的国民が生まれる前から、歴史は戦争、専制政治、外国人排斥、そして諸民族の虐殺を経験してきた。十七世紀の三十年戦争が二十世紀の戦争に比べて、ドイツにとってさして高くつかなかったというわけではなかった。廃墟を復興し、人びとの不幸の埋め合わせをするためには、多くの時間が必要だったのである。この観点から見れば、二十世紀の戦争の特徴が、破壊兵器の技術的効果よりも諸国民の存在に由来したということはない。二十世紀の戦争の特徴とは、とりわけ人間の合理的精神を、諸民族全体を物理的に消滅させていく企てへと方法的かつ官僚的に適用したという事実に由来する。そのような企てを国家は言明し、組織したのである。政治秩序が国民として組織されたそのときから、集団社会の戦争や強制力といったものが必然的に政治的組織化や政治的集権化によってもたらされるのであり、国民的なものとなるのである。とはいえこのことは、国民的なものがそれ自体として、衝突の発生に責任があるということを意味しはしない。政治秩序が国民として組織されるときに、戦争は国民的となるのだ。政治秩序が王朝的、宗教的、あるいは帝国的原理に基づいていたときには、戦争は王朝的、宗教的、あるいは帝国的だった。世界がグローバルな民主主義を経験するために、「独裁、全体主義、植民地主義へのアリバイ」たる国民を消し去ってしまえば十分ということはないだろう。このグローバルな民主主義とは、マリオ・バルガス・リョサが到来することを願っているものであり、平和な経済交流や純正の小規模文化の保護といったものに基づくものなのだが。このことはまた、すべての国民的、民主主義的、独裁的、あるいは全体主義的なあり方を同一視することができるということも、それらの政治体制を考慮することなしに等しく非難することができるということも意味しないのである。

近代民主主義は国民的なあり方のもとで生まれた。近代的国民とは、その理念が十六世紀よりイギリスで生まれ、アメリカ独立革命やフランス革命以降、正統性を持つ普遍的な政治組織のように出現した。十九世紀から二十世紀の長きにわたる東ヨーロッパのすべてのナショナリズム運動や、さらに世界の他の地域での国民の独立や主権の要求は、民主主義への熱望や人間解放の希望といったものと別のものではなかった。第一次世界大戦に至るまで、国民は、人間のうちなる真に人間的なものを尊重する手段のように思われていた。すなわち、人間の自律性のことであり、これを平等や自由の価値は象徴している。この意味で、「国民はすべての被統治者が国家へ参加することを原則とし、目的とする。まさに国家に参加するために、マイノリティは彼らの言語が承認されることを要求するのである。(…) 近代的国民を否定することは、平等の絶え間ない要求を政治に反映することを拒絶することである」(2)。

政治的正統性は、近代的国民の誕生以降、もはや王朝的・宗教的伝統には基づかず、人民《プープル》主権の原理を基礎としてきた〔人民とは、政治的主体としての人びとのこと。国籍概念が付加されると国民と呼ばれる〕。少なくとも目に見える形では対照的であるにもかかわらず、一八〇六年のイエナの戦いにおけるプロイセンの敗北後に『ドイツ国民に告ぐ』を執筆したフィヒテと、一八七〇年の普仏戦争でのフランスの敗北を受けて一八八二年に『国民とは何か』という有名な講演を行ったルナンとが、互いにこの新しい政治的正統性のあり方について自問している。国民は主権の源泉として、何もないところから生まれたわけではなかった。シエイエスや「人権宣言〔人間と市民との諸権利に関する宣言〕」第三条とともに生まれたのである。人権宣言第三条は次のように明確にする。「あらゆる主権の淵源は本質的に国民にある。いかなる団体も、いかなる個人も、国民から明示的に発しない権威を行使することはできない」〔樋口陽一・吉田善明編『改定版　解説世界憲法集』三省堂、二〇〇四年〕。国民は、一七八九年に新しい歴史的アクターたることを宣言し、王政が数世紀にわたって遂行していた、中央政府の政治的集権化や整備拡充といったすべての事業を引き継いだ。しかしフランス革命は、それ以降、政治的正統性の根拠を人民《プープル》の意志に置くことで、象徴的にヨーロッパに根本的な断絶を作り出した。われわれは今なおその断絶の上に生きているのである。

政治的正統性の原理そのものを超えて、社会的紐帯の基礎こそが問い直されていたのだ。諸国民の時代には、人びとを一つにするために政治的なものが宗教的原理や王朝的原理に取って代わっている。どのような民主主義の国民でも、政治的なものが社会的なものを確立するのである。(3) トクヴィルの言葉を借りるなら、世襲的な地位の差異が消滅し、条件の平等が確立された社会では、重要な社会的価値がそれ以降、名誉——家族的グループ、あるいは個別の地位的グループのなかで、そして根本的に不平等で階層的な社会の内部において、個人が占める地位により決定されるもの——であることをやめ、すべての人間のそれ自体としての等しい尊厳となったのである。一七八九年八月四日の夜、人間同士の地位の不平等や従属関係が廃止されたとき、フランス革命はラディカルな政治的・社会的個人主義の原則を確立した。それぞれの市民は政治的正統性を担う一部分であることを任じられ、それ以降まったく同じ権利と義務とが自らに付与されるのを目にした。法によって抽象的に定義され、託され、そして是認される権利と義務とである。市民権とは、言葉の狭い意味で、法的で政治的な象徴というだけではなかった。社会的地位を獲得する手段であり、個人が集団生活の一人のアクターとして十全に承認されうるための——たとえ実際にはつねに十分条件でなかったにしても——必要条件だったのである。

しかしまた、民主主義の国民のただ中には、生産至上主義的な社会も生まれてきた。そのような社会で、個人はしだいに市民的義務よりも利益や充足といったものに熱心になってしまったのである。ただ近代の西洋人だけが経済的な行為をはっきりとしたシステムに作り上げた。名誉という貴族的なエトスは、労働というブルジョワ的な倫理に取って代わられた。今日、快楽主義的＝生産至上主義的な論理が、民主主義的な目的にも生産効率にも密接に結びつき、まさしく政治的な諸価値に勝ってしまう傾向にある。職務は個人の地位を固定し、社会や他者に対する個人の関係を組織し、そして個人の社会的で独自のアイデンティティを明確にすることに寄与する。すべての社会成員が集団的な豊かさの恩恵を得るという事実によって民主主義はより多く正当化されるのであり、西洋の民主主義大国の政治的プロジェクトの基礎となる諸価値——自由、平等——によって正当化されることのほうが少ない。集団生活の経済的で社会的な次元が、今や政治的プロジェクトを犠牲にして重要な地位を占めているのである。福祉国家は民主主義が目指した大きな志の成果であるわけだが、つねに人びとの役割が増大していくなかで、人びとの役割を市民というよりはむしろ生産者・消費者、受給者・受益者に変えてしまう。しかし、経済活動への参加に由来するさまざまなつながりや交流、またさまざまな資源の移転、社会的なものの領域への国家の介入といったものは、本質的に政治的なものだった国民的紐帯とは性質を異にする。もし社会的紐帯というものが、集団的な労働によって課される協力だけに、再配分のシステムが作り出す客観的な連帯だけに、そして社会的介入政策によってマージナルな地位にある人びとを統合することに帰着するのなら、国民の理念の基礎にある市民の現実と理想とは、デュルケムが社会的結束と呼んだものを脅かすほどまでに衰えてしまわないだろうか。政治的国民の衰弱は、社会的紐帯の衰弱をもたらすおそれがないだろうか。

社会学者たちのためらい

社会学者たちはおのおのの感性がどうであれ、近代社会において社会的紐帯が本質的に政治的であるという事実、すなわち国民的であるという事実を過小評価した。それは社会学者が政治的なものを考えることに対し、ほとんど職業的なためらいを持っているということである。社会学的な思考体系は実際、経済的で社会的な組織に対して政治体制を優位とする哲学的伝統から受け継がれた考え方をひっくり返し、社会的なものそれ自体の位置づけを分析することによって、十九世紀に確立されたのだった。ところが、まずは政治的な意味においてこそ、国民を分析せねばならないのである。その際に重視するべきは、国民が自らを確立し、維持するために必要な代表制や諸制度に然るべき場所を与えるということである。

エミール・デュルケム、マックス・ウェーバー、そしてマルセル・モースは、社会的な出自よりも国民的な帰属のなかで生きていた。デュルケムは熱心な愛国者として、道徳的な言葉で愛国主義を分析した。デュルケムは言う。「人間がその一部をなしており、また一部をなしうる社会がすべて、等しい道徳的価値を有しているわけではない。ところが、他のすべての社会に対し真の優位性を享受する社会というものがある。それは政治社会である。そして祖国である。ただしそうした政治社会が、貪るようにエゴイスティックで、自分と似たような人格を犠牲にしてでも広がる、そして大きくなるということにもっぱら気を取られている人格のように理解されるのではなく、多種多様な機関の一つであるように理解されるという条件においてである。多種多様な機関が協力し合うことが、人類の理念の漸進的実現にとって必要不可欠なのだ[4]」。しかしながら、政治社会と国家との間に区別があることをもちろん知らなかったわけではないのだが、社会学者デュルケムは一八八五年の早い時期のテクストにおいて、国民に関する考察から、「規範体系としての」社会の分析に移行した。デュルケムは、社会が国民に一致することを暗黙のうちに認めたのだった。こうしてデュルケムは、ノルベルト・エリアスが社会学者の大部分に対して行う批判をくらってしまうことになった。エリアス曰く、社会学者は「一つの社会が他の社会に対してもつ境界線が、たいていの場合は国境線に、あるいはおそらく民族的な境界線に一致していることを認めるという、かなり厄介な責務から[5]」免れてしまったのだという。いいかえれば、デュルケムは近代社会の特徴の一つを考慮に入れようとしなかったのであり、つまりは社会的紐帯がまず第一に国民的なものであるということを考慮に入れようとしなかったのである。

国民に関するモースやウェーバーのテクストは未完成のままとなった。この事実からあまりに多くの結論を引き出すべきではない。というのも、彼らの仕事の大部分が未完成だからだ。今日、しばしば彼らの分析はいくらか上から見下ろすように論じられている。モースは、フランス系ユダヤ人が解放以来、フランスに対し抱いた愛着によって分別を失い、いわゆる同化政策の曖昧さを見ようとしなくなってしまったのだとされる。他方で、ウェーバーは、彼が強く説く学者の価値論的中立性を忘れてしまい、ヴィルヘルム皇帝治世下のドイツ帝国のなかでかきたてられたナショナリズムを熱狂的に分かち合ったのだとされる。ウェーバーは言う。「私はもっぱら、国民的な視点からのみ政治を考察してきた。外交政策だけでなく、一般的にあらゆる政治を」(6)。かくして両者とも、国民についての社会学的考察が有する欠陥に対し責任があることになる。とはいえ、ヨーロッパの諸国民間に紛争が絶えなかった時代に固有のスタイルを差し引きさえすれば、彼らの分析は無視できるようなものではまったくない。たとえナショナリスト、マックス・ウェーバーのテクストが数多くあるにしても、この学者の考え方がヴィルヘルム皇帝治世下の帝国主義のイデオロギーに単に貢献しただけだと単純化されるものではない。モースの未完のテクストについていえば、それは国民の理論の諸要素を含んでいるのである。

社会学的思考が、生産能力に関するマルクス主義的な信仰——それはウォルト・ホイットマン・ロストウが先駆者であった、発展の理論家たちの自由「経済主義」に逆説的にも出会っていた——の直接的ないし非直接的な支配下にあって、政治に固有の次元を排除してしまったのは、第二次世界大戦以降である。社会科学の研究者は、技術的で経済的な諸条件をもとに、諸国民の誕生を解釈しようと努めた。世界規模にまでつねに拡大してゆく市場の組織化、産業化、コミュニケーション手段、資本主義的生産関係、産業文化を人びとに教え込む必要性といった諸条件である。[7] 国民それ自体を考えるための論理的努力はほとんど継続されなかった。ただノルベルト・エリアスだけが、強大な国民的君主制国家によって、人びとが漸進的に統合されたことについての分析を提示した。エリアスは、何世紀ものプロセスをつうじて、そうした人びとが自然で感情的な欲動を、とくに宮廷社会の影響下でコントロールする必要を内面化していったのを描き出した。しかしエリアスの著作は認められるまで時間がかかった。その影響は、歴史家や社会学者においてようやく感じられ始めたばかりなのである。

合理主義的で抽象的な近代性に関するロマン主義からの批判は、社会学者の思考にしばしば影響を与えており、確かにとかく国民に対して差し向けられてきた。国民とは政治秩序の典型的に近代的なあり方であり、その抽象性や、合理的であろうとする企てが、非人間的だと非難されたのである。一九七〇年代以降、研究者の大部分は、暗黙にであれ明白にであれ、専制的であると同時に人びとの役に立たない国民同化政策を告発した。なおもバルガス・リョサを引くならば、「驚くべきことは、この共通分母を創造するために、すなわち人びとを保護すると同時に他の人びとから隔離するようなこの「われわれ」を作るために、古き諸国民が投入したためくるめくような〔仮構への〕エネルギーがあるにもかかわらず、日々ますます明らかになっているとおり、遠心力の抗しがたい運動が働いて、この神話を再び問いに付しているということである」。[8] 研究者はとくに、あらゆる特殊主義の有する真実性や本質的な価値といったものの名において、フランスのジャコバン主義を告発した。ジャコバン主義は特殊なアイデンティティの破壊者だというのである。しかし、イギリスの「内的植民地主義」がもっと寛大に裁かれたというわけでもない。[9] この視点に最も真剣で学識豊かな形を与えたアントニー・スミスにとって、真の社会的現実とは、共同体や情緒に基礎づけられた民族的紐帯や民族的帰属であり続けている。国民のほうは、抽象的な社会にすぎず、よくても先在している諸民族《エスニー》のさまざまな神話、記憶、価値、そして象徴――「神話的・象徴的システム」――を延長するものにすぎない。そしてそれらのものを乗り越えることに、一度たりとも成功しなかったというのである。(10)

人間科学の研究者の大多数は、大きなものよりもむしろ小さなものに対して、人工的なものよりも自然なものに対してシンパシーを感じるものなので、民族《エスニー》については熱烈に言及し、国民については多かれ少なかれ明白な形で非難する。こうした態度は、ロバート・ニスベットが特徴づけるような「社会学的伝統」を例証してくれる。ニスベットによれば、多くの社会学者は、近代社会に対して根本的に批判的な態度をとる――たとえ彼らの大部分が「進歩主義的」な政治選択をしようと、そうなのである。(11) 一種の「アナルコ・マルクス主義」によって、彼らは進んで集団社会の強制力を告発し、民主主義の具体的諸条件を考えるのを拒絶する方に向かっていく。そのうえ社会学者は、進んで自分の研究対象へと同化してゆく。社会的な不和、衝突、断絶、そして抵抗を論じる人びとは進歩主義者として形容される。反対に、国民という政治的統合の特殊なあり方を分析することは、「保守主義的に」諸問題を論じること、すなわち保守主義者として考えることとなる。近代社会の社会的結束について危惧していたがゆえに、デュルケムは長らくこうした表現で非難された。社会的紐帯に関する近年の研究者は、まず第一に、個人とグループとの間の諸関係を思考することに向かい、政治的で国民的な紐帯を無視し続けてしまう。ところが、象徴的なもの、つまり理念的なもの、あるいは理想――民主主義的平等のようなもの――を、社会的諸条件から生まれる単純な産物とすることで満足せずに、同じく思考することが重要なのである。

国民に関する理論的考察は、諸国民が賞揚されていた時代に、ドイツ、イタリア、あるいはフランスといった大陸系の思想家たち（フィヒテからマッツィーニ、ルナン、ウェーバー、あるいはモースに至る）

が没頭したものであるが、クリフォード・ギアツやその協力者たちの研究にもかかわらず、イギリスやアメリカの政治学からは無視された[12]。おそらくイデオロギー的であるとか科学以前であると判断されて、そうした考察は第一次世界大戦以降、ヨーロッパの国々のなかでも引き継がれることがなくなった[13]。人的交流やすべての種類のコミュニケーションがグローバル化していることが賞賛される時代――そうしたグローバル化を嘆く向きもあるが――、また学際的な知的豊かさが進んで推奨される時代、さまざまな国における知的な試みは、しばしば並行する形で展開していくものである。

　そうした知的な試みが国民やナショナリズムに向かうときはとくにそうである。フランス人は、自分たちこそが近代的国民を発明したといわば自惚れていて、フランスの歴史家や社会学者は、ニュアンスの違いはともかくとして、好んでそのような視点を受け入れるわけだが、そうしたフランス人は、名高いアメリカの人類学者や社会学者たちがとくにもったいぶるわけでもなく述べる判断を読んでみるといいだろう。「でき損ないの国家がある。でき損ないの芸術家がいるようにである。そうしたことをフランスの例は示しているかもしれない[14]」。「このようなコンセンサスを欠いたまま、政治的権威は新しい諸国民の最も敏感な問題であり続けている。古い諸国民はこれらの困難を決して乗り越えることができなかった。フランスは立憲的秩序を十分に制度化したことが決してなかった。原初的な忠誠が今も生きているのだ。政治的権威は、法の枠組みのなかに決して完全には統合されず、近代国家としてのフランスの最も練り上げられた法的構造があるにもかかわらず、この枠組み自身を脆弱にしてしまった[15]」。「フランスでは今日、法治国家はこの点では制度化されておらず、ポピュリズムがつねに、政治的権威の代表者たちに認められた正統性の主要な源泉――そして主要な脅威――となっている。(…)フランスは合衆国とまったく同じ価値体系を取り入れようとした。つまり、成功感、平等や普遍性といった原理である。(…)フランスの失敗は、アメリカとは反対に、革命勢力が重要な社会的グループの間で価値に基づくコンセンサスを維持するのに十分に強くなかった、という事実に由来している」[16]。「アメリカ独立戦争は、フランスでラディカリズムとナショナリズムとが容易に一緒くたになるという結果をもたらした。また自由、平等、国民の諸価値を集産主義的に（国家管理的に）——そして民主主義的にではなく——解釈し直すという方向に強力に惹きつけていったのである」[17]。フランス人が合衆国に向けてきた批判、とくに一九六〇年代まで黒人やインディアン〔ネイティヴ・アメリカン〕を公的生活から排除していたことや、あるいは華人、日系人、そして他のエスニックが長らく被害者となってきた差別に対して向けてきた批判の多さも、これに劣らない。イギリスの民主主義だけが、モンテスキューやヴォルテールが賞賛した時代以来、少なくとも近年に至るまで、すべての国民が近隣の諸国民に対して向ける厳しい評価を部分的にではあれ免れてきたのである。

モースの時代と同じく今日も、社会学者たちは、「近代の、とりわけ国民的な個性に関わることを怠っている」[18]。まさにフランス社会学派の創始者たるデュルケムは、このモースの観察よりも少し前に、「確かに、国民の概念というものは謎に満ちていて、よくわからない理念である」と書いていた。今日、人びとは好んで「複雑性」を持ち出すが、複雑性が大きいということが国民の概念を分析することへの怠惰を正当化してしまう。驚くべきことだろう。国民とはもはや、『ラ・マルセイエーズ』の歌詞を取り上げるなら「神聖なる愛」の対象ではないのだが、どうしてこのように合理的な認識を免れるのだろうか。

内的論理、あるいは「体系的一貫性[19]」

ここから社会学の「視点[20]」がそれ自体として豊かなものたりえないとは結論すべきでない。個々の国民、つまり定義からしてそれぞれ独自である国民がたどった運命を語る歴史家と、国民の〈理念〉を作り上げるという、あるいはより控え目にいっても、国民的な事実の具体的なあり方を少なくとも表面的には無視しつつ、名声ある哲学者たちの著作を通して国民の〈理念〉の歴史を紡ぐという、ヘーゲルの野心に追従する哲学者との間で、社会学者は、歴史的経験の分析をもとにして、現実の領域と理念やイデオロギーの領域とを区別し、以下の事柄について一般的な妥当性をもった命題を提示することができる。つまり、諸国民が形成される原因となった社会的で政治的な決定因、この固有の政治社会が機能することを可能にする社会的諸条件、国民的まとまり全体のさまざまな下位システムの間に生じる一定の関係、そして歴史的社会のなかで実際に具現化された国民に固有のさまざまな〈理念〉や価値のあり方、といったものについての命題である。

私は社会的現実とのさまざまな関係のなかで理念を検討するだろう。「理念は事実として、あるいは事実に関係するものとしてしかわれわれの興味を引かないのである」[21]。このあとに続く分析は、とくに個々の国民的経験に向けられているが、そうした国民的経験がきわめて意味深く、あるいは事態をよく説明してくれるものである場合には、そのいくつかを何度となく引き合いに出すことになるだろう。すなわち、東西ヨーロッパの国々の他、スイス、イスラエルやトルコといった新しい諸国民の経験である。もし本書の分析が歴史研究に拠っているのだとしても、分析は過去のまたは現在の、単一の一つの国民を描き出すことを狙っているわけではないし、またそうした国民の制度史、あるいは理念の歴史を書き記すことも狙っているわけではない。本書の分析は、ナショナリズム思想を分析することも、ある国の内部における、あるいはある国から他の国へのナショナリズムの伝播を明らかにすることも目的とはしていない。社会的現実の観察や分析のなかに出発点を得て、そして利用できるよりよい研究を用いることで、本書の分析は歴史的な国民の性格と進化とを理解するための知的な手段を提供することを大きな目的としているのである。それも、国民の理念の論理を明確に説明することによって、である。

国民の理念が生まれたヨーロッパでは、知識人たち、そのなかでもとりわけ歴史家が、国民的イデオロギーとナショナリズム・イデオロギーとの強力な唱道者だった。知識人たちの論争と国民やナショナリズムに結びついた戦争との間の密接な関係は新しいものではない。ルナンの講演は、ドイツとフランスの間の競合や反目の時期になされていなければ、それほど有名になっていただろうか？　しばしば知識人たちは自ら活動家でもあるわけだが、ナショナリストが自分たちの民族《エスニー》を国民として承認させることを要求する活動のなかで掲げた諸価値に、表現を与えた――さらにはそれらを賞賛したのだった。だから彼らのテクストを通して、国民的イデオロギーやナショナリズム・イデオロギーを研究することはできるが、国民の社会的現実はわからない。司祭の説教は、彼らが広めようとするキリスト教の理想を知ることを可能にするが、信徒の宗教的実践や信仰といったものに関して判断を下すことをわれわれに許してはくれないのである。マルセル・モースが宗教的現象に関する当時の書物について書いたことを、ナショナリストの文章についても言うことができる。モース曰く、「これらの書物は多かれ少なかれ、著者たちの宗教的感情を適切に表現している。しかし、これらの感情の客観的性質についてわれわれに教えてくれるわけではない(22)」。

これから続く分析は、国民理念を賞賛し、正当化し、あるいは告発したりすることに向けられてはいない。社会学の視点や社会の経験的な知識に依拠しつつ、同時に社会的理念、諸価値、そして諸制度に、すなわち集団生活がとる具体的なあり方に場所を与える一つの国民の理論を提示することで、国民やナショナリズムがつねにかきたててきたイデオロギー的な言説にできる限り嵌らないように努力しよう。ナショナリズムの誕生以来、国民理念は政治的理想として表明され、主張され、そして賞揚された。一九一九年、第一次世界大戦の戦勝国列強は、いわゆるナショナリティの原則に基づく政治的ヨーロッパを再建しようと努めた。すなわち、民族《エスニー》、あるいは「ナショナリティ」と政治組織とが一致するということであり、それは十九世紀中ずっと求められてきた原則である。当時は、国民こそが人間の本性に合致する唯一の政治的形態であり、この事実によって、国民は世界中に平和を行き渡らせることを宿命づけられていると評価されていた。反対に、第二次世界大戦終結以降は、国民国家の悪行についての多くの告発に人びとは向き合うことになった。そうした悪行についてのマリオ・バルガス・リョサの非難は際立った例である。したがって、国民理念のどんな明示的な説明も、分析的な形ではなく、規範的な形で読まれてしまうおそれがあるのである。

それゆえ後続の記述のなかで、市民が法を遵守す「べき」であると書く場合、それは一つの市民的・政治的道徳の名において忠告する、あるいは命令するということ――国民が賞揚されていた時代に生きた、われわれの祖父母たちが受けた公民教育の教科書のなかでそうされたように――ではなく、そうした振舞いが民主主義の国民の機能の論理そのもののなかに書き込まれていることを示しているのである。この点の客観的な意味を明らかにし、民主主義の国民の基礎となっている価値について述べることは、国民を信奉するとか、あるいは政治的ないし知的誹謗者から国民を守るといったことを意味してはいない。本書の主題が政治的正統性や、近代社会の特有のアイデンティティを探究することに関係するすべての価値を引き受けているがゆえに、いっそう安易になされてしまうであろう誤解を避けるために、再び以下のように強調しよう。つまり、ここでは政治活動のためのモデルを提案することではなく、理念型の意味における国民の理念を分析することが問題なのである。いうまでもなく、客観性を目指すという企ては完全には実現されえず、一つの統制的理念にとどまるかもしれない。しかし、社会生活や政治生活を分析するために客観的であろうとするのを断念することは、学問的な試み自体を断念することでもある。国民に関する社会学的分析はナショナリストの政治的言説と一緒くたにはならない。

一方に原理の領域、価値の領域、理念の領域があり、他方に具体的現実の領域があるといったように領域を区別しつつも、私は暗黙のうちにであれ明白にであれ、前者と後者との間の乖離を非難しないようにするだろう。民主主義そのものと同じく、国民はイデオロギーであると同時に、政治システムでもある。表象というものが客観的現実に属する限り、イデオロギーについても政治システムについても言及せねばならないが、重要なことはそれらを混ぜこぜにしないことである。実践と理念とをきちんと区別すれば、われわれは知的単純化に陥ることも、安易に道徳的な告発に走るということもしないで済む。道徳面な告発はたとえ科学の名の下において行われるにせよ、安易なものなのだ。まさに道徳的ないし活動家的な意味においてではなく、客観的な意味においてこそ、民主主義的市民権という普遍性を目指す原理とそれぞれの国民社会の特異性との間で、また民主主義の国民が拠っている普遍的価値と政治指導者が必然的に擁護する国民の利益、したがって特殊的な利益との間で、国民が抱える固有の緊張を分析することができるのである。

もしも私が、歴史的経験に関してであれ知的形成に関してであれ、他の人びと以上に、自分の国民的帰属の影響から逃れようと主張することができないにしても、具体的現実に対し現代の研究者が向ける関心と、古典的な社会学者の理論的野心とがそこで折り合わせられるような、一つの解釈を提唱できたらと思う。国民に関する考察は脱植民地化、ソヴィエト帝国の崩壊、あるいは極右運動の復活に続くここ数年の間に生まれたのではない。私は、ウェーバーやモース、そしてより近年のエリアスの考察を再び参照することで、政治組織の特殊な形態としての国民に関する一つの理論を提示したいと思っている。国民は十六世紀から十九世紀にかけて、西ヨーロッパや北米で生まれ、そこから一見するところ世界中に広がった。ここでもまた、マルセル・モースが宗教的な出来事に関する社会学を打ち立てることを望んだ際に〈宗教〉について書き記したことを、〈国民〉に対して当てはめるべきである。モース曰く、「実際には、〈宗教〉と呼ばれる事物や本質はない。ただ宗教的現象があるだけである。人間のグループや一定の時間のなかで、多かれ少なかれ宗教と呼ばれるシステムとして確立され、明確な歴史的実在を有している宗教的現象である(23)」。

そもそも国民という現象やナショナリズムの現象はしばしば混ぜこぜにされてしまうものだが、これらの現象には今日なおさまざまな情念が伴うので、第一章ではかなり堅苦しくなってしまうけれども、用語の定義をする必要がある。こうした用語は道具であると同時に、学問的で政治的な議論の手段なのだ。政治生活においては、すべてのアクターが用いる語に明確な定義を与えるのをわざと避けるものだとしても、合理的認識への努力に貢献しようとする野心を持つとき、――国民、民族《エスニー》、ナショナリズム、国家――の定義の明確化を省くことはできない。いったん市民の共同体たる国民を、厳密に他の種類の歴史的で文化的な集団（民族《エスニー》）や国家から区別することで、政治による超越という普遍的な企てとそれぞれの歴史的国民が独自化していくプロセスの具体的なあり方との間の緊張という、国民の理念を構成するものを分析することができるのである（第二章）。そして市民性によってあらゆる種類の特殊性を超えていく場として、政治的空間が機能する原因や原理が明らかにされるだろう（第三章）。それは国民的な現実を描写するということではない。統制的原理を明確に説明することなのである。つまり、具体的にいえば、国民国家の行動とは、国民的な特殊性を打ち立てて強めることにあり、そのおかげで、抽象的概念たる市民の共同体は具体的現実となり、時間や空間のなかに刻み込まれ、人びとを動かすことができるのである（第四章）。

これらの分析が受け入れられたなら、国民の二つの理念などは存在しないことが認められるだろう（第五章）。フランス革命や、フランスとドイツとの間の大規模な対立以来、「フランス流の」市民的ないし政治的国民をフォルク（*Volk*）に、別の語でいえば「ドイツ流の」民族的ないし文化的国民にお決まりの仕方で対置することで、国民の二つの理念が存在するという話が安直にも繰り返されてきた。民族的国民という概念自体、表現において矛盾している。市民性という抽象をつうじて、自然なものとして経験されたアイデンティティや帰属から人びとを引き離すという努力こそが、本来、国民のプロジェクトを特徴づけているのである。国民の理念はただ一つなのだ。

本書の結論では、この理念の内的論理、あるいは体系的一貫性が明確に説明されたのち、近代民主主義国における社会的紐帯の変容と、またより一般的には、西ヨーロッパにおける歴史的国民の今日的な衰弱とについて、どのようによりよく解明することができるかを明らかにしたいと思う。本書の全体にわたって現前している、理念型についての分析に照らしてのみ、今日の自由民主主義的国民に関するいくつかの一般的問いと、そうした国民の運命について述べることができたのである。

本書は、私のこれまでの著作同様、フランス国立社会科学高等研究院（ＥＨＥＳＳ）における私のゼミの枠内で練り上げられ、学生および同僚からなる参加メンバーの発表や批判から恩恵を受けた。とりわけアニック・ジャマールからは、ベルギーの最近の推移について教わった。フィリップ・ベスナール、ジャクリーヌ・コスタ＝ラスクー、ピエール・アスネール、そしてアントワーヌ・シュナペールは原稿を読み、有益なコメントや感想を聞かせてくれた。フィリップ・ゴーチエはその学識を気前よく私に利用させてくれた。セルジュ・ポーガムとは日々討論を重ね、その意見交換が本書に養分を与えてくれた。ピエール・マナンの批評は決定的で、私に私自身の意図をよりよく理解させてくれた。マナンに対する私の恩義は実に大きい。ひらめきのある編集者たるエリック・ヴィーニュの要求水準の高い批判のおかげで、私は自分の考えを単純に披瀝したときよりも、はるかに進んだところまで私の文章を改善することができた。この場を借りて、みなさまに感謝を申し上げる。

第一章　定　義

民族《エスニー》、エスニシティ、国家、国民《ネイション》、そしてナショナリズムに関する議論のなかで用いられる用語を明確にする必要は、いつも説かれている。それほどにこれらの用語が、さまざまな価値や情念を引き受けているからだが、しかしわれわれは滅多にそうすることがない。社会生活のなかでは、また学術文献のなかでさえ、「民族」と「国民」とを混ぜこぜにして用いることが稀でなく、国民に対してまったく矛盾した非難をぶつけることもまた稀ではない。あるときは国民が問題であり、また別のときは民族《エスニー》が問題になっているような場合である。社会学者は、社会生活のなかで繰り広げられる論争で用いられる語彙を明確にし、語をめぐる争いを却けながら問題を提示せねばならない。こうした語をめぐる争いが、政治的で学問的な議論の手段というだけでなく、目的になってしまうからである。重要なことは、国民という語を、それが混ぜこぜにされてしまっている他の用語から区別することであり、一つの政治的で、イデオロギー的で、学問的な語のもつ曖昧さを批判することである。なるほど確かに、用いられる概念と著者たちの理論的な前提事項との間には、一つの関係が存在している。つまり、国民についてのある一つの定義は、すでにそれ自体、国民についての一つの暗黙の理論なのである。

私は、後述する定義が決定的に、あらゆる時と場合において有効であるなどと言うつもりはない。私はそれらの定義がすでに先在している定義、そして今後現れる定義を犠牲にしてでも強制されうるなどとは想像してもいない。すでに提示されたことのある、一方で法的・政治的な、他方で文化的な無数の定義の間で、賛否の立場を決めることが問題なのでもない。自らの意図を明確にし、合理的な議論に従いうる分析、そしてポパーの言葉を用いるとすれば、反証可能的な（falsifiables）分析、つまり否定されたり立証されたりすることのできる分析を提示することを、私はただ志しているのである。もし本書の提示する国民の定義に内容の豊かさがあることが証明されるなら、つまりもしそれらの定義によって可能となる分析が、民主国家の形成の長い歴史、共産主義帝国崩壊後のナショナリズムの強靭さ、あるいは一九一九年にチェコスロヴァキア国民として組織されたチェコ人とスロヴァキア人との間の、もしくは一八三〇年以来そういう状態であったフラマン人とワロン人との間の、近年の分離のような歴史的現実をよりよく説明することを可能にするなら、場合によっては、それらの定義はアポステリオリに正当化されるだろう。

本書の提示する国民の定義は、唯名論的な考え方を基礎にしている。この考え方に従うなら、概念とは物事の意味内容を理解する手段ではあるが、具体的な現実を表すものではない。それとはまったく反対に、本質主義者的な思考様式によって、「国民」が政治的国民として承認されることを正当化するために「国民」（つまりその民族《エスニー》）の無時間性や永遠性を示そうとするナショナリスト思想家たちの、逆を行くのである。諸国民とは、マッツィーニによれば、神の企図《プロジェクト》の所産である。まったく同じ人びとが、歴史の諸時期に従って、民族《エスニー》とか国民とかいった語で定義されるのを考えることは、国民にとっては難問なのだ。ナショナリストに対抗して、あらゆる政治組織がもつような歴史的性格を国民が有していることや、そうした歴史的性格を分析することを可能にする概念の手段的性格とについて、同時に喚起する必要があるのだ。

民族と国家とのはざまで

国民《ネイション》と民族《エスニー》

国民とは、政治的ユニットの一つの特殊な形態であって、その特徴は厳密な定義に基づいて分析すべきものである。――もっとも、あらゆる定義が理論であることを忘れてはならないが。あらゆる政治的ユニットがそうであるように、国民はその国民自身が有する主権によって定義され、主権は国家内部においては住民を統合するために行使され、国外においては、さまざまな政治的ユニットの間の存在と関係とを基盤とする世界秩序のなかで歴史的主体として自らを主張するために行使される。しかし、国民の特性は、国民がその住民を一つの市民の共同体（*Communauté de citoyens*）に統合することにある。市民の共同体の存在が、国家の内的および外的な行動を正当化するのである。(1)

国民は、政治的には組織されていない民族的《エスニック》グループから区別される。したがって私は、一つの歴史的で文化的な共同体の継承者（しばしば共通の祖先をもつと言明される）として生きる人びとのグループ、そしてその共同体を維持する意志を共有する人びとのグループを、民族と呼ぼう。いいかえれば、民族《エスニー》は二つの領域によって定義される。すなわち、歴史的共同体と文化的特殊性とである。(2)

民族《エスニー》はしばしば国民と呼ばれる。二つのものが混ぜこぜにされた原因の一つは、十八世紀以来、近代的・政治的国民の誕生まで、われわれが今日民族《エスニー》と形容しているものを、当時の人たちが国民《ネイション》と呼んでいたことに由来している。この国民《ネイション》という用語そのものは、一二五〇年頃にイングランドで出現した。その二十年ほど後には、「フランス国民」という表現がフランス人全体を意味するものとなっていた。そのとき、歴史記述のあり方は教会の軛や年代記の平板な叙述から自由になり、武勲《いさお》（*gesta*）というジャンルが、新たに描くべき対象、すなわち民衆を発見したのである。ハンガリーでも西ヨーロッパ全体でも、歴史記述は国民と名づけられていたものの意識を発展させることに寄与しながら、国民的なものとなった。[3]著作家たちは、彼らの描く民衆のうちに卓越した遺産が継承されていることを認めるため、とくに好んで古代の遺産を発見しようと競い合った。そうしてイングランド人、ウェールズやブルターニュのケルト人、フランス人、またはドイツ人はみな等しく、自らがトロイ人の子孫たることを主張したのだった。その頃より、フランス語においてもドイツ語においても、国民という語は出自のグループを指し示すものとなった。たとえばパリ大学の新入生たちは、四つの国民に再編成された。「フランスの名誉ある国民、ピカルディの誠実な国民、ノルマンディの尊敬すべき国民、ゲルマニアの忍耐強い国民」である。

もし近代的・政治的国民が、国境線とはいわないまでも、少なくとも中世のこれらの「国民」の意識や彼らが整備した最初の国家的諸制度を受け継いでいるのだとしても、やはり近代的・政治的国民が作り上げている現実は、それとは異なったものである。近代的・政治的国民は、民族《エスニー》から切り離されるべきものなのだ。つまり、フランス革命前の国民とか、十九世紀のナショナリティとか、「すでに存在していて、いわば巨視的レベルで近代国家と近代的国民とに調和しつつ、潜在的に機能しうるような、集団的帰属の意識のある種の変形[4]」として定義されるプロト・ナショナリズムとか、「政治以前の制度・信仰・連帯の母体」(5)とか、「国民以下のもの」(6)とかいったように、その時代の人びとや今日の歴史家が民族《エスニー》に与えている名前が何であれ、近代的・政治的国民と民族《エスニー》とは切り離されるべきなのである。

これらの定義は、民族《エスニー》が社会としての人間の組織と同様、その形態において多様であることをよく示している。しかし、いずれにせよ、民族《エスニー》は二つの特徴を持っている。帰属のグループであるということと、そうした帰属のグループが、政治的な意志表示を必ずしも持ち合わせているわけではないということである。

民族《エスニー》は、国民以上に自然なものであるわけではない。民族《エスニー》と国民とのどちらも歴史的な形態であって、物象化したり実体化したりすべきではない。たとえば、ジョン・アームストロングのような社会学者たちが主張したこととは反対に、民族的アイデンティティが現実や国民意識に比べて必ずしもより根源的で、強固で、あるいは永続的であるということはない。(7)民族《エスニー》は本質ではなく、それ自身もまた広義の意味において、ある政治的状況の産物なのである。ヨルバ族とイボ族との間の競合関係は、ナイジェリア国民の内部における民族的競合関係の例として、しばしば引き合いに出される。しかしながら、そのヨルバ族という言葉そのものは、十九世紀にアベオクタにやって来たイギリス国教会の宣教師たちによってナイジェリア西部の多様な民族を指し示すために作り出されたのだった。宣教師たちは地域の諸言語を統合し、かくして植民地行政府によって承認されるまとまりとして、これらの民族《エスニー》を組織した。つまり、ヨルバ民族《エスニー》はナイジェリア国民よりも古いわけではないのだ。(8)より一般的にいえば、アフリカ諸民族《エスニー》はしばしば、それ自身が植民者の政策によって作り出されたのである。チトーもまた、その権力を強化するため、一九六八年にボスニア・ヘルツェゴヴィナの「イスラム」民族《エスニー》を完全にでっち上げた。すなわちチトーは、民族的アイデンティティの意識を強め、またその感情をかきたてる同じ宗教を共有した住民を、固有の諸権利を与えられたひとまとまりの存在として構成したのである。[9] 諸民族《エスニー》は経済的・政治的状況に応じて、「アマルガム」、「編入」、「分裂」、「増殖」のプロセスをつうじて、新たな社会的「境界線」を定義しながら分裂し、再編成され、再組織されうる。[10] しかし、たとえ民族《エスニー》が国民と同様の資格で歴史的構築物なのだとしても、諸個人は自然の所与であるかのように、ある民族《エスニー》に帰属して生きているのだ。民族《エスニー》が固有の政治的組織を保有していない場合でも、である。民族《エスニー》は、近代的もしくは政治的な国民からは区別される。後者はイングランドに生まれ、すでに十八世紀の古典的著作家（モンテスキューやルソー）たちによって思考され、象徴的にはアメリカおよびフランス市民革命とともに政治的アクターとして出現したものである。まさしく、民族《エスニー》は自律的な政治的組織を手にしていないという点において、こうした国民から区別されるのだ。したがって、民族《エスニー》を国民に対置するのは数値とか他のあらゆる客観的特徴なのではなくて、人びとを結合する関係の性質の違いなのである。

　ところが、学術文献ですらこの区分にこだわろうとはしていない。たとえばウォーカー・コナーは、国民とは自己自身を意識した民族《エスニー》であると措定している。コナー曰く、「民族的グループは外部の観察者によって簡単に判別されうる。しかし、民族的グループの成員たち自身がグループ独自の性格を意識するようになるまでは、ただただ民族的グループというだけであって、国民ではないのである」[11]。コナーはヒュー・シートン＝ワトソンの見解を取り上げる。ワトソンは「私がそれゆえに至った結論とは、国民についてはいかなる科学的定義も提示されえないが、現象は存在したし、存在しているということである」と観察した後、続いて以下のような定義を採用している。それによると、「ある国民が存在するのは、共同体におけるある顕著な数の人びとが、自らが一つの国民を形成していると見なすとき、あるいはあたかも一つの国民を形成しているかのように振舞うときである」[12]。ジョン・アームストロングは『ナショナリズム以前の国民（*Nations before nationalism*）』[13]という本を著し、スザンヌ・バーガーは『ブルトン人、バスク人、スコットランド人、そして他のヨーロッパ国民（*Bretons, Basques, Scots and other European nations*）』[14]を論じているが、この両者もまた民族《エスニー》を国民から切り離してはいない。どちらの場合でも、固有の政治的な意志を表明することもなければ国家を保有することもない、国家以下の集団を国民と呼んでいるのである。このことは、民族《エスニー》が国民に変化するという起こりうる要求を、暗黙のうちに正当化してしまっていないだろうか。そして民族《エスニー》の性質が国民の性質と同様に、正当なものだと考えさせてはいないだろうか。

　とくに合衆国での、現代の学術文献のキーワードとなったエスニシティの概念の再生[15]が、民族《エスニー》と国民との区別の曖昧さを保つことに一役買ってしまった。合衆国の内部における特殊な共同体《コミュニティ》への帰属の強さを再発見し、民族的《エスニック》グループという言葉で黒人、アイルランド系アメリカ人、イタリア系アメリカ人、ユダヤ人、そしてネイティヴ・アメリカンをすべて指し示すことで、社会学者は集団に対する個人の帰属の本質に関して考察するという、つねに受苦にみちた作業を追究せずに済ませることができたのだ。つまり、黒人やネイティヴ・アメリカンの場合における人種について、アイルランド人やイタリア人の場合における国民について、ユダヤ人にとっての国民そして／あるいは宗教について、といった考察である。かくして人びとは、グループを定義するにあたって、人種——たとえ社会的に構築された概念だと主張するとしても——に関するタブーとなった問いを、あるいは文化——かつては人種と呼んでいた存在を指し示すために、しばしば社会的に認められた仕方になっている——に関する問いを提起するのを、なおざりにしておくことができたのである。とりわけ合衆国で、エスニシティに関する理論家のなかに数多くいるユダヤ人社会学者は、近代における世俗化と国民建設とが焼けつくような問題にしてしまったユダヤ人のアイデンティティの問題に関して、自らの考えを述べることを控えていられた。すなわち、政治秩序が諸国民という形で組織されたとき、ユダヤ人たちは固有の政治的諸権利を手にすることを断念しつつも、非ユダヤ的な国民の内部において、一つの純粋な宗教的ないし文化的グループを構築することができるのか、あるいは、ユダヤ人たちは本質的に国民になる召命を有していて、それゆえそれ自身の主権的国民の構築を宿命づけられていた一つの民族《プープル》であり続けるのか、といった問題である。(16)

一方の原初論者といわれる学派が、国民とは人間が集合する自然なユニットであり恒久的に存在するものだと主張するのに対し、もう一方の近代主義者と称される学派が、国民建設の本質的に近代的な性格を強調しようとするという、二つの思想学派の間の古典的な論争は、私にはつねに、用いる用語が定義されていなかったという事実に基づいているように思われた。もし民族《エスニー》というものを語る代わりに、あらゆる種類の歴史的集団を国民と呼ぶとすれば、時間の流れのなかでその形態が著しく変化したとはいえ、人間がつねに集団に帰属したというのは明らかである。この意味において、国民、すなわち民族《エスニー》は、つねに存在したわけである。反対に、私がそうするように、現代の民主主義の時代における政治的な形態を国民と呼ぶとすれば、それが何もないところから生まれたわけではないにせよ、またそれが先在する民族意識や諸制度を乗り越えつつその延長上にあるにせよ、国民は最近の構築物なのである。ある一つの歴史的集団に帰属しているという意識は何世紀も前から存在しただろう。しかしもっぱら現代においてこそ、そうした意識は政治組織の一つの特殊な形態を基礎づけ、そして正当化したのである。

国民《ネイション》と政治的ユニット

国民はまた、一般的に政治的なユニット、国家と混ぜこぜにされている。そのとき、国民という用語は、その主権が国際秩序によって承認されている政治的ユニットを意味することになる。

近年の研究者たちはかくして、国民に関する初期の思想家たちが知らずにはいなかった分析的な区別に注意を払うのを怠っている。とくにフランス人の著述家たちは、革命の経験の記憶と、政治的正統性の新たな源泉が国民にあることを示した第三身分による人権宣言の記憶とに深い影響を受けて、政治的ユニットと市民的国民とをはっきりと区別していた。反対に、マックス・ウェーバーのいくつかの著作は、この面についてより曖昧なままである。

ルナンはたとえば、「フランス、イギリス、そしてヨーロッパの自律的近代人の大部分のような諸国民」と、他の「人間社会の形態」とを区別した。他の「人間社会の形態」とは、すなわち「中国、エジプト、古代バビロニアのような人間の巨大な集合体、ヘブライ人やアラブ人のような部族、アテナイやスパルタのような都市国家、カロリング帝国のようなさまざまな地方からなる連合体、ユダヤ人やパールシー人のような宗教的紐帯によって維持される祖国なき共同体（…）スイスやアメリカのような連邦国家、人種が、より正確にいえば言語が、ゲルマン人やスラヴ人のさまざまな支族の間で成立させている血族関係」といったものである。[17] ルナンはこのような区別をもとに、「このやり方で理解されたならば（傍線筆者）、国民とは歴史のなかでかなり新しい何ものかなのである[18]」と認めることができている。

モースもまた、どのように国民と政治的ユニットとを区別するに至ったかを説明している。モースは度合を増してゆく「統合レベル」、すなわち政治的統合の程度に応じて、人間社会を四つの大きなグループに分類する。多細分化的社会、氏族的社会、部族的社会、それから「中央権力のプレゼンス、力、恒常性」によってさまざまな程度で統合の度を増してゆく社会である。「この四つ目のタイプの社会に対して国民の名を与えようという提案がなされたが、私たち自身、つまりデュルケムと私も、ほんの最近に至るまでこの専門用語を使用していたと言わねばならない[19]」。モースが別の言葉でそう指摘するように、それはあらゆる政治的ユニットと国民とを混同してしまうことであった。「これらの国々は結局のところ統合され、統治されてはいるが、当事者自身によって直接的には統治されていない。そこでは法は市民によって生み出された営為＝作品（œuvre）ではなかったのである[20]」。したがってモースは、安定した中央権力によって組織されたあらゆる政治的ユニットを特徴づける基準に対し、近代的国民を他の政治的ユニットから区別することを可能にする市民権の基準をつけ加える。こうしてモースは、「途方もない数の社会や国家が、いかなる程度においても国民の名に値せず、世界に今なお存在していること」を確認するに至るのである[21]。

『諸国民間の平和と戦争（*Paix et guerre entre les nations*）』の序文において同様の区分を踏襲しながら、レイモン・アロンは、国民がこの場合、「領域的に組織されたどんな政治的共同社会にも等しい」ということ、そして国際関係とは「政治的ユニット間の諸関係のことであり、この政治的ユニットという概念はギリシャの都市国家、ローマ帝国やエジプト王朝、またヨーロッパの諸王朝、ブルジョワ共和国、あるいは人民民主主義国をもカバーするものだ[22]」と明言している。もっともそれは、アダム・スミスが『諸国民の富』を著したときに、国民に対して与えた意味であった。

またこの意味においてこそ、国民という用語は「国際関係学（inter*nationales*）」と呼ばれる学問分野のなかで用いられ、国民は政治的ユニットを意味することになるのである[23]。まさに国民と政治組織とを同一視することによって、一九一九年の勝者たちは——民主主義の国民が政治組織の普遍的なモデルのように受け入れられたかにみえた時代にあって、国際連盟（sociétés des *Nations*）を設立するよう導かれたのであり、東ヨーロッパのいくつかの国々ではたんなる政治的ユニットであるにすぎなかった諸国民からなる政治的秩序を再組織しようとしたのだった。第二次世界大戦終結以降、国際連合（Organisation des *Nations* unies）によって承認された新しい諸国民の数が増加していることは、新しい諸国家、あるいは新しい政治的ユニットたる諸国民の存在を示している。それらは必ずしも新しい民主主義の国民であるとは限らない。たとえば、イランやサウジアラビアは、この意味では一つの国民を形成してはいない。モースがすでに指摘したことだが、法学者たちは国家と国民とを混ぜこぜにしてしまいがちなのだ。

しばしばウェーバーはこうしたケースに当てはまる。学者としてのウェーバーが自らの理論書を完成させなかっただけに、学者としての側面よりもむしろナショナリスト思想家としての側面が勝ってしまったときである。明らかにウェーバーは国家と国民との間の区別を知らないわけではなかった。「国民とはまず第一に「国家の人民」と同一ではない。すなわち、ある政治的共同体への帰属と同一ではない。というのも多くの政治的共同体（たとえば一九一八年以前のオーストリア）は複数の人間集団を含んでいるからである。これらの人間集団のなかでは、他の集団に対する国民の独立性とか、逆に「統合された国民」と成員に見なされている一つの人間集団のさまざまな部分のもつ独立性が、大々的に強調されるのである（またもやオーストリアが例となる）」[24]。さらにウェーバーは、民主主義的な性質や文化に関して、小規模な国民に対し独自の価値を認めた。「ドイツ支配下の国民国家の境界線の外側にも、一つのドイツ民族性（germanité）が等しく存在しているという巡り合わせにわれわれが感謝するのは、まったくもってもっともなことである。市民的な慎ましやかな美徳や、大国においては相変わらず一度たりとも実現されていない真の民主主義だけでなく、より内面的だが不朽である諸価値は、公共権力を放棄している共同体の領域でしか花開くことができない。そして芸術的次元の諸価値も事情は同じである。つまりゴットフリート・ケラー〔スイスの作家。ドイツ語話者〕ほどの真のドイツ人であっても、まさしくわれわれの国家がそうである軍事キャンプのなかにいたら、この奇抜で独特な存在になることは決してなかっただろう[25]」。国民に関するウェーバーの未完のテクストのなかには、「権力政治（*Machtpolitik*）」と文化の価値との間の違いを強調する同様の発想についての、もう一つのメモが存在する。ウェーバー曰く、「純粋にドイツ的な性格をもった芸術と文学とは、ドイツの政治的中心からは生まれて来ない[26]」。マックス・ウェーバーは明確に国家および権力（*Staatpolitisch*）の領域と、国民および文化（*Kulturpolitisch*）の領域とを区別していたのである。

しかし、ウェーバーはこのような区別を考察の中心とはしていなかった。ウェーバーの思考は二つの主要な思想に基づいていた。第一に、国家とは国民の道具であって、国家なき国民はありえない、というもの、第二に、国民の内的領域と外的行動との間には必然的な関係が存在する、というものである。そこから、ウェーバーのテクストの未完の性質ゆえに、ウェーバーの思想に与えられるべき解釈をめぐる論争が発生してしまう。ヴォルフガング・モムゼンがそう示そうとしたように[27]、ウェーバーは国民の外的行動を優先するという考え方を展開することで、国内の政治組織を、諸国家間関係のなかで自らの意志を主張するために行動する国家の唯一の権力意志の道具としたのだろうか。ウェーバーの考察がその歴史的経験――統一ドイツ国家の建設とヨーロッパ列強間の対立――から発展し、「自然に」対立状態にある諸国民という様式とは異なる別の様式に基づいて組織された政治世界を想像しなかったがゆえに、また権力意志に関する彼のニーチェ的な考え方や外交政策の優先といった事柄のゆえに、「国民と国民国家とが、ウェーバーにとってはつねによりいっそう、同じものの二つの側面になった[28]」というのは本当だろうか。テクストの曖昧さにかかわらず――議会体制が評価されるのはそれ自体としてであって、権力意志の単純な道具としてではない、というテクストを見つけることができる――、マックス・ウェーバーが国民を「権力政治」という点で定義すればするほど、この権力意志の道具、すなわち国家が、国民自身とより混ぜこぜになってしまう危険があったというのは明らかであるように思われる。ナショナリストとしてのウェーバーには、政治的ユニットと国民との区別を副次的なものにし、そして真の国民を——あるいは国民の理念型を——「列強」と同一視する傾向があった。なぜならばウェーバーにとって、しばしば引用される表現によれば、「それゆえ国家理性は、われわれにとって諸価値の究極の基準……」だからである。

国家は、制度や統制・強制といった手段の集合体として、政治的ユニットの内的一体性を作り出しては維持し、政治的ユニットが外部に対して影響力を行使できるようにすることを目的とするが、同時にあらゆる近代的な政治的ユニットの意志の表明であり、道具でもある。まさに国家こそが、すべての政治的ユニットたる諸国民を他の種類の集団や民族《エスニー》から区別することになる。ヘーゲルが言うように、民主主義の国民の場合、国家とは国民の合理的支柱であり、それなしには国民はいかなる真の実在ももたないだろうし、政治的になった集団的アイデンティティを客観的に表明することもないだろう。だからといって、国家と国民とが互いに必要不可欠な関係にあることによって、一方を他方と一緒くたにしてはならない。それどころか反対に、国家とは異なる市民の共同体の存在こそが、さまざまな政治的ユニットの間で民主主義の国民を特殊なものとするのである。

国民《ネイション》とナショナリズム

歴史的現実としての国民は、とにかくナショナリズムから区別されねばならない。ちなみにこのナショナリズムという用語は、国民のように承認されること、すなわち歴史的・文化的共同体（あるいは民族《エスニー》）

と政治組織とを一致させることへの民族《エスニー》の要求や、すでに形成されている諸国民が他の諸国民を犠牲にしてでも自己の存在を主張しようとする際に持つ権力意志を意味している。国民に対して向けられる批判は、往々にしてナショナリズムに関係するものである。たとえば、旧ユーゴスラヴィアで十年にわたって繰り広げられた紛争は、国民間の紛争ではなく、民族《エスニー》間の、あるいはさまざまなナショナリズム同士がぶつかり合った紛争であった。つまりこの紛争は、セルビア、クロアチア、スロヴェニア、ボスニア、ハンガリー、アルバニア民族《エスニー》などをもとに、一九一九年に国民《ネイション》として形成することが試みられた旧ユーゴスラヴィアの、まさしく国民的な伝統の弱さを証明しているのである。その題名にかかわらず、アーネスト・ゲルナーの著作『国民とナショナリズム（*Nations and nationalism*）』(29)や、より一般的には近年のアングロ・アメリカの政治学は、ナショナリズムを国民それ自身の意味ではなく、国民を形成する要求という意味で論じている。

社会生活における用語の混同――国民、民族《エスニー》、ナショナリズム――が偶然の産物だということは稀である。これらの用語は、上述のように、イデオロギー的で政治的な議論の手段であると同時に、目的でもある。それらが故意であるなしにかかわらず、曖昧な形で用いられるのはそのためである。社会生活や政治世界において、十九世紀以来、人は民族《エスニー》のことを言うのに人民《プープル》という語を用いてきた。民族《エスニー》――学問的概念――を人民《プープル》――政治的用語――と呼ぶことは、暗示的にであれ明示的にであれ、民族《エスニー》に政治的独立を要求する権利や政治的ユニットたる国民になる権利を認めることである。学術文献のなかでさえ、とかく国民《ネイション》と民族《エスニー》とが一緒くたにされているのは、ナショナリズムの時代においては、まさにあらゆる民族《エスニー》が人民自決の権利〔従来、日本語で「民族自決権」と言われてきたものを指す〕の名において、政治的ユニットというものを構成する国民としての承認を要求することができるからである。その点で、人民自決の権利というが革命的な原理だったことを、ルナンはよく理解していた。多くの場合、国民が国家に同一視されるのは、あらゆる国家が民主主義の国民の表現たらんとするからである。市民社会における国民という用語の曖昧さは、この用語が政治的正統性の近代的原理や、社会的紐帯の基礎といったものに必然的な形で関係していることに起因する。

たとえ象徴的にであろうと、民主主義の国民が今日、暗黙のうちに了解され、人びとの準拠するモデルであり続けているのはこうした理由による。ヨーロッパの共産主義諸国では、単一政党が独占的な形で君臨していたわけだが、指導者たちは選挙を実施し、自らの国家が民主主義の国民を具現していると強く主張していた。イラン・イスラム共和国の指導者たちは、権力の座に着くや、議会下院議員選挙に続いて憲法制定の国民投票を実施した。一九九二年十二月には、キューバの指導者たちが、権力を掌握して以来初めての総選挙を実施した。湾岸戦争中、サダム・フセインは重要決定のそれぞれを議会における前もっての議決に委ねた。サダム・フセインは西洋社会に対し、人びとが参画する姿という、代議政治の約束事に表面的には適っている様子を見せつけたのである。政治的ユニットたる諸国民のすべての政府は、一種の〈憲法〉のようなものを有しており、選挙された議会を招集するものだからである。

アントニー・スミスが詳細に明らかにしたように、民族的意識や情念が市民的国民のうちに存在し続けているにしても、だからといって民族《エスニー》と国民《ネイション》との間に違いはないなどと結論すべきではない。民族《エスニー》とも国家とも混同されはしない。国民は民族《エスニー》（あるいは諸民族《エスニー》）と国家との二重の弁証法的関係のなかで定義され、そのおかげで国民は社会的現実のなかに具現化するのである。国民のうちに統合された民族《エスニー》を政治的に承認することは、国民の溶解と機能不全とに行き着いてしまう。国家はあまりに強大に、専制的に、あるいは全体主義的になるとき、国民を飲み込み、市民の共同体を破壊してしまう。民族《エスニー》と国家との間に、国民の生きる場所を作るべきなのである。

統合が意味するもの

見てきたように、国民は一つの市民の共同体に住民を統合する。そして市民の共同体の存在が国家の内的および外的行動を正当化する。国家は国民の道具として、市民権によって国内の人びとを統合するためと同時に、さまざまな政治的ユニットたる諸国民が存在する世界のなかで外交的に行動していくためにその力を行使する。

内的統合のプロセス

国民は一度にきっぱりと作り出されるものではない。国民とは、言葉の積極的な意味で、国内を統合していくプロセス、つまり内的統合のプロセスの結果として作り出されるのである。まさにこの意味において、クリフォード・ギアツは一つの統合的革命(*integrative revolution*)として、フランスおよびイギリス植民地帝国の解体から生まれた新しい諸国民の形成を分析した。

統合とは社会学の一般的概念の一つで、地平をなす概念として採用すべきものであると、クロード・レヴィ゠ストロースはアイデンティティをめぐって書き記している。つまりレヴィ゠ストロースによれば、地平をなす概念とは、「一定数の物事を説明するために参照することが必要不可欠であるけれども、決して現実の存在ではないような、一種なヴァーチャルな焦点である」(30)。この地平をなす概念は、ここでは移民をめぐってフランスの政治世界で展開される議論のなかで見られるような現代的な意味においてではなく、社会学的伝統での意味で用いられる。社会学的伝統は、その根本的な発想において、社会関係を――あるいは統合を――維持することについて問うことから生まれ、それ以後は個人の自律性の事実と価値とを基礎にしたのである。

この概念がいかに曖昧なものであろうとも、そこには二つの主要な意味を見て取ることができる。まずこの概念は、組織全体、あるいは社会全体――社会の統合、あるいはシステム的統合と呼びうるもの――を特徴づけることができる。つまり、全体のうちにおける集団の特徴のことである。しかしこの概念はまた、諸個人の、あるいは下位の組織からより大きな組織への関係――社会への統合、あるいは回帰的（tro-pique）統合と呼びうるもの――を特徴づけることもできる。つまり、より大きな全体の内部における、個人、あるいは特殊な集団の特徴のことである。社会学的な意味では、国民を政治による社会の統合――あるいは「システム的」統合――のプロセスとして分析することができる。定義からしてこのような統合のプロセスは決して完遂することがない。すでに構築されている社会へとこれこれの人びとの集団（たとえば移民流入国における外国出自の人びと）が統合されること――あるいは回帰的統合――は、全体のうちでの政治社会の統合、あるいはシステム的統合の、一つの特殊な次元にすぎないのである。

このような関係において国民の内的統合のプロセスを定義することは、以下の事柄を含み込んでいる。つまり、デュルケムの分析をかなり自由に踏襲するなら、集団的な企図に対して共通の目標が定義され受け入れられること、諸個人が一定数の共通の慣行や信念を共有することであり、グループの成員の間に相互の影響関係が存在することである。国民の場合、政治的目標、慣行、そして信念が問題となるのだが、それらは社会的現実から独立したものではありえない。市民の共同体はいかなる社会的・経済的諸条件からでも構築されるというわけではないのだ。

プロセスが問題であるだけに、客観的諸条件と個人によるその内面化とをすべて一緒に考慮する必要がある。国籍――個人と国民国家との間の法的関係――がパーソンズ思想の一つの例外であるということが、しばしば指摘されてきた。つまりパーソンズ思想では、近代社会では多くの獲得された（*achieved*）役割や地位が、継承された（*ascribed*）地位と引き換えに絶えず増加していくものとされる。諸個人の大多数はその生まれのみを理由として国籍を得ているわけだが、それは意志の結果でもなければ功績の結果でもない。諸個人には避けられない所与である。しかし結局のところ、このような国籍の例とは、近代においては個人の社会化がすでに構築された国民社会の内部で展開していくという、一般的事実の個別の事例でしかない。

人間はその特性を社会の発展の内部において成長させるものだが、ルソーは、あらゆる社会契約に先立つ人間をあらためて見出そうして、そうした人間を「完成可能性、すなわち人間になる能力を備えた一種の動物」[31]として示した。ルソーに続いて、教育の役割を強調するフィヒテの発想を受け継ぐ形で、アラン・ルノーが国民理念の基礎としての教育可能性の概念を提示している。ルノーは、人びとの意志によって作り出される国民と、遺産として過去から受け継がれた国民との間に描かれる単純な対立軸を超えていくことに関心を持ち、民主主義の時代における新たな国民契約の基礎を築こうとする。「文化と伝統とのただ中に自由が書き込まれてゆくことの表れが、教育される能力、つまりこうした自由や伝統の諸価値への教育可能性のなかにある」[32]という点においてである。私自身も社会化についての伝統的な社会学的概念を頼りとしてきた[33]。いずれにせよ、ある個別の社会に生まれた個人が、社会が要求するものを内面化し、社会から共通の価値を獲得し、集団性を維持するための行動規範を取り入れるプロセスを示すことが問題なのである。これらの概念によって、人間の社会的に構築される能力を分析することができる。共同生活、すなわち国民社会に参加する手段を——広義の意味における——教育によって獲得するという能力である。

これらの概念を導入することにより、人間科学が果たした役割を考慮することができる。なるほど人間科学は、人間には自由がないといったことではなく、人間の自由が実際に行使されるところに課される具体的なさまざまな制約やさまざまな条件を強調してきた。人間科学は、人間の自由が〈状況の中の自由〉だということを思い起こさせるのである。人間科学が明らかにする自由と決定論との弁証法は、上述の概念——完成可能性、教育可能性、社会化——のおかげで、一つのジンテーゼを見出すことができるのであり、さらにこれらの概念のおかげで、偶然によってそこに生み落とされた個人が、集団の成員になるプロセスを説明することができるのである。おそらく教育は、諸個人が技術的社会に参加していくことを可能にする。ゲルナーが分析したように、技術的社会は諸個人に対し高レベルの能力を持つことを要求するものであるのだが。とはいえ、国民に関する理論家たち——ルソー、カント、フィヒテ、そしてモース——がみな〈学校〉の役割を強調したにしても、それはたんに技術習得が理由であるだけでなく、まず第一に、学校においてこそ市民が形成されるからである。〈学校〉は近代社会において、（最も一般的な概念を用いるとすれば）人びとの社会化のための必要不可欠な道具であって、そうして行われる社会化によってこそ、誰しもがある国民集団の成員になるのである。帰属や国民意識は、そうした個人がさまざまな知識や規範、そして共通の価値を内面化していくことから生じる。用いられる概念がどうであれ、人間が公共社会の慣行を知り、尊重することを学ぶことができるということを喚起することが問題なのである。また、より正確にいえば、公共領域が存在するという考えを、人間が内面化していくことを学びうるということである。

生まれ育ちが決定されているということは、こうして自由へと転化していく。以下は言葉の単純ないいかえではない。つまり、帰属や国民意識は、国民に固有の文化のさまざまなモデルやさまざまな価値の全体を、個人が実際に内面化していくことから生じる。そうした全体が、集団のアイデンティティに堅く結びついている個人のアイデンティティを定義しているのである。かくして、個人は、自らの内面に国民を見出すのである。

統合という言葉は誤解されてはならない。統合とは平和裏に進んでいくようなプロセスではない。それどころか反対に、通常は国内で繰り広げられる暴力のなかで、またそうした暴力によって——政治的・文化的な特殊主義を減退させながら——、ならびに諸外国との間で生じる暴力のなかで、またそうした暴力によって——戦争によって——こそ、国民統合のプロセスは展開したのである。しかし、いかなる政治的まとまりも暴力のみによって維持されるものではない。民主主義の国民を基礎とする国家の特徴は、民主主義の国民が構築されるや、国家の行動が市民の共同体によって正当化されることにある。

ウェーバーがナショナリストとして、多くのテクストで市民的国民と政治的ユニットたる国民とを同一視したことは、すでに見てきた通りである。ウェーバーは同時に、ドイツに民主主義を構築し、その力が強化されることも望んだ。議会主義に対しては、ウェーバーは個人的に好意的であったが、ウェーバーにとってそれはまず第一に、国民へ諸個人が参加することを促すことで、国民の外的行動の能力を強化する諸条件の一つだった。ウェーバーは議会的実践のなかで公共生活がよりよく組織化されていく姿を想像した。市民がより積極的に国民的野心を分かち合うためにはそれが必要であり、こうして市民は国民の力を成長させることに貢献するのである。ウェーバーはイギリス人が人類の四分の一を支配することができたことを賞賛し、自由こそが野心的な国民の意志を強固にしたのだと強調した。しかし、外交政策を優先する限りにおいて、ウェーバーは民主主義の国民と政治的ユニットたる国民とを明確に区別してはおらず、国民理念の基礎として市民権の理念についても言明しはしなかったのである。——このことが、ウェーバーという民主主義に関するドイツの大思想家を研究するなかで、そのナショナリズムの分析が旧西ドイツ（RFA）の知識人たちの間に呼び起こした情念を説明してくれる。

モースとアロンとは反対に、両者とも市民権の理念から出発する。モースは「一つの国家の市民全体、つまり国家とは区別される全体[34]」について語り、アロンはあの「政治的共同体の特殊な種類であり、そこでは大多数の諸個人が市民権を意識しており、国家は先在するナショナリティを表現するものであるように見える[35]」と言及している。しかし、さらに話を進めれば、両者は互いにこの最初の定義に対し、文化的ユニットと政治的ユニットとが一致するという考え、そして民族《エスニー》と国民とが一致するという考えをつけ加えるのである。「ある完全な国民とは、ある程度の民主主義的な中央権力に十分に統合されている社会であり、いずれにせよ国民主権の概念を持っていて、そして一般的には、その境界線が人種、文明、言語、モラル、要するに国民的性格の境界線となっているものである。(…) 完成された社会では、これらのすべてがぴたりと一致する。これらの一致は稀であるが、注目に値するものであり、もしわれわれが評価することが許されるなら、より見事なものである。というのも、政治的先入観を持つことなく、社会をあたかも動物か、あるいは植物かのように判断することができるからである[36]」。「国民は政治的ユニットの理想的形態として三重の特徴を持つ。つまり、徴兵と国民投票という二重のあり方のもとで、国家へすべての被統治者が参加すること、このような被統治者の政治的意志と文化の共同体とが一致すること、諸外国に対して国民国家が完全に独立していることである[37]」。市民権の理念は、モースにおいては「民主主義的中央権力」によって、そしてアロンにおいては「国家へのすべての被統治者の参加」によって言い表されているが、文化的ユニットと領域的・政治的組織との間の一致――フランス的国民国家の経験と理想とによって模範とされている――が、きわめて重要なものとなるのである。

それぞれの民族《エスニー》が有している、一つの政治的ユニットになる権利が国民国家の原理を基礎づけているという考えが、非常に一般的に受け入れられている。[38] ところが、そうした考えは、住民を国民化する条件というよりも、住民を国民化したことの帰結なのである。「ある一定数の人びとは、政治体のなかに結合され、まったく同じ言語を話し、また共通の安全、通商、そして統治といった理由によってほとんど毎日団結することになるので、必ず互いに教育し合うことになり、また人びとの間に生じる類似性を必ず自分のものとして身につけることができる。こうした類似性が国民的な性格を、それぞれの個人が持つ個性につけ加えていくのである」[39]。そして、まさに政治体が行使する政治的へゲモニーが、民衆に対して次第に単一の言語を押しつけていった。ヨーロッパの知識人は十八世紀以来、聖書を翻訳し、媒介となる言語で文学作品や歴史書を著すことで、言語的共同体を作り上げることに貢献してきた。これに続いて、ナショナリスト活動家たちは文化的ユニットという議論を引き合いに出すようになった。民族《エスニー》を政治的国民として承認させるためであり、必要な場合には行動を通して、そうした文化的ユニットを出現させ、自分たちの主張を実現しようとした。そして、諸国民は自分たちをある一つの民族《エスニー》の継承者だと主張するようになった。諸国民はいったん形成されるや、住民の文化的均質性を強固にすることで、あるいはモースの表現を取り上げるなら、その「人種」、「文明」、「言語」、「道徳」、もしくは「国民的性格」の特殊性を強固にすることで、国民の活力を増大させようとしたのである。さまざまな民族《エスニー》や国民の文化的特殊性と文化的均質性とが、こうして国民とナショナリティとに関する政治的議論の中心となった。しかし、それでもなお文化的特殊性と文化的均質性とは、国民が存在する原因でもなければ条件でもないのである。

すべての客観的な特徴——人種、言語、宗教、あるいは文化——に対して、マックス・ウェーバーが人種、もしくは「血の共同体」について書き記していることを当てはめることができる。つまり、「歴史のプロセス全体が何とも並外れて簡単に教えてくれるもの、それはとりわけ、政治的・共同体的活動こそが「血の共同体」という理念を生み出すということである。——極端に際立った人類学的なタイプの違いが邪魔をしないときはそうなのである」[40]。政治的共同体と文化的共同体とが一致することは、言葉の分析的な意味で、国民の政治的理想ではあったが、それでもなお国民の理念型なのではない。

市民の共同体はその原理において、文化的に異種混交でありうる。つねに引き合いに出されるスイスの例がそう示しているように、住民の文化的均質性は政治社会の建設を促す一つのファクターにすぎないのである。文化的均質性が、一つの国民を形成するために十分であったためしは一度たりともなかった。反対に、国民に対する政治的忠誠が、政治的組織によって多かれ少なかれ認知された先在する民族《エスニー》へのさまざまな種類の愛情と組み合わさることはありうる（本書第三章を見よ）。その代わり、国民が存在するために欠かすことができない条件の一つには、次のようなことがある。つまり、特殊的利益からは独立した政治的領域が存在するという考えや、そうした政治的領域が機能する諸規則を遵守せねばならないという考えを、市民が共有していることである。「市民的感覚（国民の創出に必要な）が他のいかなるものよりもその前提にしているように思われるもの、それは他からはっきりと分離され区別された身体としての公共という概念であり、したがって正真正銘の公的利益が存在しているということである。公的利益とは必ずしも何かに超越しているわけではなく、しかし独立していて、ときには私的利益や他の集団の利益と対立することもある」[41]。

内的次元と外的次元

論理的かつ歴史的な理由により、国民の内的統合のプロセスと国民の外的行動とを関係づけることが必要である。民主主義の国民は、一つの政治的ユニットである限りにおいて、他の政治的ユニットたる諸国民との関係によって定義される。他方で、諸外国に対するこうした国民の行動が、国民の内的統合のプロセスに影響する。「ある国の意志を他の国に押しつけるに至るあらゆる政治的な成功は、国の国内的な威信を強め、それによって階級、社会的地位のグループ、そして政党の力や影響が強められる。それらの権威のもとで成功が得られたからである」[42]。内的統合のプロセスを理解しようとするなら、他の諸国民に自国の意志を押しつけるために、あるいは他の諸国民に意志を押しつけられるのを妨げるために、外部に対して行動する国民の意志を考慮せねばならない。国民がそれによって定義される主権は、国民としてまとめ上げられる人びとに対して行使される強制力のなかで発揮されると同時に、諸国民の協調と呼ばれるもの、すなわち政治的ユニット間の諸関係に介入するなかでも発揮される。

こうした関係が国民の外的行動を優先するウェーバーの思想の中心にあった。ウェーバー曰く、「優れた民族《ブープル》だけが世界の発展を後押しする資格を有する」[43]。国民の内的統合とは、何よりもまず「世界の発展」に対して行動するための必要条件の一つだった。議会主義は、その名にふさわしい政治指導者を選出し、官僚支配の日常化と闘うことを可能にすることで、国民の力の道具となった。さて、モースもまたウェーバーに劣らず、内的統合と外的行動との間の必然的な関係について自らの考えを述べている。モース曰く、「ある国民の国内政治が、外部との関係によって広く決定されることがないなどと信じるのは、実際のところ非現実的であり、その逆も同様である」[44]。

政治的ユニットたる諸国民は、概して戦争の喧騒のなかで生まれるものなのだ。ヨーロッパにおける政治的ユニットの数は、一五〇〇年には五百ほどであったのが、十九世紀初頭には数十ほどになった。まさに戦争によってこそ、そうした政治的ユニットの大部分は消滅し、より大きな政治的ユニットのなかに飲み込まれたのである。諸国民のヨーロッパは、三十年戦争を終わらせた一六四八年のウェストファリア条約や、フランス革命戦争およびフランス帝国による戦争に続く一八一五年のウィーン会議、そして第一次世界大戦の終焉を認めた諸条約によって、その輪郭が示された。中央ヨーロッパおよび東ヨーロッパの諸国民は、一九一九から二〇年にかけて、オーストリア＝ハンガリー帝国およびトルコ帝国が軍事的に敗北し崩壊した結果、独立を獲得した。十八世紀末におけるアメリカ合衆国、十九世紀初頭におけるラテン・アメリカの諸国民、二十世紀におけるアフリカやアジアの諸国民は、ヨーロッパの帝国主義勢力に対する独立戦争のなかで、そして独立戦争によって形成された。諸国家の大部分は、その存在を他国の直接的行動に負っているのである。紛争は、ときには交戦中の政治的ユニットを完全に、もしくは部分的に包み込む新しい政治的ユニットを出現させたり、あるいは反対に、大きな政治的ユニットをより小さなユニットに分割するに至ったりするのである。

初期の国家的諸制度は、ヨーロッパの主権者たちに隣国に対する戦争を遂行する手段を与えるという目的と役割とを持っていた[45]。政治的ユニットたるあらゆる諸国民において、戦争とは一時的に、あるいは決定的に、国家の組織と行動のあり方とを発展させ、変容させるものである。ビスマルクは、一八七〇年の普仏戦争でのドイツの勝利を、ヴィルヘルム皇帝が統治する「ドイツ帝国（*Reich*）」を建設する手段にした。民主主義の国民についていえば、まさに第一次世界大戦後に、すべてのヨーロッパ諸国で公務員の数が著しく増大し、経済社会領域へ国家がきわめて頻繁に介入するようになった。西ヨーロッパ諸国での福祉国家の建設は第二次世界大戦の直接的な結果だった。かの有名なベバレッジ報告は戦闘が繰り広げられていた一九四二年に執筆されたのである。

他方で戦争は、民族《エスニー》の、あるいはすでに構築された政治的ユニットの意識を目覚めさせ、あるいは蘇らせていく。外部の脅威に抵抗する場合でも、あるいは外部に対し力を拡大させる場合でも、外部に対する共同の闘いは、自らを意識する共同体を生まれさせる。スペイン、ポルトガル、フランス、オランダ、イギリスといった西ヨーロッパの諸国民によって行われた征服戦争は、遠方にいる異民族をその支配に従属させ、世界中に広がる大規模な貿易を支配するためのものであったが、自国の民衆を統合し、その自尊心を満たすことに役立った。ヨーロッパにおいて、国民意識とは、大国間の競合関係と衝突から生まれたのだった。こうしてフランス共和国やフランス帝国が遂行した戦争の結果、フランス人の大部分は、国民理念を革命原理と混同することになった。中央ヨーロッパや東ヨーロッパの諸国民はまさに、ルナンの表現によれば、「外国の圧力のもとで……完全に自己を意識した」のだが、それはすなわち、当時超大国だったフランスとナポレオンの帝国主義とに対して戦うことによってだったのである。まさに西洋と互角に闘い、集団のアイデンティティを守るためにこそ、日本やトルコは、民主主義の国民というあり方を取り入れたのだった。

戦争によってかき立てられる意識は、諸個人を民族的、あるいは国民的集団へと結合していく。諸個人がそれぞれ独自の方向へ向かおうとする意識は、共通の脅威を目の前にして生じる連帯の意識によって弱められ、そうした連帯の意識は、集団組織に伴う秩序の厳正さや、社会組織の少なくとも一時的な軍事化によって強められていく。一九一四年から一八年にかけて続いた第一次世界大戦のなかで、フランス市民として子供たちを殺されたポーランド系移民は、新しい祖国であるフランスに対し情熱的な愛情を抱くことで、この犠牲を正当化した。第一次世界大戦後、ドイツ系アメリカ人たちはアメリカの愛国者となり、ドイツ人共同体が合衆国の公共空間において、それ自体として承認されることを求めるのをやめてしまった。戦場に流れた血は、戦闘する者たちを団結させるのである。

戦争が、あらゆる政治的ユニットと同様に民主主義の国民をさらに強固にするのは、戦争によってかきたてられる共同体的な意識が民主主義の国民へと抱く強い愛着と一つになるように、その国民のさまざまな規範や価値が市民によって十分深く内面化されるときである。われわれは、デュルケムが次のように書いたとき、暗黙のうちに引き合いに出した事実のうちにいるのだ。「危機に瀕した祖国というイメージが意識のなかに一つの位置を占める。平時には占めることがないものである。その結果、個人を社会に結びつける諸関係がさらに強まることになる」[46]。一九一九年と一九四五年における西洋民主主義諸国の勝利は、おそらくその体制の価値と有効性とに対する市民の信用を増大させた。指摘されるとおり、ヒトラーが指導するドイツに対する戦いが続いた時代、ウィンストン・チャーチルのイギリス政府は民主主義の防衛の名において、イギリス国民に対しかなり権威主義的な体制を強いた。しかし戦後、政府組織は一九三九年の開戦以前に比べてより重厚でより複雑な状態であったにせよ、民主主義の実践へと戻ろうとする動きは早かった。反対に、第一次世界大戦後の一九二〇年代のドイツ人は、民主主義の理念を自分たちの軍事的敗北や屈辱と混ぜこぜにしてしまった。

政治的国民が十分に主権を有する国家を手にしていない場合、それを政治的国民と語ることはできるだろうか。あるいは言い方を変えれば、たとえ独立した外的行動がなくても、住民を一つの市民の共同体に統合するためだけの行動によって、もっぱら国家を定義することはできるだろうか。たとえばアントニー・スミスは、カタルーニャ人が一つの領域、一つの言語、一つの教育システム、一つの固有の経済、そして徴税権を持っているので、国民を形成していると主張する。(47) スミスは、カタルーニャ国家がスペイン国家から独立した外交政策を有していないという点で、主権国家ではないと認めている。しかしスミスにとっては、カタルーニャ市民の共同体が存在している限りにおいて、国民は存在しているのである。それはまさに、国民を内的統合の次元にのみ還元することである。私自身が以前の著作でそうしたように、国民を以下のような政治的形態として定義した場合にはそうなってしまう。すなわち、社会的、宗教的、地域的もしくは（移民受入国における）国民的な出自の客観的差異であれ、あるいは集団的アイデンティティの差異であれ、そうした住民間の差異を超えて、共通の政治的プロジェクトを中心に組織されたまとまりとして住民を統合した政治的形態である。(48) しかし、この定義は不十分である。国民とは一つの市民の共同体というだけでなく、政治的ユニットでもあるのだから。国民の理念型は、国家がその具体的なあり方において、内的統合の手段であるだけでなく、政治的ユニットたる国民が有する主権という理念を基礎とする国際体制のなかで、主権的に行動することを前提としているのである。

すでに見てきたように、レイモン・アロンは、「外部に対する国民国家の完全なる独立」を、民主主義の国民の理念型がもつ三つの次元の一つであると見なしている。実際にこうしたことが民主主義の国民の国家がもつ一つの特徴であるにしても、民主主義の国民がもっぱら国家にのみ結びついているというわけではない。このことは、政治的ユニットたる諸国民同士の協調のなかで行動する、あらゆる国家に共通した事実である。あらゆる政治的ユニットのなかでも、国家は歴史的にも論理的にも戦争に結びつく。「外部に対する国民国家の独立」が現実を言い表しているのは、民主主義の国民がまた政治的ユニットたる国民である限りにおいてなのである。しかし理念型として民主主義の国民を定義しようとするなら、市民の共同体こそが内的統合と外的行動との二重の次元において国家の行動を正統化するという事実にのみとどまればよい。こうして、この主要な性格づけから、民主主義の国民という理念の内的論理を理解することができるのである。

第二章　政治的なものと国民的なもの

近代的国民の特徴は、すべての住民を一つの市民の共同体に統合し、その道具たる国家の行動を、この共同体によって正当化することにある。こうした特徴は、国民投票の原則――政治指導者を選び、権力行使の方法を評価するために、すべての市民が参加する――および徴兵制度――外的行動へとすべての市民(1)が参加する――が存在することを含む。こうした二重の参加のあり方は、おそらく現実的なものではあるが、まずは政治的正統性の原理を象徴するものである。つまり民主主義の国民の論理であると同時に理想なのである。

国民を定義するものは、生物学的（少なくとも知覚されるようなものとしての）、歴史的、経済的、社会的、宗教的、あるいは文化的な特殊な帰属を市民性によって超えるという企てであり、特定の同一化も形容もなしに、あらゆる具体的な決定の手前や向こうで、市民を一人の抽象的個人として定義するという企てである。とくに非宗教性《ライシテ》は近代国家の本質的な属性である。なぜならば、それは宗教的帰属の多様性を超え、信仰や信仰の実践といった私生活のなかに生きる道を認め、公共の領域を宗教的に中立にし、帰属している教会がいかなるものであろうとすべての市民に共通の場にすることを可能にするからである

（第四章で見ていくことになるように、このことは国家、宗教グループ、そして教会の間にさまざまな形の承認と協力があることを排除しない）。非宗教性《ライシテ》は社会的紐帯がもはや宗教的ではなく、国民的であり、つまり政治的であるという、本質的な事実を象徴するものである。国民のプロジェクトが普遍的であるのは、それが同じ国民のうちに結合されたすべての人びとに向けられているという点においてだけでなく、政治的なものによって特殊主義を超えるということが理論的にはどんな社会においても採用されうるからである。普遍性は諸個人という存在の公準たる自由と平等とのイデオロギーの地平なのであり、このイデオロギーが国民の理念の基礎となっているのである。

共和主義のプロジェクトないし理念、カントによれば「市民的国民」の普遍主義は、国民がそこから発して構築され、多かれ少なかれ認知される仕方で維持され続ける諸民族《エスニー》の特殊主義と相まって、普遍主義と特殊主義との間で国民を構成する緊張関係を説明してくれる。文化的あるいはイデオロギー的参照項の多様性は、国民の定義そのものによってもたらされる。諸国民は、先在している一つないし複数の民族《エスニー》をもとにして、歴史的に形成された。国民が固有の政治様式や政治的伝統によって、民族《エスニー》、「プロト・ナショナリズム」、ナショナリティや宗教といった自らに先在したものを超越する限りにおいて、それぞれの国民は他とは異なる独特なものなのである。

他方で、国家の諸制度やイデオロギーは、住民を国民文化に同化する傾向を持ち、国家の行動は国民の特異性を強めていく。市民権の原理を主張することは、なるほど確かに、それだけでは一つの市民の共同体を組織するのに十分ではないだろう。主権と市民権とは擬制《フィクション》なのである。かくも抽象的な理念で諸個人を動かせるものではない。実際に諸個人を統合することができるのは、さまざまな価値や利益といったいくらかの具体的な現実があるときである。そうしたものが集団生活の不可避的な強制や、国家の外的行動への諸個人の参加――ときには彼らの生命の犠牲をも強いるにいたる――を正当化するのである。また諸個人を統合するには、まさにデュルケムが言ったような広い意味での共通した諸制度の継続的な活動が必要である。すなわち、個別の歴史的集団に特有の、共に存在し共に生きる方法を、各世代の人びとが伝え合うという実践からなるあり方である。

政治的プロジェクト

思想家たちのうち、ある者たちは国民の主観的もしくは精神的次元を強調し、またある者たちは国民の客観的特徴や、ナショナリズムの起源にある経済的もしくは技術的条件を強調した。だが、国民という存在のさまざまな理念や価値、同時にさまざまな具体的条件を述べるためには、こうしたいささか単純にすぎる対立を超えねばならない。

知られているように、ルナンは国民を定義するに際して、人種、言語、宗教、単なる利益、そして地理学上の客観的に与えられた諸条件といったものでは不十分であることを明らかにした。ルナン曰く、「純粋な人種など存在しないというのは真実である。また政治を民族学的分析に立脚させることが、すなわち政治を夢想に立脚させることであるというのも真実である。より高貴な国々、つまりイギリスやフランス、イタリアなどは、最も混血が進んだ国々なのである」。「われわれが人種について言ったばかりのことを、言語についても言わねばならない。言語は人びとに結集を促す。結集を強いるわけではない」。「それぞれが思うままに信じ、実践し、望むように行うことができる。国教などもはや存在しない。カトリックであり、プロテスタントであり、ユダヤ教徒でありつつ、またどのような信仰も実践しないままでも、フランス人、イギリス人、ドイツ人でありうるのである」。「利益の共通性が通商協定を生む。ナショナリティには感情の側面が存在する」。「否、国民を形成するのが人種以上に領土であるということはない。（…）ある一つの国民は、一つの精神的原理であり、歴史の深遠な複雑さから生まれたものである。つまり国民とは精神的な家族であって、地形によって決定されるグループではないのである[2]」。ルナンはこうした批判から出発して、「主観的な」やり方で国民を定義した。彼は「魂」、「精神的原理」、「連帯」、「道徳的意識」について語ったのである。近年、ジョン・アームストロング、ヒュー・シートン＝ワトソン、あるいはウォーカー・コナーらが、ルナンを参照することなく、同じように自己意識というもののみによって国民を民族《エスニー》から区別した。しかし、主観的次元にあるもののみが国民を他の社会的グループから区別するわけではない。人間の意志という理念、そしてルナンによれば、この意志がそれを通じて日常的に示されることになる「日々の国民投票」という理念が、「産業化以前の時代の多くの共同体やアソシエーションについては言うまでもなく、クラブ、陰謀結社、ギャング団、チーム、政党[3]」に対しても当てはまりうるということ、「人びとの帰属への同意を国民国家がいささかも独占しているわけではない[4]」ということは本当なのである。国民はあらゆる政治的ユニット同様、ただただ「精神的原理」（ルナン）であるわけではない。国民はいくらかの強制力を伴う。国民は権力を配分する。国民は諸制度のなかで具現化する。

ウェーバーとモースとはルナンに比べて、国民の「客観的」定義に関する批判においてもっと先へと進んだ。民族《エスニー》を国民として承認させようとして、民族の客観的性格を持ち出してきたナショナリスト活動家たちに対抗する論陣を張りつつ、ウェーバーとモースとは議論の方向を逆さにした。つまり、国民に共通する特徴——人種、言語、文化——は国民建設の原因ではなく、結果だというのである。「人種が国籍を作り出すのだと多くの人は思っている。（…）しかし、政治的利害のもつすべてのパラドックスと逆理と詭弁とは、それらが言い表している基本的な事実によって生み出されているのだ。つまり、新しい人種は近代的国民のただなかで形成されるのである。（…）まさに国民が人種を作り出すからこそ、人種が国民を作り出すと信じられてしまったのである」[5]。マックス・ウェーバーはまったく同様の指摘をしていた（上述、五一頁を見よ）。より一般的に言えば、「こうしてさまざまな国民性が自ら言語を作り出すのは、近代においては、言語が国民ではないにせよ、少なくとも国民性を作り出すからである。（…）国民こそが伝統を作るものであるのだが、伝統を軸に国民を再建しようと試みられているのだ」[6]。未完のテクストで、マックス・ウェーバーはまた以下のようにも指摘している。つまり国民は、「言語共同体と同一」ではないし、「血によって作られる現実の共同体にも」、あるいは「特殊な人類学的形態を有する共同体にも」、宗教にも、つまり「大衆のもう一つの大きな文化的財産」にも基礎づけられていないし、一般的な言い方をするなら、「国民は、国民が結びつける人びとの有する共通の特性によっては定義されえない」[7]というのである。「客観的」性格が、国民を定義するのと同様、民族《エスニー》の定義も可能にするということは本当である。国民意識が本質的には民族意識と異なるものではないというのもまた本当である。内面化、情念、利益や意識に基礎づけられた集団への参加の意志といったものが成立するからである。しかしルナンとは反対に、ウェーバーもモースも「魂」に訴えることはなかった。両者とも国民の本質的に政治的な定義を提示したのである。モース曰く、「主権を有する政治体、それは市民の全体である」[8]。またウェーバー曰く、「したがって、「国民的なもの」という言葉が何か統一的なものを意味する限りにおいて、それは同様に一種の特定の情念（*pathos*）のようなものだろうということは明白である。言語や宗教信仰、風俗や運命を共有する共同体によって統合された人間のグループにおいて、この情念は、既存のもしくは熱烈に望まれる、自らにふさわしい政治権力の組織という理念に結びつくだろう。そしてこの情念は力点がより強く「権力」に置かれているので、いっそう特殊なものだろう」[9]。住民のいかなる特徴も、一つの国民を形成するのに必要でも十分でもない。政治組織こそが国民を作り、いわゆるその客観的な特徴に意味を与えるのである。

ウェーバーが国民を国家と、そして国家を権力意志と一緒くたにしてしまう傾向を持っていたのだとしたら、現代の思想家たちは反対に、政治制度の役割を過小評価してしまっている。ある者たちは国民の形成における技術的・経済的諸条件の影響をとくに重視し、政治理念と政治組織とを軽んじる。例えばドイッチュ、ゲルナー、ウォーラーステインの事例がそうである（以下、第五章を見よ）。またある者たち——リプセット、ケドゥリー、アンダーソン——は、諸国民の存在は必然的に人間がその理念を作り上げたのだということを意味していると正当にも強調することで、国民建設の具体的で制度的な次元を軽んじる傾向にある。両者とも国家の役割を過小評価しがちな政治文化、イギリスの経験に発して個人を集団に、社会を国家に優先しがちな政治文化に組み込まれているのである。

リプセットにとって、諸国民の起源にあった鍵となる出来事は、「さまざまな価値や傾向」という、それ自体「出来事の経過を決定する」ことになるものを生み出す。そして、そうした「さまざまな価値や傾向は、物質的諸条件と相互に作用し合う」[10]ことで、より明確になっていくとされる。このあまりに狭隘に文化主義的な解釈とは反対に、「物質的諸条件」というものは、たんに国民の歴史的起源から生まれるさまざまな価値や趨勢を強める手段であるのではない。物質的諸条件は、さまざまな価値や趨勢と同様、この国民が存在することの条件そのものである。もしも国民を国家から分析的に区別せねばならず、相互のあいだに一対一の対応がないのだとしたら、一つの国民が存在するのはただ、対象化された社会的なあり方のなかで具体化されるときのみだということになる。国民が、正統性の淵源、集団的に忠誠が誓われる特別な対象、そして政治的連帯の基礎として定義されたその瞬間から、この正統性に基礎づけられた権力が実際に行使され、この忠誠心や連帯が維持されるためには、諸制度が必要となる。自由で平等な市民から形成された政治的共同体としての国民という理念そのものは、十六世紀以降、近代イギリスで次第に生み出された。しかし、もし市民が国王の権力を制限することもなく、この国民の理念を具体的な現実のなかに刻み込むために庶民院〔議会下院〕と独立裁判所とを手にすることもなかったならば、国民の理念は後代においてイギリス国民を生み出しはしなかっただろう。まさに庶民院が制度化されてこそ、集団的価値は共同生活の基礎を築き、そうした共同生活を維持するのである。今日、民主主義の国民の大部分は平等と有効性という同じ価値をかかげているわけだが、それぞれの国民的ユニットにおいて、そうした価値は集団生活の客観化されたあり方のなかで異なる方法で具現化されている。社会的な世界は、諸個人からのみ形成されるのではなく、組織化されていて、恒常的に存在する集合からも形成される。そうした集合は、集合を構成する具体的な諸個人からは独立しているものである。このような諸個人は必然的に、この定常的な諸関係のシステムと、このシステムが行動に課す制約の内側で振る舞うことになる。それゆえ、理念の存在も有効性も、さらに社会的諸制度の形で刻み込まれたさまざまな具体的現実も軽んじないことが重要となる。

政治的プロジェクトという概念は、客観的定義と主観的定義との間のやや単純にすぎる対立を超えることができ、また市民権という普遍主義的プロジェクトと国民的特殊主義という具体的現実との間の緊張について説明することができるように私には思われる。この概念はウェーバーやモースの本質的に政治的な分析を延長してくれるものだ。ある政治社会が作り上げられていくことは、「魂」（ルナン）によるのではない。哲学者や歴史的経験は昔から、どのような社会組織であっても、共に生き、一定の数の価値や規範を尊重し、集団で行動するという諸個人の意志によって支えられることがないなら続きはしないということを証明してきた。この意志は専制的あるいは全体主義的体制のなかでは、恐れや忠誠によって獲得されうるものである。近代的・民主主義的国民のなかでは、市民の共同体がこの意志を担わなくてはならない。しかし、この意志は社会生活の制度化されたあり方のなかで具現化されるときにのみ意味と効力とを持つのである。

政治的プロジェクトは、マックス・ウェーバーの権力政治（*Machtpolitik*）に対応するかもしれない。ウェーバーにとって、「「国民」という概念は、われわれを絶えず政治「権力」との関係に立ち戻らせるものである」[12]。しかしそれは必ずしも事実ではない。さらにウェーバー自身は、「国民」と「権力」との間の関係について述べる前に、以下のように観察していた。つまりウェーバー曰く、「しかしながら、たとえばスイス人においては、彼らが自分たち自身に固有の性格とし、すべてに対して、かつすべてに抗して擁護する準備のできている誇り高い意識が、「権力」に軸足を置いた量的に「巨大な」いかなる国民にも劣らぬ仕方で、質的にも量的にも広まっているのである」[13]。

こうした表現で政治的プロジェクトを定義することは、民主主義の国民が拠って立つところの「精神的なもの」、国民の理念そのものの練り上げ、起源の神話、自分たちが特別であるということへの国民の信仰、そしてさまざまな価値といったものを排除することを意味しない。まったく反対に、理念や象徴といったものが、このプロジェクトの不可欠な部分をなしているのである。客観性がそれぞれの社会に固有の価値や表象に対し場所を作る。集団的な審級によって呼び起こされ維持される信仰や意志を人間が持っているのを確認することは、ナショナリズム的イデオロギーの威勢や魅力に屈するということではない。そうした集団的な審級は、社会学者が考慮せねばならない客観的現実の一部分をなしているのである。政治的プロジェクトとは、理念――価値とイデオロギー――と同時に、客観的現実――社会的実践と制度――をも示すものである。恒常的な相互関係のなかで、それらをつうじて国民統合のプロセスは定着したのである。

それぞれの国民のなかで、政治的プロジェクトは特異な歴史から生まれている。たいていの場合、それは一定の領土内における戦争や革命といった暴力的な出来事の結果である。政治的プロジェクトは、一つまたは複数の特殊な社会的グループの手で作られ、次いで実行に移される。イギリスでは旧来の封建貴族が薔薇戦争によって壊滅したので、国民理念は、商業をつうじて豊かになり新しい知的能力や商業ブルジョワジーに対して開かれた上層階級によって発展していった。自らの起源や価値体系によって、国民理念は自由主義的で議会的なプロジェクトを担ったのである。アメリカの植民地社会におけるイギリス出身の植民者たちは、聖書文化に凝り固まり、政治的独立の意志に活気づくことで、合衆国の歴史に独特の影響を与えた。イスラエル国家は、二十世紀初めのシオニスト系ユダヤ人のプロジェクトの延長にある。それは中央および東ヨーロッパのナショナリズムという彼らの経験によって構想されたものだった。政治的プロジェクトは、市民的国民という抽象的観念を具体化するさまざまな政治的行動と制度とによって、とくに国家によって永続する。続いて、政治的プロジェクトは徐々に市民の大部分によって内面化されていく。

諸国民の行動はその政治的プロジェクトによって決定されるわけではない。政治的プロジェクトは、場合によってはその推進力が尽きてしまうまで、絶えず住民によって問い直され続ける。どんなカリスマ的な権力も「日常化（routinisation）」（ウェーバー）によって脅かされるように、もし市民が政治的プロジェクトの基礎となるさまざまな価値や慣行、そして諸制度を分かち合うことをやめるなら、政治的プロジェクトは消滅にいたるまで衰弱してしまうおそれがある。しかし衰弱しこそすれ、政治的プロジェクトは共通する諸価値の源泉の一つのままにとどまる。
　ヨーロッパ諸国民の「断片」のように形成された諸国民は、かくしてその誕生の諸条件によって特徴づけられているように思われる。合衆国、オーストラリア、カナダ、南アフリカ、そしてラテン・アメリカといったこれらの断片のような諸国民は、ヨーロッパの母国からいったん分離されるや、まるで進化することをやめたかのようにすべてが進行している。[14] オーストラリアは二世紀もの間、コベットやチャーチストが用いた意味において「ラディカル」なままであった。合衆国は、十七世紀イギリス社会の「ブルジョワ的断片」として形成されたのだが、独立した国民として、その誕生の起源にある諸価値を維持し続けた。合衆国とカナダとを比較することは、この点で示唆的である。イギリスの自由主義はアメリカ大陸に根を下ろしたすべての植民者に共通の文化だった。彼らが後にカナダや合衆国を形成することになる。しかし、アメリカ独立戦争の結果、王党派のイギリス植民者たちはイギリス王冠への忠誠を維持し続け、カナダに亡命した。彼らはカナダに、より保守的な政治文化を導入した。今日なおその残滓が見出される。アメリカ人の政治文化とカナダ人の政治文化とを比較しつつ、シーモア・マーティン・リプセットは、アメリカ人が機会均等と成功（*achievement*）の思想、より一般的には「革命的」もしくは左翼的なものの考え方を維持し続けていることを観察した。アメリカ人は本質的に政治的な点で彼ら自身の国民を称しつつ、古いヨーロッパによって課された社会的な重しから解放された一つの社会を建設しようという、最初の大きな志を保っているのである。カナダ人は反対に、起源の政治的プロジェクトに深く刻印され、より保守的なままであるが、連帯の価値と社会保障制度とをより重要視し続けている。[15]
　カナダ国内の二種類の人びとを比較することで、さらに同様のタイプの解釈が提示される。北アメリカにおけるイギリス出身の植民者たちはみな、アメリカ独立戦争後にカナダに逃れてイギリス王冠への忠誠を主張せねばならなかった人びとですら、分派の精神に活気づき、リベラルで異端的だった。フランス人植民者たちは反対に、フランス国王の従順な臣下たることだけを望んでいた。つづいて、一七五九年条約〔ケベック降伏条項〕は、イギリス領カナダを形成することで、異なる二つの政治的プロジェクトの存在を確立することになるだろう。つまり、イギリス系カナダ人にとっては、隣人たるアメリカに対し一定の特殊性を維持し、またイギリス王冠に忠誠を誓ったままでありながらも、アメリカをモデルにして発展するという政治的プロジェクトであり、フランス系カナダ人にとっては、彼らが埋没してしまったイギリスを起源とする世界、イギリス文化の世界のなかで、宗教的・言語的・文化的少数派として生き残る（*survivre*）という政治的プロジェクトである。連邦の内部では、二つの政治的プロジェクトをもとにして、二つの異なる社会が一九六〇年代まで維持されたのである。

民主主義の諸国民は互いに政治的プロジェクトの様態によって区別される。そうしたプロジェクトは、理念――イギリス的自由主義、フランスの抽象的・合理主義的普遍主義、スイス的多元主義の諸価値――と、より具体的なレベルからより抽象的なレベルに至る諸制度――議会主義の実践、国家組織や公職の具体的形態、国籍法、国章、学校、歴史教育、アイデンティティを印しづけるもの――との二重の次元において、住民の間の客観的差異を超え、政治的ユニットたる国民の正統性の淵源たる市民の共同体を形成していこうとする。さまざまな理念や価値は社会生活のなかで特別な形で具現化される。国民の統合能力と呼びうるものは、政治的プロジェクトと、国家により国民として組織される住民の民族的・社会的な特徴との間の関係によって決定されるのである。

歴史的プロジェクト[16]

「ある自律的な地域的ユニットが国民になるのは、まさにその自律性が、顕著かつ持続的な政治的出来事を伴うときである。そうした地域的ユニットは、政治的事件によって自らが他とは異なる特別な存在であるという意識を持つことができるようになり、外部を取り巻く他国民に尊敬の念を強いるようになるのである」[17]。イギリス、合衆国、フランスのような西洋の民主主義大国それぞれには、実際に自国の政治的プロジェクトが特別であるという意識、したがって自らが偉大であるという意識があった。一つの新しい政治的形態を「発明」したことが、まさにこれらの「顕著かつ持続的な政治的出来事」の一つなのであり、ハンガリーの歴史家イシュトバン・ビボは、「東ヨーロッパの小国の悲劇」を考察した際、ノスタルジーとともにこのことに言及している。

政治的発明

イギリス、あるいは自由と議会主義との発明

イギリスでは、この意識が国民によってしっかりと自分たち自身のものになっている。実際に、国民理念と議会体制とはそこで誕生したのであり、数世紀にわたって、外国人たちは近代的国民における政治的自由が最良な形で実現されていることを賞賛したのである。十八世紀以来イギリス人は、世界的には類のない人身の自由と出版の自由とを享受しているという誇りを育んできた。神話と現実とが強く結びつき、自由を保障する議会制度を実際に発明したという自信が、イギリスの政治的プロジェクトの中心にある。

国民という意識の痕跡を認めることができるのは、百年戦争以降である。続く世紀には、エリザベス一世治世下の思想家や詩人たちが、人間は自由の状態で政治に参加することによって人間のうちなるまさに人間的なものを実現するのだという理念を表明した。——自由で平等な諸個人の共同体として、そして人間の〈理性〉に基礎づけられた政治組織として、国民の近代的理念が初めて素描されたのだった。[18] こうして、愛国心は美徳だけでなく、それぞれの個人に必要不可欠な尊厳に必然的に結びつく権利となった。しかし、イギリス人が内発的なプロセスから生まれた唯一の国民を形成したと自慢できるようになったのは、一六八八年の名誉革命以降である。つまり、近代的な政治的自由と議会主義とを発明し、民主主義理念や人民自決権の原則がヨーロッパや世界に広がる以前に、手本もなく生まれた唯一の国民だというわけである。他の諸国民はこのまさしくイギリス的な発明を学び、模倣しようとするほかなかったという自信が、イギリスの国民神話の一部分となったのである。

イギリス人はまた、伝統や経験主義の意味や価値に、歴史的現実を思慮深く尊重することや社会的紐帯の壊れやすさを認識することに基礎づけられた唯一の国民を形成したということを誇りとした。すべての国民のうちで唯一イギリス人だけが、新しい人間を作るという革命的なプロジェクト、犯罪的ではないにしても、危険であると同時に常軌を逸した野望から生まれてきたのではなかった。唯一イギリスだけが、何世紀もの長きにわたる実践によって、二十世紀には議会制民主主義に変容した政治形態を生み出すことができた。唯一イギリスだけが、コモン・ロー（*common law*）や判例をその法制の基礎にすることができた。唯一イギリスだけが、先例を憲法に等しいものとし、ゆっくりと、しかし効果的に、それぞれの時代の変化する必要性に対し適応することができた。唯一イギリスだけが、他のすべての国民の誕生に必然的に深い影響を与えたポピュリズムの次元から免れることができた。ヨーロッパ大陸の国々における、革命への野心という形而上学的抽象観念に抗して、イギリスは真の自由を、すなわちさまざまな具体的な自由――抽象的な〈自由〉ではない――を確かなものにした。つまり反権力の機関、とくに議会の設立によって、王権から徐々に奪い取っていった自由である。こうしてイギリスは、人びとやその意識を強引に引きずり回すのを避けることができ、また現実の団体やグループといったさまざまな自律したまとまりを尊重したのだった。イギリス人たちは、この国民神話を育みつつ、十七世紀の諸革命まで、そして十九世紀の半ばでさえもイギリス史に深い影響を与えていたさまざまな暴力をしばしば過小評価までしながら、自分たちの国民史を記した。それはT・B・マコーレーがヨーロッパ大陸の革命と対置する仕方で一六八八年の「名誉革命」を描写したところの、「穏健で、保守的で、思慮分別があって、そして人間的な」歴史なのである。

こうして長らく歴史家は、法的改革を強調することになった。法的改革は、十七世紀から十八世紀にかけて段階的に、社会的組織を引き裂くことなしに、議会制度や議会慣行を、次いで選挙法や国王、貴族そして庶民の間の権力構成のあり方を相次いで改革することによって、政治的民主主義の確立を可能にした。歴史家は、首相に率いられる連帯責任的な内閣とともに、議会主義がどのように徐々に確立されていったのかを明らかにした。内閣は庶民院〔下院〕の多数派の投票に従属しており、大臣たち自身が庶民院の議員だった。次いで歴史家は、選挙権が拡大し、そうして政治世界にさまざまな社会階層が段階的に参加することで、どのように自由で議会主義的な体制が民主化されたのかを明らかにした。これらの措置は、貴族院〔上院〕の権力を制限した一九一一年の改革によって完全なものとなったわけだが、歴史家はそうした措置が結局、庶民院への人民の平等で有効な代表をどのように保障したのかを明らかにしたのである。イギリス議会は、第一に貴族による王権の制御と制限との手段であり、自由が立脚し、発揮される場であったわけだが、かくして革命のない、民主主義的な政治改革と民主主義的な実践の場となったのである。「チェック・アンド・バランス」という理念は、イギリスの伝統を賛美する外国人たちがそうするように、イギリスの歴史家たちによっても賞賛された。多くの歴史家は国王の権力と議会の権力との間の均衡、国王と市民との間の均衡を賞賛した。――「わが国の国制における共和政的要素と君主制的要素との間の適正なバランス」とヒュームが呼んだ均衡であり（…）「その政府はまったく同時に君主制的で、貴族制的で、そして民主主義的であり、つまり国民は半分が貴族、半分が商人となり、すべての宗派は寛容に扱われ、そして人びとが享受している大きな自由は、各人が性格や好みに応じて思う存分に活動するという結果を生んでいる[19]」。モンテスキューが「権力の分立」と呼ぶ理論は、まさしくイギリスにおいては、イギリス政治の古典的な解釈であり続けたのである。

ヒュームとバークとは、ただ時間だけが法に堅固さを与え、政治的正統性は伝統から生まれるという思想を基礎とした政治的プロジェクトの偉大なる思想家だった。「時間の経過によって少しずつこれらの障害が乗り越えられていき、そうして国民は、最初はよそ者とか簒奪者と見なしていた者を、正統性を持った主権者と見なすよう習慣づけられていくのである」。それゆえに「われわれは、いま在位している君主、数世紀来われわれを支配してきた祖先の系譜からまっすぐの出自を有する君主には従わねばならない」。政治の方向性は修正し、変化には適応しなければならないが、しかし辛抱強く、かつ穏健でなければならない。政治はその教訓を歴史的経験から引き出し、制度や価値の連続性を尊重せねばならない。イギリス憲法が「誇るだけの理由があり、隣人の嫉妬を招くすばらしい構築物」であるのは、「国制の建設が数世紀をかけた仕事だから[20]」なのである。

ヒュームもバークも、互いに抽象的な〈自由〉ではなく、個々具体的な自由の理論を有している。ヒューム曰く、「トーリー党は自由に対して、すべての真のブリテン人（Bretons）の意識を持っていたように私には思われる。つまり抽象的な原理や君主の空想上の権利のために自由を犠牲にしたりはしない、と決意している意識である」[21]。またバーク曰く、「われわれが権利の請願と呼んでいるチャールズ一世治世下三年目の、この記念すべき法律のなかで、議会は国王に言っている。つまり「臣民はこの自由を受け継いだ」と。このように臣民は、自由を「人権」のような抽象的原理の上に打ち立てるのではなく、イギリス人として、父から子へと有してきた諸権利の上に打ち立てることを欲したのである」[22]。バークにとって自由であることとは、先祖によってイギリス臣民へ伝えられた遺産を守り続けることだった。つまり、受け継がれた遺産を守り、それを後世へ伝えることだった。ある共同体への帰属は一つの伝統の所産であるわけだが、個人にとっては自由の抽象的な要求よりも利点の多いものだというのである。それゆえ、一六八八年の名誉革命や王政復古についての、ホイッグ党の解釈に一致するバークの解釈が出てくる。バークによれば、それらの出来事によって、国王が制限する傾向にあった自由の伝統を復興することができたのだった。またバークによれば、こうした伝統の起源は、どのような徴税も閣議の同意次第とした一二一五年の大憲章十二条や、契約を尊重させるためには反乱を起こす権利も与えられた諸侯の代表団の監査に対して国王がつねに従うことになった同憲章十六条にさかのぼるものだった。バークは言う。「今日までにわれわれが行ったすべての改革は、この過去を参照するという同じ原理の影響を受けたものである」[23]。名誉革命は、絶対王政の終焉と同時に議会の優位性を確立したわけだが、同様に政治的・社会的な構築物の頂点における国王のプレゼンスの必要性を明確にした。神は国王を導くことができるにしても、名誉革命以後、国王は「議会における国王」となったのである。歴史に暴力的な断絶を刻みつけることなく、名誉革命は歴史の連続性のなかに組み込まれたのである。

近代的自由や近代的国民の理念と諸制度とを作り出し、自分自身をも生み出した国民といった、イギリスが特別であるという意識――イギリス人を新しき〈選民〉とするような――は、さらに以下のように記している現代の研究者にも共有されている。「ただイギリスのシステムだけが、伝統からゆっくりと生まれた成長を経験した。そのシステムは他のシステムのような意図的な発明の所産ではない。（…）なぜならば、そうした成長は歴史的に初めてのものであり、イングランドの経験――そしてイギリスの経験――は他国民の経験とははっきり異なるものであり続けているのである」[24]。

合衆国、あるいは民主主義の発明

アメリカ人はといえば、歴史のなかで最初の新しい国民を「発明」したと自負した。アメリカ人がみなこの確信を共有しているという事実に衝撃を受けた十九世紀のヨーロッパ人旅行者は、ハリエット・マーティノーだけではなかった。このテーマが再度繰り返されたのは、植民地解放の時代である一九六三年、シーモア・マーティン・リプセットが合衆国のうちに *The first new nation*[25] を認めたときだった。すなわち、合衆国はヨーロッパの帝国主義列強〔イギリス〕に対する反抗から生まれた最初の国民だったというわけである。リプセットによれば、こうして合衆国は二十世紀の旧植民地国家のすべてのナショナリスト活動家に一つの手本を与えたのだった。

加えて合衆国は、自らがあらゆる民族的次元から完全に独立していて、自由の理想を共有するすべての人びとに開かれている唯一の国民であるという、正真正銘の民主主義の最初の例を世界に対して与えたとする考えを持ち続けた[26]。この集団的神話によれば、合衆国は、当時の言葉で新しい「人種」と呼ばれたもの、すなわち新しい国民を、すべてのヨーロッパ「人種」をもとにして作り出したのだという。『アメリカ農民からの手紙（*Lettres d'un cultivateur américain*）』という、独立戦争中にロンドンで出版され、ヨーロッパ全土で大成功を収めた本のなかで、フランス出身のアメリカ植民者、エクトール・サン＝ジョン・ド・クレヴクールは、すでにこの新しい人間について言及していた。この新しい人間は、「時代遅れの盲信や危険な偏見、古い信条を持たず、他国民の新しい発見を入念に学習し、それらを自分たちのものに結びつけ、喜んで採り入れるのである」。またジョージ・ワシントンも同じくらい高揚して書き記した。「アメリカの胸襟はすべての国々、すべての宗教の被迫害者、被抑圧者を受け入れるために開かれている」(27)。一九六三年の『人種のるつぼを超えて（*Beyond the melting pot*）』(28)の刊行に至るまでは、ただ幾人かのマージナルな著作家たちのみが、アメリカという「るつぼ」の実態と理想――ナショナリスト系の文献のほとんどで両者は結びつけられているが――を問題にしただけだった。「多数から一つへ（*E pluribus Unum*）〔多様性の中の統一〕」という国民スローガンは、自らをまったく新しいものと主張する原理を基礎とする、こうした社会を喚起したのである。

アメリカ人は新しい「人種」、あるいは国民を作り出したということだけに特異さを感じていたのではなかった。アメリカ人は同様に代表制民主主義を発明した。フィリップ・レイノーが要約するように、「アメリカ人は代表制に関するイギリスの理論を民主化し、イギリス憲法を共和化したのだった」(29)。これこそ現代アメリカの歴史家たちが信用を与えようとし続けている確信である。政治的正統性の源泉としての主権を持った人民という理念はルソーによって構想された。しかし「委任」、すなわち代表制の思想が考え出され、実行に移されたのは、それを行った者たち自身や現代の歴史家たちによれば、アメリカ独立戦争のまっただ中のことだった。マディソンはアメリカの共和制には先例がなかったと断言した。つまり、アメリカの共和制は代表制の思想を、すなわち「他の市民によって選ばれた少数の市民への統治の委任」を発明したのである。マディソンは当時の数多くのジャーナリストが示していた評価を上述のような言葉によって表現したにすぎなかった。[30] 一七七六年から八七年にかけてのアメリカの民主主義の歴史的誕生は、なるほど大規模な思想議論を伴っていた。その議論のなかでは古代の政治哲学、キリスト教神学、イギリスの自由経験主義、啓蒙の合理主義といったさまざまな知的伝統が対立し、そして一致した。アメリカ的プロジェクトは、聖書的世界の認識のうちに、「ヘイビアス・コーパス（*habeas corpus*）〔人身保護〕」とともに始まったイギリス政治の伝統のうちに、また古いヨーロッパの重しや専制政治から解放された〈新世界〉といった神話のうちに書き込まれた。十年間ほどにわたって、人民全体がその集団的な行動を通して、新しい種類の社会を生み出すことに関与した。思想議論はただちに社会のあり方のうちに表現され、概念と制度との対立は即時的で連続的に発生した。この知的であると同時に政治的な大きな対立のなかで、「政治のまったく新しい概念、つまり本質的に古代的で中世的な思想の世界から、明らかに近代的な思想の世界へ議論を移行させた概念[31]」が形作られた。

ヨーロッパ人の訪問者たちが、十九世紀にわたってこの確信をさらに強固なものにした。つまり、これぞまさにトクヴィルが大西洋を渡って学び、理解しにやって来た民主主義社会の本質であった。そのうえトクヴィルの著書それ自体が、アメリカ人が自らの国民神話を表明するやり方を守り続けていくことに役立った。

この人民全体によって共有された神話が、国民的プロジェクトを打ち立てることにいっそう役立つことができたのは、独立時の新しいアメリカ市民たちが一つの同質的な社会に帰属していたからである。つまり、聖書的なインスピレーションによる宗教心に満ちていて、すでに古いものとなった共通の歴史をもち、認められた領土のなかで、同じ政治文化によって形成された社会である。独立宣言は制度的構造にも社会組織にも、いかなる急激な断絶も引き起こすことがなかった。(32) 独立した合衆国は、母国が介入することなく自ら固有の問題に取り組む意志を持っていただけではなく、すでに市民の共同体を形成していた。この市民の共同体は、自由に基礎づけられた最初の正真正銘の民主主義を打ち立てるというプロジェクトを保ち続けた。国民的一体性の意識と十三植民地それぞれの憲法とが、連邦国家の組織化の前に存在していた。客観的現実が社会の独創的な理念の誕生を促したのである。

この起源の神話および植民地時代や独立戦争から生じた政治制度とは、移民の大量流入による異質性の増大にもかかわらず、二世紀にわたってアメリカ社会の統合を保障した。諸制度は、人民全体が共有する信念、「かくも新しく、かくも複雑で、かくもよく分節化されているので、それについてはいくら書いても書ききれない政治システム」(ハリエット・マーティノー)を発明した、という信念によって支えられた。最初はドイツ人、アイルランド人、そしてスカンジナヴィア人に対して、続いて十九世紀の終わりには、南ヨーロッパ・東ヨーロッパ人(イタリア人、ハンガリー人、チェコ人、ロシア人、ユダヤ人)に対して起きた「土着主義的」反動や外国人排斥にもかかわらず、ヨーロッパ出自のアメリカ人の大多数は、フランクリン・D・ルーズヴェルトの言葉のうちに自らの姿を認めることができた。「アメリカニズムが人種、あるいは先祖の出自に関わる問題であったことは決してない。一人の善きアメリカ人とは、この国に対して、この自由や民主主義の理想に対して誠実な人間である」。こうした定義が起源の政治的プロジェクトのなかに根づいていたのである。

しかし、黒人もネイティヴ・アメリカンもこの当事者でなかったのは明らかである。先住民を絶滅または排除したり、黒人を奴隷として利用するという考えは、つねに国民意識のなかに表れており、アメリカ人が自分たち自身で構想してきた民主主義的プロジェクトの本質に根本的に反するものだったのであって、国民的プロジェクトに対する一つの限界となった。歴史家たちは遅まきながらも（しかし今日においては豊富に）、こうした限界がもっていた重みを、歴史意識や公共生活のなかに発見することになった。しかしながらトクヴィルは、国民契約から事実上排除され、したがって政治世界には不在である黒人の物理的な存在について、「合衆国の未来を脅かすすべての不都合のなかでも最も手強い」[33]ものになるだろうということをすでに認めていた。一九六〇年代に至るまでの民主主義的生活のなかでの黒人やネイティヴ・アメリカンの存在／不在や、第二次世界大戦までの、そして第二次世界大戦中も含めてのアジア人への苛酷な迫害、また同様に十九世紀末の非イギリス系ヨーロッパ移民に対する暴力的な土着主義的反発は、一つの政治的プロジェクトに淵源したのであって、それは普遍的な諸原理を基礎としていたものの、実質的には白人アングロサクソン新教徒（ＷＡＳＰ）と呼ばれた人びとによって担われたものだったのである。現代の研究者たちは今日、公言されるところの民主主義的原理に対するもろもろの背反をまさしく告発しているが――黒人やネイティヴ・アメリカンは一九二四年にようやく選挙権を獲得し、女性は長らく政治参加から排除されてきたのだった――国民神話の有効性それ自体は賞賛されうるのである。

フランス、あるいは国民《ネイション》の発明

「フランスの例は二千年にわたる古い歴史、千五百年来存在する政治的枠組み、千年の中央権力、五百年の国民意識、そしてフランス大革命の威光を拠りどころとしてきた」、とはまたイシュトバン・ビボの言である。[34]

歴史的な時間についてのいささか叙事詩的なこの評価には議論の余地があるにしても、愛国的意識や最初の国家的諸制度が、中世の終わり以来、フランスに存在していたということは本当である。国民の建設は国家を中心に、そして国家の行動によって数世紀来行われたのである。フランスの国王たちは、革命が国民の主権を宣言する以前の長きにわたって、国民を統合してきた。一七八九年の三部会開催に先行して提出された陳情書は、住民たちの母国への愛情を物語るものだったが、住民たちは母国を君主制から区別してはいなかった。フランスが近代的国民を発明したと長きにわたって主張してきたこともまた本当である。国民神話によれば、まさに自分たちの革命こそが普遍的モデルとして、政治的正統性の新たな原理を世界に向かって主張し、全世界の名において初めて、人間の、つまりすべての人間の諸権利を宣言したというのである。フランス人は政治的正統性の原理が宗教的なものだった時代には、王権とフランスとがカトリック教会と維持していた特権的な関係を強調していたが、革命以降になると、世界に対して近代的国民の最初の経験と最初のイデオロギーとをもたらしたことを誇りとするようになったのである。

国民理念は中世に誕生しており、君主政体が数世紀にわたって国民的プロジェクトを遂行して最初の国家的諸制度を組織していたのだとすれば、第三共和政の共和主義者たちは、一八八〇年代に政権の座に着くや、まったく自覚的に、近代的国民を構築する役割を負った諸制度を作り出したのだった。国民的諸制度——学校や軍隊——は規則的な実践活動を中心として集団社会を組織し、一貫性のある国民的な価値体系を普及させた。教育の中央集権化による社会の統合、そしてより一般的には、フランスの行政を中央集権化することによる社会の統合は、たとえ教育や行政が少なくとも一部分を君主政体から受け継いでいたにしても、国家を中心に、そして国家によって近代的国民を構築するという、国王から〈共和主義者〉へ伝えられた意志によってさらに強化されたのである。十九世紀初頭以来、大規模な移民の流入を経験した唯一のヨーロッパの国において、こうした政策は市民権や民主主義の歴史に結びついており、一九七〇年代に至るまで用いられた言葉を使うならば、外国人たちを同化することもまた可能にした。政治的プロジェクトは国民的諸制度によってもたらされた。つまり、移民受入国において移民たちを、あるいはともかくその子供たちを市民や兵隊に変えてゆくきわめて開かれた国籍法、無償で非宗教的で義務化された共和国の学校、公的行政、軍隊といった諸制度である。第三共和政下の教師たちは、実際にフランスの地方の農民の子供たちや移民の子供たちを国民化した。場合によっては暴力的にフランス語と算数とを彼らに教えることによって、そして彼らが両親の言語を用いることを禁止することによって国民化したのである。軍隊もまた住民の国民化に寄与した。一九一四年から一八年にかけての第一次世界大戦が悲劇的にその効果を明らかにした。徴兵制（一八七二年）や、フランス領土で生まれた外国人の子供たちに対する徴兵を目的としてフランス国籍を強制した国籍法（一八八九年）を確立した結果、軍隊はすべての移民排出国、すべての地域、そしてすべての社会階層出身の人びとを混ざり合わせることになった。軍隊は新兵の就学や愛国心の普及を遂行した教師たちの助けを借りて、国民共同体の意識を維持したのだった。(35)

植民地でいわゆる同化政策を実行しようという企て、すなわち異なった伝統をもった国々でフランス社会の特徴に結びついた政策を押しつけようという企て――植民地の状況が植民者と被植民者との政治的地位の不平等さに基づいているだけにいっそう地に足のついていない企て――は、このモデルの持つ影響の強さを物語っている。

イギリスにおける市民権の漸進的獲得とはまったくもって対照的な、政治の表舞台への市民の出現は、非常に急激な断絶を作り出したのであって、政治的正統性をめぐる対立を説明するのと同様、国家と市民社会との間のズレを説明してくれる。国家は長いあいだ、場合によっては市民社会の偏見や暴力に抗して、マイノリティ集団を保護し解放する者であった。十九世紀全体を通しての政治体制の相次ぐ交替が示している、アンシャン・レジームの正統性と革命や共和国の正統性との間の闘争は、第二次世界大戦終結時における共和国の再建に伴ってようやく本当に終焉したにすぎない。ペタン元帥のフランス国もまた、共和国の個人主義的で民主主義的な諸価値に対抗してその正統性を打ち立てたのだった。この国民のアイデンティティや意味に関する集団的で対立的な問いが、革命以来の政治史を貫いてきたわけだが、互いの勢力が「真の」フランスを口実にし、自分だけが真のフランス国民を体現していると主張し、等しく熱烈な愛国心に訴えていたことが、逆説的な形で、何らかの統合の機能をも持っていなかったかどうかについても考えることが可能である。もしフランス革命以来、右翼――場合によっては不正確な仕方で旧体制に同一視される――と左翼――革命のプロジェクトに同一視される――との対立が、政治的な思考様式を準備したのだとすれば、それはまさにこの旧体制に対する革命の闘いから生まれた亀裂がフランス人の精神に深い影響を与え続け、現代フランスの政治的プロジェクトに組み入れられたということなのである。

国民を現実に発明し、政治的近代を鍛え上げたことが、神話と国民的誇りとの中心にある。フランス人にとっての政治的プロジェクトとは、「地上における真理の統治の開始」[36]を告げる革命によって具現化された諸価値から生まれたものであって、個人に付与される市民権という事実とイデオロギーとに基礎づけられてきた。まさにこの――宣言された価値体系であると同時に制度でもある――プロジェクトのおかげによってこそ、革命以来、地域的、社会的、国民的出自によって異質な住民たちが統合されたのである。国民統合は政治的意志の所産だった。政治的意志は強力な国家的諸制度により実行に移され、そうした強力な国家的諸制度は「共和主義モデル」として公共生活のなかで絶えず言及される価値体系によって正当化されるのである。「フランス的な」統合モデルは、他の国々以上に、個人的市民権の理念や価値、市民たる個人の形式的・法的・政治的な平等を基礎としている。こうしたモデルがイデオロギー的に基礎としていた考え方とは、すべての人間が、もし必要な教育を受けたならば、市民権の普遍性に基づいた政治的プロジェクトに参加することができるというものである。愛国心はこうして革命の神話に立脚することができ、国民理念と普遍主義の野心とを和解させることができたのである。フランス人は、人権を最も純粋に具現するものとして革命の神話を考え、革命の神話を生きたのである。

特別な国民を発明したという意識は、西洋の民主主義大国だけのためにあるものではなく、あらゆる国民を構成するものである。近代ギリシャの独立という大義は、名高い起源の神話——紀元前五世紀のアテナイによる民主主義の発明——の名において、知識人と同様に多くのヨーロッパ諸政府を動かした。この神話は、現代のギリシャ人の歴史的意識のうちにもとどまっている。彼らは、自らが古代民主主義と直系で結ばれていると思いたがっており、オスマン帝国の臣民だった数世紀の遺産を抑圧している。一方で、国民意識の形成にあたっては、トルコという「先祖代々の敵」が必要不可欠な役割を実際上、果たしているにもかかわらずである。すべてのナショナリスト思想家は、彼らの国民の他とは異なる例外的な始まりを、このように「再発見した」。すなわち、再構築し、あるいは発明したのである。セルビア人ナショナリストは一三八九年のコソボの戦いを記念して祝った。コソボの戦いは独立のための何世紀もの戦いのシンボルとなった。十九世紀初頭、パイシイ〔一七二二—七三、ブルガリアの修道士。「十八世紀半ば」の誤記か〕は、ブルガリア人が五世紀間にわたってオスマン人の支配に従属する以前に存在していたブルガリア王国の比類のない大きさを再発見した。貴族に反抗する自由都市が、一三〇二年にコルトレイクでフィリップ美公の騎馬隊の進撃を食い止めたことをもって、アンリ・ピレンヌは独立ベルギーを輝かしく誕生させた。ピレンヌは言う。「フランス革命期のサン・キュロットたちが、十八世紀にオーストリアの砲兵隊を前によく持ちこたえたように、フラマン人の手工業者たちは騎馬隊の攻撃を前によく持ちこたえた。なぜならば、両者ともに土地のためだけでなく、政治的理想のために戦うという意識を持っていたからである」[37]。輝かしい誕生は、事実と神話とが不可分に相まって、特別な精髄への国民の信仰を築き上げるのである。

ヨーロッパ小国における国民《ネイション》の独立意志

政治的に発明することが政治的プロジェクトの唯一の源泉ではない。ヨーロッパの小規模な国民の政治的プロジェクトは、拒絶から生まれた。西ヨーロッパの大国、王国、帝国によって併合されることに対し、戦争や革命によって数世紀間にわたって表明されてきた拒絶である。スペインやドイツやフランスの一地方にはならないということが、ポルトガルやオランダやスイスの国民的プロジェクトの基礎を築いた。より強力な力を保持した隣国からの軽蔑や見下しの対象になってしまうという意識が、ドイツ人に対するオランダ人、デンマーク人に対するスウェーデン人やノルウェー人の国民的意志をかり立てた。より強力な力を保持した隣国に抗して独立するという強い願望が、政治的プロジェクトの核となったのである。――これらの隣人が国民的独立にとってもはや脅威にはなっていないように思われる今日、政治的プロジェクトの未来への問いが促されている。

西ヨーロッパの大きな君主制国家が形成されていたとき、ヨーロッパの「小国」と呼ばれる国々〔スイス、ベルギー、オランダ〕は、ドイツ国民の神聖ローマ帝国〔「ドイツ国民の～」は一五一二年に正式に採用された名称〕という夢の庇護のもとに自らを維持し、多頭的ヨーロッパの小地方的伝統を継承していた。スイスは、ウーリ、シュヴィーツ、ウンターヴァルデンの諸地方《カントン》の間で一二九一年八月一日に調印された盟約〔永久盟約〕から神話的に生まれたにすぎないが、同じく独立を熱望した政治体をこの最初の三つのカントン間の永久盟約を中心に結集させることで、数世紀にわたって徐々に構築されたということは本当である。オランダは一五七九年のユトレヒト同盟締結の際に、州間の合意によって形成された。フラマン人とワロン人とを統合することができる共通の国民神話を基礎づけようとしたとき、ピレンヌははるか昔の一三〇二年のコルトレイクにおける共通の敵に対する軍事的勝利に加えて、あの「市民的仲間意識」に言及した。ピレンヌによれば、国家が他のヨーロッパ列強によって承認される以前に、この「市民的仲間意識」が一つのベルギー国民の形成を可能にしたのである。ピレンヌ曰く、「君主政体が社会を作ったり、政府の統一が国民的ユニットを生み出したりした他の多くの国々で起きたこととは反対に、われわれにおいては、国民的ユニットの成立が政府の統一に先行したと言うことができる。(…)他の場所では、国家がしばしば固有の国民生活の原因だった。われわれにおいては、その結果であったように思われる」[38]。ルナンは同様に、オランダ、スイス、ベルギーについて、「地方の直接的な意志」や「フランス王政をこれらの国々にとって耐えられないものとした根強い小地方的精神」[39]について言及していた。オランダやスイスの場合、自然に対して共に戦うために集団的制度のなかで協力するよう人びとを導いた困難な物理的条件があり、それによって促された「地方行政体的〔地域に根ざした〕」民主主義が、より勢力の強い隣国の意志に抵抗したのである。

しかし集団の歴史の古さにかかわらず、もし三つの客観的条件が満たされなかったとしたら、こうした意志は国民統合を保障するに十分ではなかっただろう。つまり、ただ理念だけが国民を作り出すわけではないのである。まず、一つの国の独立の承認には諸大国の合意が必要であり、独立は大国が自身の利益や力関係についておこなう分析の内側に刻み込まれるのである。住民や政治的伝統の客観的多様性にかかわらず、「小国」たちは一つの同じ歴史的集団に属しているという意識ではないにしても、少なくとも強大な隣国に併合されぬようにするという、同じ意志によって団結したのである。いわば「共同社会的民主主義」と言うべきもの（ベルギー、オランダ、オーストリア、スイス）[40]を実践することによって、多様な言語や宗教をもった存在が、自分自身の文化的・宗教的・慈善的組織を維持しながら、それぞれの尊厳を重んじる形で、共通の政治運営に参加することが可能となった。自由主義や多元主義の諸価値、オランダ的な表現でいえば「組織された歩み寄り」の方向性は、オランダやスイスでは国民神話の一部をなしており、政治的制度や社会的慣行のなかに組み込まれたのである。

スイスではとりわけ独創的な民主主義を使いこなす能力が国民的自尊心の基礎となっている。ウーリ・ヴィンディッシュが「歴史的な共同体間のノウハウ」と呼んだもの、つまり数世紀の長きにわたって異なる文化や政治的集団の共存と協力とによって作り上げられたものを伴っていなかったのなら、「共同社会的民主主義」のすべての政治的で法的な措置は効果がないままだっただろう。[41] 国民的な技術として維持されている多様性の管理において、スイス人は自らが唯一無二であるという意識を有している。「われわれみたいなのはどこにもいない」とは、民族学者がすべての界隈で耳にし続けているとても古い言い回しである。いたるところで「伝統的なスイス的諸価値」が口にされている。つまり気骨や規律順守の力、労働における道徳性や勤勉さ、公民精神、宗教の尊重、経済や家族の意味などである。[42] スイス人が今日なおその特徴として持っている優れた考えは、国民的プロジェクトを維持し、多様な文化的存在の協働を具体的に保証する慣行の尊重に寄与しているのである。

イスラエルの悲劇的誕生

イスラエルにおける国民的プロジェクトの特殊性は二重の始まりに由来する。つまり最初にあったシオニズムのプロジェクトと、「ショアー〔ホロコースト〕」を受けてのその再表明とである。

最初のシオニズムのプロジェクトは、二つの重要な思想をもとにして東ヨーロッパのユダヤ人コミュニティーで作り上げられた。東ヨーロッパの諸国民が、西ヨーロッパの諸国民に倣って、非宗教性《ライシテ》の原則、市場経済や政治的諸権利の普遍性に基づいて組織されたならば、ユダヤ人にとって生活様式や集団的アイデンティティの特徴となっているものを維持することは不可能になるだろう。そうした特徴は分かちがたく国民的かつ宗教的であり、日々隔離されながら生活することによってこれまで保たれてきたのである。他方で、近代民主主義諸国はその基礎となっている普遍的で形式的な諸原理を実際には遵守することがないだろう。つまり近代民主主義諸国は公言するところの諸価値を裏切るだろうし、市民的というよりも民族的な伝統やシンボルを発展させるのに事欠かないだろうし、ユダヤ人を決して完全には受け入れないだろう。「われわれは父祖の信仰のみを守りつつも、いたるところで誠実に、われわれを取り巻く国民集団のなかに入ろうと努力してきた。だれもそれを認めない。むなしくもわれわれは真摯な愛国者であり、おまけにさまざまな場所において、豊かな愛国者である。むなしくもわれわれは同胞のように同じく金や血を犠牲にし、むなしくもわれわれはそれぞれの祖国の栄光を高めようと努力する」[43]。ヨーロッパにおいてシオニストは、彼ら自身によれば、伝統的なユダヤ人共同体を破壊してその成員を周囲の社会に同化させようとする動きと戦ってきた。それでも反ユダヤ主義を鎮めることには成功しなかった。シオニストはイスラエルに近代的社会を建設することを欲した。その社会は主として非宗教的で、領域的にも経済的にも政治的にも独立していて、ヨーロッパの諸国民をモデルとしており、しかし「同時に完全にユダヤ的」[44]なのである。こうして建設される近代的社会は、他者から尊重されることでユダヤ人に自尊心をもたらすだろうし、またユダヤ人の自由と安寧とを保証するだろう。第二次世界大戦に至るまで、シオニスト移民は経済的境遇を改善しようともせず、金銭的手段を持たないまま、マラリヤによって荒廃した貧しい国へ個人的に、あるいは集団的に定住したのだった。シオニスト移民は一つのまったく新しい社会、そして同様に一つのまったく新しい人間、つまりヘブライ人を創出することを意図していたのである。しかしフランスやソヴィエトの革命家とは反対に、シオニスト移民は〈規範的人間としての新しい人間〉を創出することを望んだのであり、またユダヤ人とユダヤ国民との両方がいずれも望ましい本来の姿に等しく到達したときの規範性を確立することを望んだのである。ユダヤ人がパレスチナへ「上ること《アリヤー》（*alyah*）」は本質的に政治的なものだった。「私はユダヤ問題を宗教的なものとも社会的なものとも見なさない。しかしまさしく国民的なものだと見なしている」と、ヘルツルは言った。

新しい社会を作り出す必要があったので、イスラエル社会の経済的で社会的な構造は、ディアスポラ的共同体の構造とは対照的でなければならなかった。ヘブライ人はディアスポラのユダヤ人とは反対に、農地で働いたり、また産業労働者になったりするだろう。フランス革命期のように、人びとを生まれ変わらせることが夢見られたのだった。このプロジェクトは、伝統的な宗教共同体からすでに距離を置いた諸個人によって担われたわけだが、社会主義者の影響を受けた社会的公正や連帯といった理想同様、近代経済の個人主義的で競争的な性格に対する批判に結びついた。まさに第一次世界大戦後の第三次「アリヤー」の移民こそがキブツ（*kibboutz*）を作り出した。つまり、自由で平等な個人を結合する直接民主政体である。こうしてキブツにおいて、ユダヤ人をヘブライ人ないしイスラエル人に置き換えること、社会主義的ユートピアを最初に実現することといった、シオニズムのプロジェクトのすべての要素が出会ったのだった。キブツは象徴的に政治的プロジェクトを具現化した。このことはキブツがその矛盾にもかかわらず、れる。

もし第二次世界大戦の終結直後に、大国の為政者たちが――民衆がどうであったかはともかく――ユダヤ人の受けた災厄の規模がどれほどのものであるか発見していなかったとしたら、そうした大国は独立ユダヤ国家の建設など断じて許容しはしなかっただろう。「戦勝国は、ユダヤ人が犠牲者となった悲劇が明らかになるにつれて、ショックを受け穏やかではいられなくなった。その時期になって初めて、ユダヤ人を助けるために自分たちが十分なことをしてきたかどうかや、生存者たちを助けるために何ができるかを問い始めたのである。（…）ユダヤ国家の誕生はシオニズムの夢の実現だった。しかしそのためにはヨーロッパのユダヤ人共同体の崩壊が必要だった。シオニズムは悲劇を防ぐことができなかった。逆に、災厄のおかげで、ユダヤ国家は存在することができたのである」[45]。国際連合による国家承認のまさに外側で、ショアーこそが、シオニスト自身にとっても、悲劇的な仕方で最初のプロジェクトを刷新し、それに新しい正統性を与えたのである。「それがどんなにショッキングに映るにしても、ヒトラーはユダヤ国家の建設において確実に最も強力な梃子だった」[46]。その後の世界においては、もはやユダヤ人に再び尊厳をもたらすことだけが問題になったのではなく、ユダヤ民族に生き残ることを、そしてヒトラー的な民族根絶政策を妨げるのを可能にすることが必要となったのである。ショアーの追悼は、文字通りの市民宗教であり、国民的祭礼のように維持されている。一九五一年四月以降、政府政令によって祈念日は固定されており、続く一九五九年四月法によって祭礼の形式が決定された。毎年四月十九日には、すべてのメディアが他のどのような情報を伝えることもやめて、追悼式に集中する。そして国全体が犠牲者を称えるため二分間にわたって動きを止める。ヤド・ヴァシェム（*Yad Vachem*）への外国元首の儀礼的訪問や、学校でのショアーについての教育、大学での研究が、同様にイスラエルの政治的プロジェクトの維持に役立っている。つまりイシュトヴァン・ビボがそう書いたように、「ある自律的な地域的ユニットが国民になるのは、まさにその自律性が、顕著かつ持続的な政治的出来事を伴うときである」。

帰還法は、イスラエル国家独立後まもなくの一九五〇年に可決され、世界のすべてのユダヤ人に対しイスラエル市民としてパレスチナへ戻る権利を与えた。しかし、その狙いにおいて普遍的であったこのプロジェクトは、「イシューブ（*Yichuv*）」の新しい諸制度のなかで、つづいて中央・東ヨーロッパのユダヤ人、主としてロシア人、ポーランド人、ルーマニア人たちによる国家の諸制度のなかで作り上げられ、具体的に書き込まれたのである。つまりシオニズムのプロジェクトは政治的であり、ヨーロッパ的だったのである。ところが一九五〇年代・六〇年代には、中近東やマグレブ諸国から大挙して押し寄せた移民の統合が必要となった。これらの移民のうちの一部の人びと、とくにアラブ諸国から来た人びとは、迫害を逃れてやって来たのだった。他の人びとは、何よりもまず自分たちの物質的境遇を改善することに努め、個人主義的価値に拠り、シオニズムの集団的な野心にはほとんど与しなかった。また他の人びとは逆に、パレスチナへやって来たことについて、本質的にメシア的な認識を有していた。すべての人びとは、ヨーロッパ的で社会主義的な精神に基づく、強力な官僚組織を伴った政治組織を中心にしてその後構築され、安定化していく社会へとたどり着いたのだった。イスラエルはそれゆえに、移民受入国にとっては古典的な諸問題を経験することになった。同じ国民出身の人びと、とくにマグレブ三国からやってきた人びとは、最も恵まれない社会的グループの圧倒的大多数を形成している。地方行政組織や国民政党は実際に「民族」課を設置することになった。さまざまな「共同体的」組織が、政権、行政、個人の間の仲介の役をした。政治的プロジェクトがヨーロッパの政治的伝統に組み込まれているような社会にたどり着いてみると、中近東出身者たちは、自分たちが歓迎されていないとか誤解されているとか、底辺の軽蔑されるマイノリティにされてしまっているといったように感じた。中近東の伝統には無縁な「イスラエル化」の諸措置が、イスラエルへやって来るや否や強制されたのであって、これは彼らには乱暴で屈辱的なもののように思われた。イスラエルにおけるアシュケナージ〔ヨーロッパ系ユダヤ人 Ashkénazes〕とセファルディム〔南ヨーロッパ系・スペイン系・中東系ユダヤ人 Séfarades〕との間の緊張や対立、一九五〇年代以降の「中近東人」の政治的、ヨーロッパ的・社会主義的「エスタブリッシュメント」に対する抵抗といったものは、シオニズムのプロジェクトの歴史そのものに密接につながっているのである。

他の国々と同様、政治的プロジェクトが新たに現代的な意味を持ち始めるのは、もっぱら国民全員に共通の試練が襲いかかったときである。戦争、つまり一九四八年以来、祖国が継続的な形で経験した危機が、他の民主主義諸国が知らずにいる愛国心を、たとえ弱まっているように見えても保ち続けた。一九八五年と九一年とに、三万人以上のファラーシャ（*Falachas*）――つまりエチオピアの黒人ユダヤ人で、二千年来、孤立にもかかわらずユダヤ教に忠実なままだった人びと――が「モーセ」オペレーションや「ソロモン」オペレーションのおかげでイスラエルに飛行機で到着した瞬間、イスラエル人たちは、最初のシオニスト移民をパレスチナの地へ導いたメシア的な衝動を再び味わっているような感覚を抱いたのだった。反対に、旧ソ連の解放以降、大規模にやってきたソヴィエト系ユダヤ人の統合は、彼らがイスラエルの政治的プロジェクトにはほとんど参加しないがために困難であるように見える。歴史的経験に深く影響されて、ソヴィエト系ユダヤ人の多くは、何よりもまず西洋的な生活を手に入れることを欲しているのである。つまり、イスラエルはソヴィエト系ユダヤ人にとっては合衆国の代替物にすぎないのだ。

市民権とナショナリティ

ヨーロッパ中で、さらに全世界でナショナリズムの要求を呼び起こす前例となったフランス革命以来、市民的国民の普遍主義と、民族的で国民的な特殊主義との間の緊張を解決することが、国民の諸形態の「超越」をつうじて試みられた。多くの思想家が、「ナショナルな」、すなわち民族的な帰属から切り離された政治組織のとりうる形態を考察した。そうして、市民権の純粋な合理主義が民族的でナショナリズム的な情念を冷ますことが期待されたのである。独立した国民を作る民族《エスニー》の要求という意味でのナショナリズムの時代が始まって以降、人びとが考えようと努力してきたのは、そこでは諸個人が歴史的で文化的な集団に帰属し続けながらも、そうした文化や「国民」を超越するという普遍主義的な狙いをもった政治体に参加しうるような組織であった。そのような分離をつうじて、文化的自律性と政治的主権、「ナショナリティ」と市民権、あるいはもし現代的な表現を取り入れるなら、地理学的・歴史的・文化的愛国心と、法的愛国心とが保証されることになる。

一八八〇年代から九〇年代には、ユダヤ人のナショナリスト思想家たちのうち、ある者たちは「ブント」という組織に集結し、他の者たちはシモン・ドゥブノフの「国民党（*Volkspartei*）」に集結したのだが、両者とも民主主義ロシアにおいて、すなわちディアスポラにおいて、ユダヤ人の国民的で文化的な自治が認められるために活動した。この自治は、領土ないし政治組織に結びつくのではなく、具体的な人びとに結びつくものである。マックス・ウェーバーによって論じられたドラゴマノフもまた、二十世紀初頭のロシアに対し、さまざまな特殊な「諸国民」の存在が承認され、その文化的権利が尊重されるような一つの政治システムを提案した。オットー・バウアーの考え方は、オーストリア・マルクス主義の名で有名であるが、これもまた国民的・文化的自治の理念を基礎としている。当時の用語を使って言えば、「複数の国籍《ナショナリティ》」によって分断された超国民的なオーストリア＝ハンガリー帝国に帰属するユダヤ人として、バウアーは新しい種類の政治組織を夢見たのだが、その組織のなかでは、文化的特性と自治権とを保有するさまざまな団体が協力し合うことになるのだった。バウアーは「大オーストリア合衆国」をイメージしたのである。それは連合国家であり、「そこでは諸国民は共通の利益を守るために単一国家に統合されるだろうが、それぞれの国民は独立的な形でそれぞれの国民的レベルの諸問題を管理運営するだろう」(47)。各個人はその居住地がどこであろうと、簡単な宣誓によって自由に文化共同体（*Kulturgemeinschaft*）、あるいは「国民」の成員になることができるだろう。共通の経済的・政治的問題は超「国民的《ナショナル》」政府によって処理されるだろう。国籍《ナショナリティ》は、それぞれの意志によって選択されるが、こうして特定の領域や国家から独立したものとなるだろう。

今日、政治的ユニットとしての国民の主権を基礎とする政治的秩序が問い直されている。共産主義体制の崩壊は、ソヴィエト連邦、ユーゴスラヴィア、チェコスロヴァキアといった複数の民族を束ねてきた諸国民を解体した。他方で、共同体的ヨーロッパの建設は、西ヨーロッパ諸国の主権を制限する傾向を有しており、多かれ少なかれ明白に、さまざまな国民の連邦ないし連合という論理の上に自らを基礎づけている。より一般的にいえば、独立した政治体としての承認を要求することができるすべての民族《エスニー》を、政治的ユニットたる国民として承認しながら、世界秩序を組織することは不可能だということが確認されるのである。——そして、そうした独立した政治体の数は、ナショナリズムこそが国民を作り出すのであれば、際限なく増えていくおそれがある。政治的ユニットたる国民が数十を数えるヨーロッパでは約三百の言語が話されている。アーネスト・ゲルナーによれば、世界には八千の言語が存在しているとのことだが、国際的な法秩序によって承認されているのは、たった二百の国民にすぎない。国民の数はソヴィエト帝国の終焉以降、増え続けているのにである。もしナショナリスト思想家たちが、八千の言語・文化のすべての主張がそうでありうるように、それらを国民として承認すべきと主張するならば、(たとえばイラク、イラン、トルコ、そして旧ソ連によって分断されたクルド人の事例のような)諸民族《エスニー》を犠牲にして存在する政治的ユニットたる国民は欺瞞であるという、道徳的な議論が正当化される。それゆえ哲学者や法律家は、文化的帰属と政治組織とが、少なくとも理想として、そして統制的理念として一致することがないような政治組織の一形態を新たに考えようとしているのである。言い方を変えれば、国民国家の原理と政治的理想とを再検討するということである。

こうしてユルゲン・ハーバーマスは「憲法パトリオティズム(patriotisme constitutionnel)」という概念を作り上げた。憲法パトリオティズムは「因習的な類の国民アイデンティティ」に対して、「もはや国民の具体的な全体性ではなく、反対に抽象的なプロセスや原理を[48]」拠りどころとするだろう。市民権や愛国心の領域、つまり「法の場」としての国家を、「情緒の場」としての「国民」から分離し、また市民的参加や政治的参加のあり方を国民アイデンティティから分離することで、「憲法パトリオティズム」は、過去のすべてを本質的に批判的な検討にかけ、再び自分たち自身のものにしていくことの上にドイツ的アイデンティティを打ち立て直すことができるだろう。愛国的意識は、特殊な文化的・歴史的国民《ネイション》としてのドイツにはもはや結びつくことはなく、法治国家の原理そのものに結びつくだろう。

この発想を引き継ぎ普遍化することで、ジャン゠マルク・フェリーは「ポスト・ナショナル」なアイデンティティの理念を発展させた。これも同様に、「民主主義や法治国家の考え方の基盤となっている普遍性、自律性、責任の諸原理[49]」をもっぱら拠りどころとするだろう。こうして市民権は、「内省的な道徳的アイデンティティという、その原理がもともとフランスの人間と市民との諸権利に関する宣言〔フランス人権宣言〕のなかに、専制に抵抗する（人間にとっての）権利と（市民にとっての）義務とともに書き込まれているもの[50]」に基礎づけられることになるだろう。諸個人は、一つの領土や具体的な歴史的・文化的共同体を拠りどころとすることは一切なく、法治国家の諸原則や共和主義的秩序に賛同するようになるだろう。どのような民主主義国家にもこうした愛国心を国民に抱かせる余地があるだろう。まったく同じ見地から、ジャクリーヌ・コスタ＝ラスクーはヨーロッパ市民権を提案している。ヨーロッパ市民権は加盟各国の間で調整されたそれぞれの国内法によって定義されるが、国内法は人権に適合し、さらに特殊な文化への愛着を自由に持ったままでいることのできる住民間での「市民権の契約」を伴う——この特殊な文化から生じる社会的慣行が、人権の超国家的諸原理と両立しうるという条件においてである[51]。同様にピエール・ケンドは、東ヨーロッパの国々では人民（すなわち民族《エスニー》）を政治組織から切り離すよう提案した。この地域では「伝統的ナショナリズムの行き詰まり」が起きているからである[52]。

ハーバーマスの思想のなかで、ドイツ史の特殊性に結びついているものや、「ナチ体制によるユダヤ人絶滅の特異性に関する論争[53]」に結びついているもの、そして幾人かのドイツ人歴史家の修正主義に抗して、国民的伝統のうちに民主主義的諸価値を統合することができる歴史意識を打ち立てようとする努力に結びついているものを過小評価することなしに、ここで留意せねばならないのは、彼の思想が、歴史のなかでしばしばナショナリズムがとった不当で憂慮すべきあり方から生じてくる、古い考察の延長線上にあるということにほかならない。

ところで、ヨーロッパの国々では、国民的帰属と純粋に政治的な帰属とを分けることが可能かどうかを問うことができる。もし民主主義社会が、ハーバーマス的な表現を用いるなら、市民、政治家、専門家が共同生活の諸問題を処理するために互いに会話し、互いに理解し、互いに納得させることを試みるコミュニケーション的で間主観的な空間の存在を前提にしているのだとすれば、そのような民主主義社会はすべての成員が一つの言語、なんらかの文化、そして、少なくともいくらかの共通の価値を共有していないとすれば存在することができない。そうでなければ、どうしてこうしたコミュニケーション的空間を打ち立てることができるだろうか。これらの思想に対しては、バークがフランス革命に、とくに人権宣言に向けたような批判を行うことはできないだろうか。つまりフィリップ・レイノーが次のように要約する批判である。「人権宣言は根本的に実現不可能である。なぜならば、すでに構築されている共同体のなかで展開している人間生活の現実的な諸条件を、まったく考慮していないからである」[54]。

確かに、特殊な国民的共同体の内部においてこそ、諸個人は分かち難く個人的であり集団的でもあるアイデンティティを作り上げたのである。ヨーロッパでは数世紀来、各人は自らのうちに国民を見出すのだと言われてきた。あらゆる帰属の意識、つまりあらゆる集団的な観念とは、歴史がたいていの場合は完全にまたは部分的に発明されるものであるとしても、まさに共通の長い歴史の所産でしかありえないのである。そうした歴史は、いかに望ましく合理的な決定であろうと、「タブラ・ラサ〔白紙状態という意味〕」をもとにして集団的アイデンティティが構築されうると想定するような決定から生まれることはない。少なくとも予見しうる未来において、抽象的な基本原則――人権、法治国家の尊重――への知的な賛同が、国民的伝統の内面化を引き起こす政治的・情緒的動員の代わりとなることはないだろう。共産主義国家の指導者たちはこれを知っていた。普遍的なイデオロギーや政治的プロジェクトへの賛同を自称しながらも、指導者たちは、国民的で民族的な競合心やさらには憎悪心を自分たちの利益のためにつねに利用してきたし、また組織しさえしたのである。ソヴィエト市民のパスポートには、「ユダヤ人」や「アルメニア人」といった、いわゆるナショナリティの記載があった。ホッジャはイリリア人の信仰を、チャウシェスクはダキア人の信仰を組織した。国民の抽象性／具体性は——民族的帰属の具体性については言うまでもなく——階級意識、法治国家、人権といった最も純粋な抽象的理念よりも人びとに訴えかけるものである。ベネディクト・アンダーソンは諧謔的に言う。「誰がコメコン〔COMECON〕やヨーロッパ経済共同体（ＥＥＣ）のために進んで死ぬだろうか」。少なくとも近い未来において、物質的利益のみによって、あるいは——それがどんなに考慮に値するものであっても——抽象的理由を基礎にした信念のみによって導かれる政治的意志とか、国民を定義するすべての特有の価値、特有の伝統、特有の制度を源泉としないような政策が存在しうると考えることは、空想的ではないだろうか。政治組織は、エリアスが「人間社会の情緒的な欲望」と呼んでいるものへの応答をなおざりにすることはできない。ところがエリアス自身そう指摘するように、「われわれのアイデンティティの情緒的な色調は、ポストナショナルな統合形態が問題になるや、著しく弱まっていくのである(55)」。

幾人かのフランスの革命家たちは、カント的な表現によれば、自由で理性的な人間の平等を基礎とするまったく新しい社会を建設するというプロジェクトをすでに持っていた。一七九〇年の連盟祭〔フランス革命の一周年記念祭〕の際、革命家たちは寛容の精神やすべての文化的マイノリティの代表者たちとの相互理解の意志を明確にしたが、文化的マイノリティに対しては、その文化的特殊性を捨て去ることを強いたりはしなかった。ある意味で、革命家が表明した志はハーバーマス的な概念に一致していた。つまり革命家たちは、それぞれがアイデンティティを維持している文化的に異なるグループの間で、政治的な合意が結ばれることを望んだのである。しかし革命家たちは、彼らの政治的プロジェクトのまわりに大衆の力を動員するために、さらに「危機にある祖国」を防衛するために、共同体型の諸分子を作り上げていた人びとにただちに合流したのである。外部からの危機に直面した革命家たちは、国民の戦争を遂行するために、〈革命〉や〈国民〉に役立つよう人びとの情念を組織化することに取り組んだ。こうして革命家たちは、歴史のうちに書き込まれておらず固有の運命の主体でもないような市民性、住民を統合する具体的手段も国際的な場面に介入する具体的手段も持たないような市民性は、抽象的な理念にとどまると指摘した。国民とは一つの具体的な、社会的で政治的なあり方ということになる。

「ポストナショナルな」プロジェクト――民主主義の国民の完全な具現化として定義される――が、ほとんど実現可能とは見えないものであるとして、政治的にも望みえないものであるのはこうした理由による。一方で、ジャン゠マルク・フェリーの表現を用いるなら、「政治的根拠と文化的帰属との分裂」は、政治的なコントロールもなしに本質主義的なナショナリズムをそのままに放置し、アイデンティティの断片化と暴力的な対立とを引き起こすおそれがあるだろう。国民はあらゆる政治的次元と政治的権威とを失い、もはや民族的意識を抑制することもないだろう。他方で、政治的プロジェクトの徹底した合理性と抽象性とは、この「純粋な」国民を過度に脆くしてしまうだろう。いわゆる民族的国民の情念や、ときには獰猛さが存続するだろう世界において、「憲法パトリオティズム」のみを基礎とする諸国民は生き残ることができるのだろうか。その存在や活力を確かなものにしていくために、国民には民族的な諸要素を構築し維持することが避けられないように見える。逆説的ではあるが、アーネスト・ゲルナーがまさにそう記したように、その目的が合理的なものである市民的国民を作り出すために、ナショナリストは人種、言語、宗教、文化といった民族的な議論を持ち出し、またそれを作り出したり維持することに貢献するのである。諸国民はつねにさまざまな民族的神話や民族的価値のまとまりに新しい価値を見出してきた。国民は神聖なる領土、英雄そして黄金時代を必要としている。要するに、国民は一種の民族性を生み出すのであり、その民族性が国民の側に集団への帰属の意識を培うのである。[56] 伝統の発明が、あらゆる国民の存在の一つの条件なのである。[57]

シオニズムの例がまた再び参考になる。ナショナリズムの三つの大きなプロジェクトが、一八八〇～九〇年代にかけて敵対し合った。まずは、すでに言及したディアスポラ的で文化的なナショナリズムのプロジェクト。次に、ナーマン・シルキンのシオニスト社会主義者労働党の、あるいはイズレイル・ザングウィルのユダヤ領土主義組織のプロジェクトで、これらの組織は第一のプロジェクトのように、文化的で国民的な自律性の確保のためにはある土地にユダヤ人を集中させることが望ましいとしていたが、必ずしもパレスチナである必要はないとしていた。最後に、テオドール・ヘルツルのプロジェクト。ヘルツルは一八九六年に『ユダヤ人国家（*Der Judenstaat*）』を出版したのだが、その際、国民の発明を国家の建設と別物とは考えていなかった。ヘルツルにとっては、国家だけがユダヤ国民が完全に存在するに至るのを可能にするのである。一九三〇年代のパレスチナでは、国家建設を支持する人びとはジャボティンスキーを中心にまだ少数派だった。しかしながら、国家をその計画の中心に置くこの三つ目のプロジェクトこそが、第二次世界大戦以降、現実の力によって認められるようになったのである。もっとも、一九四八年に国際連合が新国家を承認する以前に、ユダヤ労働総連合、つまりヒスタドルート（*Histardrut*）が、新しい国民の経済生活、社会生活、教育生活、文化生活、そして同様にスポーツ生活を準備するために、ほとんど国家のような存在になっていた。一九二〇年以来、ヒスタドルートは移民受け入れ局や労働者銀行、経済的企業活動を作り出していた。子供の半分は学校に通い、福祉国家の守り手の役割を果たした。労働組合よりもはるかに、政党から独立した正真正銘の官僚機構こそが、共同生活を管理運営し、労働者民兵、つまりハガナ（*Haganah*）をもってして、暴力を独占的に意のままにしていた。イシューブの成員の大部分は、右翼の反対にもかかわらず、この暴力を唯一正統性を持つものと判断していたのである。ベン・グリオンはその生涯にわたって、どうしても国家が必要だという考えから離れることはなかった。一九三三年から四五年にかけて、ユダヤ人は、近代社会において承認された国民も国家ももたない人びとの集団的運命がどうなるのかを推し量る術を学んだのだった。

ポストナショナルなアイデンティティを構想しようとする哲学者たちの努力は、いずれにせよ――反対に――国民の何たるかをはっきりさせてくれる。国民は単に抽象的な政治社会による超越に留まるものではなく、具体的に時間と空間のなかに書き込まれた社会的な現実でもある。それは民族的な帰属やアイデンティティを政治によって超越したことの産物であり、抽象的な市民社会と、集団的諸制度や国家の具体的現実との分節の産物なのである。まさに具体的形態においてではなく理念型の点で、合理的な国民的「社会」は民族的「共同体」に対立する。どのような国民の建設も民族的諸要素をもとにして仕上げられるが、まさしく国民的諸制度が、次にこの民族的諸要素を強固にすることに努めるのである。一九一〇年のドイツ社会学会において、(国民とナショナリズムとを同一視しつつ)マックス・ウェーバーがそう言ったように、国民とは「さまざまな意識の次元の共同体であり、それにふさわしい表現は自律的国家なのであって、こうした共同体は通常ならば国家を作ろうと努めるものである(58)」。国民という理念《イデー》――分析的な意味での――は、思想《イデー》――表象の意味での――であると同時に制度なのでもある。

政治的な超越の企ても、この超越に内在する限界も無視することはできない。いいかえれば、社会学が明らかにするところの国民存在の具体的諸条件を無視することはできないのである。

第三章　市民権による超越

西ヨーロッパの民主主義の国民は数世紀にわたる歴史の産物であり、その特徴について社会学者たちは考え続けている。近代的・民主主義的国民は、諸制度を受け継いだのではなく、アテナイ市民によって作り上げられ、ローマ帝国で解釈し直された政治社会の理念そのものや民主主義の諸価値を受け継いだ。さらに中世都市の歴史的経験や、十三世紀から十八世紀にかけて国家権力を集中させ、組織し、かつ強制するために強大な君主制諸国によって行われた事業を受け継いだ。このように近代的・民主主義的国民は、政治社会や市民権の原理の基礎となっている理念と、政治的諸制度という両面から成り立っている。政治的諸制度によって理念は具現し、伝播していく。いいかえれば、近代的・民主主義的国民は固有の政治的プロジェクトを享受しているのである。

したがって本章では、市民権の原理を分析することが重要となる。市民権の原理は同時に理念であり、理想であり、政治的実践の受容の参照枠である。そのあと次章において、国民的諸制度が特異性をもって具体的な国民を構築する際行うことについて論じることにする。

市民の共同体の理念

ギリシャのポリスとローマ市民

バンジャマン・コンスタンが一八一九年にアテネ・ロワイヤル・ド・パリにて行った有名な講演のタイトルを取り上げるなら、『近代人の自由と比較された古代人の自由について』が論じられてからおよそ二世紀がたった今、ピエール・ヴィダル＝ナケがそう要約するように、「商業が戦争に対立し、代表制が参加に対立し、思考の喜びが行動の喜びに対立するように、近代人の自由は古代人の自由に対立する」[1]という考え方が一般的には正しいと認められている。しかしながら近年の歴史家によれば、これらの断言にはもう少し微妙なニュアンスを与えねばならないことになろう[2]。

社会生活の自律的な領域という意味で、ギリシャ人は政治的なものを「発明」した。その考察の論拠を都市国家の歴史的経験に置いたアリストテレスにとって、政治活動とは人間にふさわしい唯一のものであり、それは本質的に人間的なものを人間のうちに実現したのだった。アリストテレスの定義によれば、ポリス（*polis*）とは、まさに政体（*politeia*）として組織される市民の共同体だった。ポリスは、政治社会として組織されていない人びと――民族（*ethnè*）――からと同時に、全体としての社会から、つまり近代的な意味では市民社会と呼ばれるであろうものから明らかに区別されていた。なるほど確かにポリスは、奴隷、女性、外国人、そして居留外国人（*métèques*）を排除した。しかしながら、この人びとは社会生活にさまざまな資格で参加していたのである。居留外国人と短期滞在外国人とは、とくに手工業者、商人、あるいは小作人として、経済活動において重要な役割を果たした。居留外国人は法によって保護され、そして公的な供犠式や公的な祝宴、すなわち市民的祭礼へある程度まで結びついていた。しかしポリスは、権利上はもっぱら市民に制限されたままであり、実際に責任あるポストは学校で修辞学を修めることができた富裕市民によって握られていた。そうした市民の共同体は政治的で法的な決定の正統性の唯一の源泉であり、唯一の機関だった。

こうした考え方は、それぞれの市民が参加する政治的空間ないしは公的空間と、私的空間との間での分離をもたらした。私的空間のなかで各人は法に従い、同胞に害を与えない限り自らが満足するように自由に生きることができたのである。二分法は生活のすべての局面に現れた。つまり私的人間が市民から、私宅が公共建造物から、個人の利益がポリスの財から、私的な財政的手段が公的な財政から区別された。それはおそらく近代社会の特徴たる個人と国家との間の対立よりも、私と公との間の対立に関係していた。しかしギリシャ人は、まさに政治社会としてのポリスが全体としての社会から区別されるものと考えられる限り、ポリスは限定されるべきだという、本質的な思想を作り上げたのである。モーゲンス・ハンセンは、「全体主義的」古代都市国家についてフュステル・ド・クーランジュが展開した考えを再検討した。フュステル・ド・クーランジュによれば、「全体主義的」古代都市国家は、成員の公的・私的生活のすべての面をコントロールしていたというのだが、そうした描写はスパルタの事例にしか適さないだろうという(3)。

ギリシャ人はまた法治国家の原理を発明した。当時の人びとは、人間によってではなく法によって統治されることが、正真正銘のポリスかどうかを見分けるものであるということにまったく同意していた。市民は〈都市国家〉の法だけを唯一の主人であると認めていた。合法的に死刑を宣告されたソクラテスは逃げることを拒絶した。ソクラテスはあまりに法を尊重していたがために、法に背くことができなかったのである。『クリトン』の有名な「法の擬人化」は、ソクラテスの考え方を分かりやすく説明してくれる。つまり都市国家の法はすべてを市民ソクラテスに与えた。都市国家を離れることも自由だった。そこに自発的に残ることで、ソクラテスは法に従うことを誓ったのだった。「あなた方も知っての通り、アテナイ人たちよ、民主主義においては、法こそが個人を、そしてポリテイアを守る。それに対して、僭主や寡頭政治の連中は猜疑心や武装させた衛兵たちを頼みにする。寡頭政治や不平等に立脚した国家を指導する者たちは、軍隊の力によって国家を解体しようと欲する者たちから自らを守らねばならない。しかしわれわれの場合、政体が平等と権利とを基礎としており、法に反する形で訴えかけるあるいは振舞う者たちを遠ざけねばならない[4]」。

またギリシャ人は、近代民主主義の理念の基礎となっている自由や平等の価値を表明した。アテナイの民主主義の理想は自由の観念を、あるいは「エレウテリア〔自由〕」を伴っていた。つまりアテナイの民主主義の理想は、民主主義的諸制度に参加する自由な市民を奴隷に対立させただけでなく、ハンセンによれば、個人が私的空間において自らに良いように自由に生きることができるという考えを前提としていた。「民主主義的政体の基礎原理は自由である。しばしばそのように言われるが、そのように言う人たちは、まさに人間が自由を共有するのはこの政体の中だけにおいてである、ということを暗黙に語っている。自由の特徴の一つは、市民がかわるがわる指導者になり被指導者になるということである。(…)もう一つは、望むように生きるということである[5]」。ギリシャ人は、法の前でのすべての市民の平等という理念を作り上げた。つまり機会の平等という理念と同様、裁判なしには刑を宣告されないという権利であり、いいかえれば形式的、法的、かつ政治的な平等の理念である。これは長らく近代的な自由民主主義の理念となってきた。ギリシャ人にとって、結果の平等ではなく権利の平等に関する限りにおいて、自由と平等との間に対立はなかった。政治的責任や利益を配分する場合にも同様に事実上の平等を保障しようと志すとき、矛盾が現れるのである。

しかしながらギリシャのポリスは、われわれが近代的な表現で民族《エスニック》と形容する一つの考え方によって境界線が設定されていた。市民はその生まれと、胞族《フラトリー》や市邑《ディーム》＝部族居住地につながる血統で決定される帰属とによって定義された。三歳ないし四歳から、アテナイ市民の子息たる男児は父方のフラトリーの一員をなした。成年になると父によって紹介されたディームに入った。アテナイ市民であるのは、アテナイ市民の子息であり、孫であり、そして曾孫だった。古代ギリシャの政治社会は、こうした市民権の民族的定義を排除しなかった。なぜならば、ポリスは具体的であり直接的なものだったからである。家族、親族、あるいは友達仲間といった現実のグループが、社会学的な意味で共同体として定義される政治システムの正真正銘の要素を構成していた。フィリップ・ゴーチエの言葉を用いるなら、「参加の構造」こそが「社会性の発生源」を築いた。そうしたものの存在こそが、ポリスが具体的に機能するときには必要不可欠だったのである。断とつに多くの人が住んでいたとはいえ、アテナイでさえ、ある限られた人数の成員、つまり数万人だけで成り立っていた。他の都市国家の成員は数千、もしくは数百ですらあった。ギリシャの都市国家は顔の見える社会だったのである。政治社会の成員は、共通の事業の管理運営に個人的・直接的に参加したという事実によって定義された。アリストテレスにとって「都市国家とは、完全で自己充足的な存在を目的として、家族のために、そして親族のためによく生きる共同体である」[6]。またアリストテレスにとって重要に見えたのは、「「政治的動物」が行使する「役割」、すなわち共通の事業の管理運営への参加が、都市国家によって、また都市国家の内部では体制によって一定ではない」[7]という事実であった。もし共通の事業を直接的に管理運営するという事実が市民権の理想を定義したのであれば、まさに市民の数が限定されざるをえなかったのは明らかである。ポリスのそれ自身で完結した性格は、異質な要素を組み入れていくことを困難にした。民族の考え方を基礎とした都市国家は、閉じられたままだったのである。外国人によるアテナイ市民権の獲得は例外的だった。ギリシャ人は自分たち自身で自らを定義していたし、他者たちからは民族的な点で、つまり出自、言語、神々と聖地、供犠祭、そして生活様式といったもので定義されていた。他方、公的生活への具体的かつ直接的な参加という観念があったので、そのなかでは政治に直接的に参加できないようなただ一つの政治組織に集まるといった考えは、ギリシャ人には異質なままであり続けた(8)。

近代民主主義は市民権の概念をローマから受け継ぎ、この概念は以後、法的地位をもった語として定義された。ローマの支配する領土や人口の規模が拡大したことで、個人間には新しいタイプの関係が必要となった。それはもはや、顔の見える社会ではなくなる。階級、百人組、部族といった市民的枠組みは現実的なグループではなく、行政管理上のカテゴリーだった。そうした市民的枠組みは「統合の構造」(ゴーチエ)として機能していた。アリストテレスが都市国家の基礎とした中間グループはもはや存在していなかった。「人間」、すなわち市民が出現したのだった。ローマ市民(*civis romanus*)は民権〔実定法上の市民の権利〕、あるいは対人権〔債権。ある者が特定の者に対して一定の行為を要求する権利〕を手にした。つまりユス・コニュビイ(婚姻権 *jus connubii*)やユス・コメルシイ(財産保有権 *jus commercii*)である。「法を共有する人びとにとっては、権利の共有がある。これらの法と権利とを共通のものとしている人びとは、同じ都市国家に帰属していると見なされねばならない(9)」。必要不可欠な基準が法のそれになったのであって、役割ではなくなったのである。アリストテレス的なポリスは社会的現実の直接的な表現だったが、ローマの政治家や思想家は権利によって政治社会を定義した。現実の諸個人のグループの間で生活を組織立て、軋轢を調整するよりも、権利主体の間の関係を取り決めねばならなかったのである。人口の問題がギリシャの都市国家とまったく同じ意味において存在することはもはやなく、外国人に開かれているという原理が政治社会の定義のうちに含まれていた。地位の法的性格は定義上、政治社会へ徐々に異質な要素を組込んでいくことを可能にした。――ローマの歴史の長きにわたる事実、つまり紀元後二一二年のカラカラ勅令にまで至る事実であり、カラカラ勅令は帝国内の自由人の大多数に対して市民権を認めることで、この古来の政策を承認したのである。

市民権が及ぶ範囲は普遍的だったが、政治的実践は貴族的、さらには寡頭政治的なままだった。まずは地方の支配者層が、つづいてすべての人間がローマ市民権によって社会的に統合されたが、かといって、実際に政治に参加する権利がもたらされたわけではない。ローマ市民は自らを市民にして兵士であると思っていたが、その大部分は公的生活にまったく関与しなかった。政治の実践を実際に体験することがなくなったのである。原理においては開かれながらも、ローマの貴族政治は事実においてはほとんど開かれてはいなかった。少数の市民だけが司法官への被選挙資格のために必要となる選挙権取得税に基づく資格を保持していた。市民の大多数はすべての公的地位から、したがって元老院から排除されていた。最も重要な司法官が選出された百人組〔ケントゥリア〕のケントゥリア民会では、第一階級、つまり最も裕福な階級の投票だけで、場合によっては第二階級の一部分の投票だけで、過半数を確保するに十分だった。こうして投票は途中であっても終了することがあった。民会において、投票は個人的なものではなく、集団的なものだった。誰しもがケントゥリアごとに、あるいは部族ごとにカウントされた。(10) 結局のところ、ローマはすべての公的活動の節目節目でさまざまな祭礼が行われる社会であり、貴族階級は超自然的な兆候や前兆を解釈する権利を保持していた。そうしたものの利用は公的議論を先導し、操作し、あるいは排除することを可能にした[11]。公務の指揮管理は、ローマの歴史の長きにわたって、富裕市民に独占されたままだった。贔屓の習慣が次第に大きく機能するようになった。この種の政治的な庇護行為がきわめて少数の門閥の手に握られたことはなかった[12]」。「世界のどこにおいても、この種の政治的な……」

ることを可能にした[11]。公務の指揮管理は、ローマの歴史の長きにわたって、富裕市民に独占されたままだった。贔屓の習慣が次第に大きく機能するようになった。「世界のどこにおいても、この種の政治的な庇護行為がきわめて少数の門閥の手に握られたことはなかった[12]」。公職を自らの手に集中させた少数派と人口の大多数との間に生じた断絶は、事実においてと同様、権利においても生じていたのである。しかしながら、生まれながらの貴族が問題だったのではないことに気をつけねばならない。つまり市民は、裕福になるや階級やケントゥリアを変えたのであり、それによって公的生活に関与し、続いてクルスス・ホノルム（*cursus honorum*）〔名誉ある官職を連続的に経験していくこと〕に入ることも可能になったのである。経済的で社会的な成功を収めることによって、ついには政治参加に行き着くことができたわけで、貴族政治は完全に閉じられていたわけではなかった。ローマ社会の規模では、すべての市民が直接的に公的なものを管理運営することができなくなったのだが、代表制の思想が知られていなかったので、権利においても事実においても、政治活動に直接的に参加する人びとの数が限定されるのを避けられなかったのである。

これらの寡頭政治的なやり方にもかかわらず、市民を法的な語で定義することによって、ローマ人が市民の潜在的な開放性とその普遍的使命という理念を築いたことには変わりはない。この意味では、「われわれはみなローマ市民である[13]」と言い切ることが可能なのである。

〈都市〉と君主制国家の国家的諸制度

近代的国民とは、中世の〈都市国家（Cités-Etats）〉と西ヨーロッパの強大な君主制諸国とのなかで独立した政治体を打ち立てるという、二重の歴史の直接的な継承者である。直接的で不平等な奉仕のやり取りによって、臣下と領主とを垂直的に結合した封建的伝統のモデルとは反対に、二つの事例においては、人間の間に水平的な関係が構築された。

マックス・ウェーバーは、中世のコミューン〔自治体〕で、宗教や王朝といったあらゆる領域から独立した政治的領域の概念が出現したことを明らかにした。西ヨーロッパの〈都市国家〉は自治によって、封建的支配勢力と農民層との間の直接的な支配・非支配関係という東ヨーロッパを特徴づけるものから免れることができた。平和な労働と自由な行政とを担う都市自由市民が、西ヨーロッパの〈都市国家〉で形成されたのである。〈都市（Ville）〉は政治的ユニットとなり、都市自由市民は法的にも政治的にも自律していて、〈自治都市（Cité）〉への帰属によって定義される市民になった。「新しい都市において、市民はまさに個人として市民集団のなかに加わった。まさに個人として市民たることを宣言したのである。家族的出自以上に、都市という地域的な団体の成員たる資格こそが、都市自由市民の地位を保証した[14]」。ノールの多くの自治都市では、実際には富裕な貴族層が共同社会の組織を支配していたにしても、法的地位の差異は〈都市〉のなかでは消えていった。反対に、氏族的で宗教的な論理、あるいはインドにおけるカースト制度や中国における官僚機構は、集団的組織がそれ自体として市民の共同体を実現することを可能にはしなかった。イスラム教について言えば、西洋世界の特徴に関してマックス・ウェーバーが直感的に思考したことを、イスラム世界の専門家の業績が立証している。アラブの諸都市がコミューンを誕生させることはなかった。アラブの自治都市は決して、誰もが政治的に基準とする場所でもなければ、政治的な忠誠を誓う場所でもなかった。イスラム法は道徳的個人を無視しており、イスラム諸国の歴史のなかでは、「特権、特別な地位、特別な権利[15]」を手にした権利主体としての自治都市も、自由な都市市民の組織体も問題にはなっていない。イスラム教では宗教的権力と市民的権力とが分離されていない。正統性を有する権威は唯一の神から来るのであり、国家は神の国家であり、神の人民を統治し、法は神の法、軍隊は神の軍隊、敵は神の敵である。市民が宗教的人間に取って代わることはなかった。法的人格を承認することがないので、政治体の成員がそのおかげで統治運営に参加できる評議会や議会といった形態が出現することが不可能となった。かくして歴史は、市民の共同体の理念という、ウェーバー的な表現に従うなら「経済活動の合理的なモデルへ向かう」ものが、西洋諸国のなかで生まれたことを説明するのである。

しかしながら、イタリアやドイツ世界の〈自治都市〉が教会や皇帝に対抗するには、政治団体としてあまりに脆弱であることは明らかだった。ウェーバーは、政治組織が集権化されればされるほど、都市の自律性は発展できなくなっていったと記している。国王がコミューンの独立した権力を警戒心を持って見ないはずがなかった。実際、西洋の強大な君主制国家の国王こそが、領域的国家の創始者として、封建領主や〈自治都市〉の特権、皇帝の野望、教会の権力といったものに対抗して、「教会に対する政治体の独立」を作り上げたのである。国王こそが、すぐれて人間的な社会としての政治体の基礎を築いたのである。[16]十八世紀末には、〈都市〉の市民権とは、絶対王政の中から生まれた近代国家が解体しようと取り組んだ、これらの特権の一つをなすにすぎなかった。

政治による超越には、歴史的にさまざまな形態があった。イギリス的自由の伝統たる多元主義は、地位、団体、階層、そして特殊なグループに対して場所を与えるのだが、それはフランスにおいて乱暴な仕方で認められた市民権という単一的で総合的な概念と伝統的に対立している。イギリスの民主主義は、社会の主要な勢力の政治的代表者たちに由来するさまざまな対抗勢力を形成することによって自由を保証するという考えから生まれた。多元主義は、イギリスの民主主義のなかで、公共の自由の「自然な」表現として認識されている。誰しもが特殊な共同体への帰属によって市民なのである。複数投票という形態は、ウェストミンスター〔イギリス議会〕で諸団体が代表者をもつことを保証しつつ、一九四八年まで維持された。たとえばオックスフォード大学やケンブリッジ大学は複数投票の廃止まで、議会に代表者を有していたのである(17)〔大学卒業者には居住する選挙区での投票権の他に、出身大学を選挙区とする大学投票権が与えられていた〕。イギリス的伝統が拠って立つ理念とは、つねに恣意的なものになる可能性のある権力に対して、人間の真の自由を保障するために、特殊な帰属と特殊な愛着との多様性を尊重せねばならないというものである。バークがそう述べたように、「まさにわれわれの家族のただなかにおいてこそ、われわれの政治的感情は始まるのであり、親族の関係に鈍感な人物は決してわれわれの国に忠実な市民にならないと言うことができる。われわれは、われわれの家族から近隣の人びとへ、われわれがよく付き合いをする人びとへ、そして田舎にあってわれわれが愛着を持つ滞在地へと通り過ぎていくのである」。国民は長い歴史の帰結でしかありえず、国民や地域的権力を構成する特殊なグループの諸権利を尊重せねばならない。バーク曰く、「われわれの国のこれら旧来の区分は、数世紀の結果であって、権力が突然に行ったことの所産ではなく、いずれもわれわれの偉大なる祖国の小さなイメージである。それらはわれわれの心を奮い立たせる。こうした個人的な愛着が、われわれが祖国の全体に対し抱いている愛を損なうことは決してないのである(18)」。より一般的にいえば、一般的利益は特殊的利益から構成される。〔ジョン・ステュアート・ミル曰く〕「それぞれの階層は他の人びとの知らない物事を知っているものであり、それぞれの階層は多かれ少なかれ特殊な利益を持っているものである(19)」。イギリス的民主主義の基礎にある功利主義的論理に則るなら、さまざまな社会的グループはその特殊性をまさに理由として政治的空間のなかに現れ、その固有の利益を守りながら、一般的利益や社会全体が順調に機能することに貢献するのである。

「市民」の新たな支配を宣言することにおいて、フランスの革命家たちはまずルソーの思想の影響を受けた。ルソーにとって、不平等の源泉たる人間相互の従属関係や市民たる個人と国家との間にある中間団体は、人間が自由であることを妨げるため、解体されるべきものだった。市民は、〈一般意志（意思）〉（Volonté générale）を直接的に表明する存在であり、イギリスとはまったく反対に、あらゆる中間にあるつながりから独立し、国家と密接で直接的な関係を結ばねばならなかった。革命家たちは一七八九年以来、代表制の問題を提起してはいたものの、多元主義とは対立する統一的な民主主義というルソー主義的な考え方を基本的には守り続けたのである。それぞれの市民の利益と意志とは、集団的な利益と意志とに一体化する。一般的利益は特殊的利益の総和、あるいは合成からは演繹されない。市民権は、国民のようにまったく不可分であり、一つの集権化された国家によって準備され、保障されねばならない。そうした国家が一般意志の表出として、社会を生み出すのである。

市民権の原理がとる具体的な形態は、異なる実践のあり方を生み出し続けている——たとえばイギリスやフランスで実行された移民政策には違いがある。イギリスの場合、社会的に承認されたさまざまな種類の共同体の存在が受け入れられる。共同体の利益は特殊であり、共同体の代表者は特別な権利を獲得するために公権力と交渉する。フランスの場合、公共空間のなかに複数の共同体が存在することの承認は拒絶され、個人的市民権によって外国出身の人びとを統合する努力がなされ続ける。しかし、この社会的伝統や社会的実践における多様性にかかわらず、いずれにせよ、共通の規範によって調整される一つの政治的空間が作り出されねばならないのである。そうした共通の規範に応じて、敵対関係や対立が解決されることになる。

政治的ユニットという抽象的な場所としての国民は市民の共同体の存在によって正統化されるわけだが、こうした理念そのものは近代的な個人主義に密接に結びついている。個人主義と国民とが結びついて出現したということは、理念として、そして現実として、しばしば指摘されてきた[20]。国民的政治社会は「完全に独立したものと想定される諸個人をもとに、たった一つの政治体を作り上げて[21]」いこうとする。さらに国民的政治社会は、この市民たる個人が、少なくとも部分的にであれ、個々の根づきを断ち切る能力を備えていて、権利上はすべての他者との交渉に入れるものである、という考えに立脚している。市民たる個人がある現実的なグループへの帰属によって決定されるということはなくなりうる。生まれによって強いられた文化や運命のなかに閉じ込める決定論を断ち切り、既定の役割や強いられた職業から自由になるという能力によって、市民はまさしく定義される。民主主義の国民の原理――同時に諸価値――を基礎づけているものとは、まさに市民の普遍性と、市民社会の成員である私的人間の特殊性との対立なのである。

代表制と民主主義的市民権

近代政治理論は、十三世紀以降にローマ法を再発見することで、市民の概念を発展・改良してきた。古代ギリシャやローマの社会では、個人は何よりもまず「ホモ・ポリティクス（政治的人間 *homo politicus*）」であって、市民は同様に兵士だった。反対に、中世都市では、個人は何よりもまず「ホモ・エコノミクス（経済的人間 *homo œconomicus*）」だった。中世の個人は経済活動に結びついた個人的な自由を追求していった。近代民主主義は個人の自律性を守るという、この文字通りのリベラルな伝統の延長上にあった。たとえ古代民主主義を近代民主主義に、そして古代民主主義の好戦的で宗教的な性格を近代民主主義の本質的に経済的な性格に単純に対立させるべきではないにしても、近代民主主義はまず第一に、政治社会に対して経済的アクターとして行動する個人が自由を要求することから生まれたのである。それは、国家の介入する領域を縮小していくことで、私的人間の自由を保障するための努力から生まれた。そのあとで、近代民主主義の知的伝統が、公共の問題へ市民が積極的に参加することで国家の権力を制限していくという考え方を提示したのである(22)。

近代民主主義の理論家たちは、アテナイから受け継がれた政治社会の概念やローマ市民の概念を再び見出し、解釈し直したのであるが、とりわけ二つの重要な思想を導入した。それらに応じて、今日の市民的国民は古代と根本的な断絶を作り上げたのである。つまり代表制、そして市民の新たな概念である。

古代文明では、直接民主制しか構想されなかった。ヘレニズム同盟でのいくつかの経験は例外として、古代文明は委任するという考えを知らずにいた。アリストテレスにとって、その権力を委任するとは、まさに自由を断念することだった。十八世紀の思想家たちは、古代の経験、つまりフィリッポス二世〔アレクサンドロス大王の父親〕によって打ち負かされたギリシャ都市国家間の不和や、異民族を前にしたローマ帝国の崩壊を批判的に見ることによって、共和国の理念を排除していた。近代の広大な国家のなかで共和制を打ち立てることは不可能だと主張することこそが当時のまさに常套句であり、哲学者たちの政治的な夢は共和主義的なものではなかった。委任の思想を、あるいは近代的に言えば代表制の思想を発明したことによってこそ、共和政体が大国の政治体制たりうると考えることが可能になった。近代の民主主義者たちは、古代の民主主義者たちとは反対に、代表制の必要性と価値とについて思考した。政府の有効性と、指導者たちが運営する政治に自分たちが無縁ではないという市民の意識とを同時に保障しようと努めるような仕方で、近代の民主主義者たちはこの代表制が確固たるものになる政治制度を具体的に発明した。かくして近代の民主主義者たちは、公共領域と市民権とをますます大きく抽象化することによって、大規模なユニットのなかで政治社会が機能する原理を提示したのである。

同時に近代の民主主義者たちは、近代的市民権のまさしく民主主義的な原理を構想した。つまりその普遍的性格と、具体的に諸権利を行使する各人の権利をである。

ヒューム以降、自由人と奴隷とを区別することを基礎にして、民主主義的実践から住民の大部分を排除していた古代の都市国家は批判されるようになった。社会階層、地域的ないし国民的出自、または性別という点での特徴がどのようなものであれ、すべての個人に対し段階的に拡大されてゆく市民権の潜在的に普遍的な性格を近代思想家たちは次第に把握し、諸制度のなかに組み入れていった。選挙権が市民権の特権的手段であると同時に象徴でもある限りにおいて、住民の新たなカテゴリーに対して徐々に認められている普通選挙の概念そのものの歴史が、近代民主主義における市民権の意味を明らかにしてくれる。たとえば一七九二年以降、選挙権付与に対して適用された唯一の制限は、自然（女性あるいは子供）とか、自然なものと判断される社会関係上の境界線（使用人、貧困者あるいは放浪者）によって正当化された[23]。今日展開されるさまざまな議論のなかで、ある人びとは選挙権を子どもや精神障害者へも認めようと提案しているが――「ディープ・エコロジー」の思想家たちは動物や植物もまた排除しない――、このことは近代的市民権の理念が持つ論理を例証しているにすぎない。たとえ具体的には、大多数の市民の唯一の市民的活動が選挙の義務を充たすことでしかないとしても（ある人びとは棄権したり、選挙人リストに登録されていなかったりするが）、またたとえ公的なものの管理を確実に行う政治のプロフェッショナルが実際には存在しているにしても、すべての個人は法的に市民であり、政治に参加する資格を有するのである。

かといって、こうした使命が近代の民主主義の国民によっていつでも実際に実現可能になったのだとは言えない。むしろ近代の民主主義の国民は、人間なるものについての限定的な定義を提示することで、排除の実践を正当化するよう強いられたのである。こうして、合衆国におけるネイティヴ・アメリカンも黒人も、植民地化された国々における先住民も、そして女性も、真には「人間」ではない、すなわち理性に恵まれた人間的存在ではないと主張されたのである。実証主義的思考や進化論的思考が賞揚された時代、フランスの法律家たちは、アルジェリアでの先住民とフランス人との間の法的・政治的な扱いの不平等を、西洋文明の政治的で道徳的な優位性を標榜することによって正当化するのをためらわなかった。婚姻、離縁、離婚、そして子供の民事身分に関するイスラム法の存在は、「人間以下」と見なされた先住民に対して完全なフランス市民権が付与されなかったことを、同時代人の目には正当化しているように見えた。然るがゆえに、市民権の普遍性の原理を日常生活のなかに組み込んでいくための象徴的な諸措置——たとえば、合衆国で黒人女性がニュース番組の司会を務めるようなこと——が持つ効果を過小評価すべきではない。

加えて——そしてそれは近代的イデオロギーの第二の特徴なのだが——、市民は具体的に権利を行使するために必要な方法を手にしなければならない。これは近代的な学校のイデオロギーと役割とを基礎づけるのである。近代的な学校は、公共生活に現実的に参加するために必要となる知的能力を、すべての人びとに伝えねばならない。これはまた、福祉国家と呼ばれるものの発展を正当化することでもある。つまり、すべての市民は、その権利がたんに形式的なままにとどまらぬようにするために、物質的手段を手にしなければならない。今日、物質的に生き延びることは貧しい市民の権利である。民主主義社会はその正統性の根拠とする原理に応じて、貧しい市民に対応する義務があるのである（以下、第四章を見よ）。

近代民主主義とは、クロード・ルフォールによれば、「空っぽの空間」、つまりどのような具体的な人物とも混同されることのない権力の抽象的な空間、純粋なる代表制の空間である。まさにこの意味において、テンニエスの古い対比を取り上げるなら、民族は「ゲマインシャフト」の次元に属する一方で、国民は「ゲゼルシャフト」という表現で解釈されうるのである。直接与件のように経験される民族的帰属と、所与との断絶から生まれる国民への参加との間には元来、差異が存在している。ヘーゲル的な用語で言えば、それはまさに文化の所産、あるいは「ビルドゥング（*Bildung*）」であって、これがわれわれをわれわれ自身にとってよそ者にし、この「剝奪」をつうじて、特定な民族への帰属につきものの限定を超えるところまでわれわれを引き上げ、人間の普遍的なエッセンスを実現させるのである。国民に対しては、ベルクソンが民主主義について言ったことを適用することができるだろう。つまり、「自然とは逆行する努力」である。同様にそれは、マンハイムの意味でのユートピア、すなわち実在する秩序を変えるために、そうした実在する秩序と断絶するという思想である。

市民的国民《ネイション》の論理

市民の共同体の存在——機能の原理であると同時に共通の理想としての——は、さまざまな規則を正統化する。それらの規則によって政治指導者は権力の座に着き、個人とグループとの間で商業利益（収入、資産、サービス）、あるいは非物質的利益（安全、健康、教育、公共サービスの利用）の再分配に役割を果たし、この分配が必ず引き起こしてしまう対立を調整し、そして他の政治的ユニットとの間で国民の独立と意志とを主張するのである。このことは、法と憲法とを市民が遵守すること、すなわち広い意味での公共領域において、政治的なもの——権力奪取のための闘いやこの権力の行使——を含むものが機能するのを司る諸規則を、市民が遵守することを前提にしている。しかし同時に、市民が、家族、経済、そして社会関係における権利主体としての諸個人の関係を司るすべての規則を遵守するということでもある。インドネシアでは、数々の民族的共同体が一つの政治的ユニットを形成せず、経済市場における商取引を組織化するための共通の規則を認めることもなく共存していたのだが、国民を組織化することは、そうして形成される共通の空間が狭い意味で政治的であるというだけでなく、同時に行政的で法的でもあるということを含むのを、この例は教えてくれる。[24] 市民権——政治的忠誠と呼びうるもの——による統合は、人びとの一体性を保障する場所としての政治的なものが共同で学ばれることを必要とする。つまり歩み寄りを通して、しかし場合によっては強制力をつうじて、あらゆる種類の争いを調整する手段についてのコンセンサスができているということである。忘れてならないのは、市民はまた——理念型に留めおくのなら——国民を守ることに貢献せねばならないということだ。

政治生活の諸手段

民主主義的な投票は、指導者を選び、選挙人に彼ら自身が従っている政治に対する信用や不信感を表明する機会を与え、社会と権力との間の諸関係を調整することだけを機能としているわけではない。民主主義的な投票は同時に、社会関係を保障し、集団の運命を描き出す新たな神聖なものの象徴、つまり政治社会そのものの象徴なのである。フランスでは、歴史家たちがどのように投票の具体的な方法が進化したのかを研究することで、この二世紀来、投票するという行為のもつ神聖な性格が顕著になっていったことを明らかにした。[25] 信仰生活とのアナロジーから儀式とも呼べそうなものが行われる場所や、その進行のあり方の非常な厳粛さ、投票用紙記入のための仕切り場に入っていくという選挙人の義務（ある人びとはそのうちに一種の告解室を想像した）、投票所の中心にある投票箱の存在（祭壇とも見なされた）といったものが、選挙行為を神聖化することに役立った。これは投票することが、しきたりを尊重しながら、国民的・政治的ユニットに帰属していることをまさに証明することだからである。自国民を外国人から区別するものについて人びとに尋ねたならば、いつでも投票権が即座に持ち出されるだろう。選ばれる権利や公職に就く権利、あるいは兵役に従事する権利よりも、投票権なのである。——外国人に投票権を認めるという事態が感情的衝突や論争を引き起こすのはこのためである。社会関係を確立するということをまさに超えて、民主主義的な投票は、抽象的な政治空間が存在していることを具体的な形で明らかにしている。この空間のなかでは、現実的で観察可能なあらゆる社会的経験とは反対に、それぞれの市民は他者と平等である。「一人一票」という表現が事実であることを実際に明らかにすることで、選挙は市民権の形式的平等の理念に新たに根拠を与え、政治的秩序を正統化するのである。

政党は、現実の諸集団のいがみ合う対立を制度化し、そして調整しながら、民主主義的公共生活を具体的なものにする。投票方式同様、政党組織のおかげで代表制の原理が明確になるのだが、そうした政党組織は、政治指導者を選び、その行動を承認する権利を持ち続けているという意識を市民に与えつつ、技術的と形容しうる機能、つまり統治を可能にする安定した多数派を得るという機能を有するにはとどまらない。政党はまた、政治社会にとって、自らを知り、自らを舞台に乗せ、そして制度のなかで具現するための手段でもある。国民の統合は、政党が市民の参加と行動とを促すことで、殊に政治的な提案を具体化するという事実、また政党がもはや特殊主義や地域的、社会的、宗教的あるいは民族的利益を表明するだけのものではないという事実に応じて評価される。両大戦間期におけるポーランドの民主主義の急速な崩壊は、このことを示している。ポーランドは一九一九年に、独立した国民的まとまりとして再建されたのだが、それまでは一世紀以上にわたって分断され、外的権力に従属させられ、市民的共同体の伝統を形成することができないでいた。当時、共産党や労働党（PPS）〔ポーランド社会党のことか〕、一方がラディカルで他方が中道である二つの農民政党、ブルジョワジーに支持された国民党と国民民主党といった、いくつかの社会的グループから直接的に発生した政党や、民族的で宗教的なマイノリティーの諸政党（ユダヤ人は宗教的マイノリティーと見なされた）が存在していた。[26] しかし、どの政党もまさしく政治的な選択を提示することはなく、国民的諸問題に関する議論を準備することもなかったのである。社会学者ジョン・レックスが示唆したことによれば、イギリスでは、「新コモンウェルス（*New Commonwealth*）」、すなわち非白人系「コモンウェルス」の出身で、旧来のコモンウェルスにとって「新しいプロレタリア」となった元移民ないしはその子孫であるイギリス市民たちが、自分たちの意見を発するために自分たち自身の独立した政治組織を設立する方向に向かっているという。[27] もしレックスの言わんとするのが、非白人系市民はその国民的あるいは民族的出自に基礎をもち、党派的な活動のなかでそれ自体として代表される政党を設立せねばならないということであるなら、レックスは民主主義の国民の伝統的な働きを問い直していることになるだろう。経済的で政治的な利益ではなく、国民的ないし民族的な特殊なアイデンティティを代表するという考えは、国民が有する正統性を変化させることだろう。

移民受入国における国民統合のプロセスは、さまざまな移民のグループがその出自を基礎とする政党を設立しない、ということを前提にしている。合衆国やオーストラリアでは、長らくその政治的慣行によって、二大政党がさまざまな国民的出自によるグループを吸収することが可能となってきた。まさにアメリカ民主党の内部において、アイルランド人やイタリア人の選挙運動団体が組織されたのだった。今日、公的生活の「民族化」が進むことで、すなわち国民的あるいは「人種的」出自によって定義されるグループが承認され社会的に存在するようになることで、国民的統一性が弱体化していくおそれがある。ユダヤ人は、イスラエル国家建設以前のパレスチナのユダヤ人定住地、つまりイシューブ（*Yichuv*）に到達したとき、すでにさまざまな政党のなかに組み込まれていた。ユダヤ人は、パレスチナに到達するやすぐに、イシューブの性格、ヨーロッパ列強やアラブ人に対して取るべき政策、シオニズム的な価値が有する正真正銘の——政治的・宗教的——意味に関する諸議論をつうじて組織された党派的な活動に参加した。そうして発生した権力闘争は、パレスチナに形成された新たな社会に関係するものであり、出自につながる特殊主義的な要求に基づいたものではなかった。一九九二年六月の総選挙で、ロシア系「民族」政党が一・五％以下の票しか獲得せず、クネセト〔イスラエル国会〕にいかなる議席も有することがなかったのだから、こうした伝統は維持されていたのである。新たな社会が極度に政治化したことは——今日なお続いているわけだが——国民創造のきわめて重要なファクターであった。

今日、西洋民主主義諸国のなかで議論されている、社会生活や信仰生活上の多文化主義は、第二次世界大戦以降に移民労働者がヨーロッパへと大規模に移動したことから生まれたわけではなく、また合衆国でエスニシティの存在や価値が発見されたことか、長らく迫害されてきたマイノリティーが補償を受ける権利が承認されたことから生まれたわけでもない。「多民族」または「多文化」社会は、パーソンズが書き記したこととは反対に[28]、アメリカの民主主義の発明なのではなく、西ヨーロッパの諸国民が有する近年の特徴でもなく、新しい市民権の理論家が進んでそう主張するように、国民の定義そのもののうちに含まれているのである。国民は民族を消去することはなかったが、自然なものとして経験された他のもろもろの帰属——たとえそれらが国民のように歴史的に構築されることで生みだされたものだったとしても——、つまり民族的なものとして経験される他の帰属を再び解釈し直すという結果をもたらした。社会生活上の多文化主義は、一つの事実なのであって、あらゆる国民はその定義からして、文化、社会階層、実践上のないし拠りどころとする宗教、地域的ないし国民的出自によって、さまざまな住民から構成されているものなのである。近年の移民人口の間では、諸個人が自らの出自の文化の「核」を保持しつつ、職業的で集団的な生活に普通に参加することができていることが確認されている。[29] すなわち、両親——とりわけ母親——と子供との関係をつうじて乳児期以来身についている道徳をめぐる独特な考え方や、それぞれにとっての名誉を決定する規範体系や価値体系といったものを保持し続けているのである。これらの規範が市民の共同体の諸価値と矛盾することがない場合には、こうした文化的な核は、直接的には民族的遺産から生じ、家族によって後世に伝えられるものではあっても、政治社会への参加と相容れないわけではないのである。

多文化主義はまた、一つの権利でもある。なぜなら、公共領域と私的領域との間の分離は民主主義的秩序が作り出すものだからである。多文化主義は、まさに今日の西洋民主主義国で国民理念とそれに対応する現実が衰退してきたという理由によってのみ、一九七〇年代から八〇年代以降、集団的な考察と、要求と、組織的運動との対象になったのである。

もしも市民的国民が機能する論理だけにとどめるのならば、多文化主義がそうでありうるもの、そうであるべきものについての問いに対する答えはシンプルである。もしさまざまな特殊なグループの文化的特殊性が、共同生活の要請と両立しうるのなら、市民および国土に合法的に定住する外国人は、公共秩序の諸規則を遵守するという条件において、私的な生活のなかでそれぞれの特殊性を育む権利を有する。こうした権利は法治国家や近代民主主義の原理そのもののなかに含まれているのである。公共の自由は結社の自由、宗教を自由に実践する権利、あるいは固有の言語を用いる権利を保障する。しかし同時に、これらのさまざまな特殊なグループの文化的特殊性が、公共空間の内部でそれ自体として承認されることを意味する特殊な政治的アイデンティティに対して根拠を与えることがあってはならない。公共空間は政治的ユニットの、そして共通の政治的プロジェクトのために用意された場でなければならない。——さもないと、レバノンが経験した状況に再び出くわしてしまうことになる。レバノンでは、憲法が「マイノリティ連合体」による共同社会を組織し、「諸共同体」が公法上の人格として固有の代表を有し、そのような代表のあり方が政治組織や行政組織のすべてのレベルにおいて保障されていた。これらの憲法的な措置は国家の混乱をもたらし、そして共同体的な帰属のみを優先したがために、国民的アイデンティティを溶解させる原因になってしまったのである。

　ここでは原則的な答えが問題になっていること——すなわち、国民の論理に応じた答えが問題であることを忘れないでおこう。国民とは理念的な語の意味で、政治組織の統制的理念または原理として、理解されねばならない。具体的にいえば、人びとが政治機関とさまざまな社会的勢力との間の諸関係をつねに組織せねばならなかったことは明らかである。移民受入国では、このさまざまな社会的勢力に民族的グループも含まれる。つまり、政治的なものが帯びている普遍性をつうじて、住民ないしグループの特殊な要求と、国民的ユニットの確立との間で折り合いをつけねばならなかったのである。政治的なものの原理においては、ルイ・デュモンがそう記しているように、「多くの思慮の足りない主張に反していえば、「多文化的民主主義」、あるいは単純に二文化的民主主義というものは、厳密な意味で語義矛盾である」。しかしながら、確かにこうも言える。政治の技術は、場合によっては「われわれの基本的な権利を侵害することを認める、あるいはむしろ、もし人が油断してその運用を独り歩きさせてしまうと当該の権利の志向と矛盾してしまうようなさまざまな措置を、二次的なものとしてわれわれの権利のなかに埋め込んでいる」[30]のである。

まさに国家から独立した政治社会を作り上げるための努力が国民を定義するからこそ、言語は他のいろいろな民族的特徴のうちの一つなのではないのだ。言語とは、政治的交流の条件であり手段である。この二重の性格によって、言語はあらゆる歴史的・政治的グループの道具になると同時に、その表現となるのである。言語は人間が同じ認識や同じ感動を共有することを可能にするだけでなく、同様に公共生活での理性的な交流を組織することも可能にする。スイスにおいて、公共空間で認められた四つの言語を利用するという原則が、すべての人びとに承認され、さまざまな文化の多様性があるにもかかわらず民主主義が機能するための必要条件となっているのは、偶然ではないのである[31]。

コンセンサスの意味とその限界

ある一つの国民が構築されるためには、エドワード・シルズが「道徳的コンセンサス」ないしは政治的一貫性、あるいは統合と呼んでいるものをもたらす共通したさまざまな法体系や規範が、さまざまな成員によって認められる必要がある。モースはより叙情的に、以下のように主張した。「国民、それはコンセンサスに活力を与えられた市民である[32]」。こうした表現は、人間科学が花開いている時代においては、いくらか大袈裟に見えるかもしれない。しかし、もし近代的な意味で解釈するなら、それはただ単に、共同生活では諸個人間に最低限の合意がなければならないということを思い起こさせるものである。コンセンサスという表現が、かつて敵対関係や競争や対立がなかったということを決して意味してはこなかったと念押ししさえすれば、この表現を国民の理念を分析する際にそのまま用いることもできる。コンセンサスは、市民が明白かつ暗黙の諸規則を受け入れることを意味している。このような諸規則は議論や歩み寄りをつうじて、すべての人びとに受け入れられる形で、一般的利益に従うことによって、少なくとも一時的にでも、非暴力的なやり方で対立を解決することを可能にする。一般的利益とはそれ自体として表明され、受け入れられ、諸個人の、あるいは特殊なグループの利益とは一緒くたにならないものである。まさしく、投票用紙と銃とを対置することが、十九世紀後半を通してずっと常套句になっていたのだった。ヴィクトル・ユゴーもまたそのことを語っている。「普通選挙は生活に苦しんでいる人びとに投票用紙を与え、彼らから銃を取り上げる。力を与えることで大人しくさせるのである」[33]。

いわゆる「共同社会型（consociatives）」の民主主義の経験がこの点で参考になる。言語や宗教、文化や民族的出自が多様な四つの社会——オーストリア、ベルギー、オランダ、スイス——では、その多様性にもかかわらず、民主主義的政府を組織することができたのである。四つの条件のおかげで、政治社会が確実に機能することが保証されていた。つまり、それぞれのグループが政治的な指導層のなかに代表を持つこと、相互的に拒否権のルールがあり、その拒否権のおかげでグループが絶対に譲れない利益と見なしているものを他のグループに尊重させられること、グループのそれぞれが行政組織のなかに代表を持っていて、成員の数に比例して公的資金の一部を得ること、グループのそれぞれが自分たち自身の問題を管理運営する権利を保持していること、である[34]。ベルギーではキリスト教の「柱（pilier）〔宗教や政治的イデオロギーごとに設立された社会組織〕」と呼ばれる共同体、オランダではカトリック、プロテスタント、そして社会主義の「柱」と呼ばれる共同体が、自分たち自身の学校、病院、住居、社会活動の団体、ラジオ局、そして文化施設を保有しており、彼らは団体の成員の数に比例した形で、中央政府よりそのための公的資金を得ているのである。しかし、もしすべてのグループに由来し、これらの不文の諸規則を実行し、同じ世界観や同じ価値体系を共有する単一の政治指導者層が存在していなかったとすれば、たとえこうした措置を遵守したとしても正真正銘の民主主義の基礎を築くには十分ではないだろう。とくに政治指導者層は、国民的ユニットを維持するという意志を明らかにせねばならず、また公共生活のなかで節度や歩み寄りといった感覚を持たねばならない。最も安定している二つの国、つまりスイスとオランダとでは、それぞれの特殊な団体から出てきた政治指導者層の間での協力や歩み寄りの実践が、近代的な政治的国民の建設以前から長きにわたって存在してきた。両国の政治的プロジェクトはグループ間の協議と歩み寄りという理念をまさに中心にして構築されたのである。こうした共同社会型民主主義は一つの同じ起源と一つの同じ世界観とを基礎とした共通の公共領域が存在しているときにのみ維持されるのである(35)。

反対に、多くの市民社会の諸制度を解体することで、ナチや共産主義のような全体主義体制は、公共生活のなかで市民の共同体が党と一体化した国家から独立し、その存在を示すことを許さなかった。政治生活から団体、労働組合、教会、地方当局、あるいは対立政党のような、他のすべての集団的アクターを排除することに努め、国家とは異なる市民社会を強固にすることができる諸機関が発展するのを禁じることで、全体主義体制は、さまざまな特殊なグループや利益が対峙したり、そうした衝突が新たに出現する前に処置が講じられる場所としての政治的領域が機能するのを妨げた。こうして、たとえばノーメンクラトゥーラのような、権力に直接的に結びついたいくらかの社会的グループだけが、ユーゴスラヴィア国民を作り出すというチトー主義のプロジェクトに参加していったのだった。一九七〇年以降、彼らはそれぞれの共和国のなかに閉じこもるようになってしまうのだが。共産主義社会の解体以降、少なくとも今のところ、民主主義の国民が建設される動きは見受けられないが、諸民族《エスニー》がナショナリズム的な要求を掲げる姿は見受けられる。こうした諸民族《エスニー》は、その国境線が第一次世界大戦の結果として引かれることになった諸国家の建設によって再編成されていたのであり、相互的な憎悪と暴力という必然的帰結をもって隣人たちを攻撃するのである。

植民地化された多くの国々では、植民者たる列強と断絶するというただ一つの論理と、独立のための闘争とでは、一つの政治的プロジェクトを作り上げるのに十分ではない。アイデンティティは宗教的で言語的な標識によって定義されるものなので、植民者によってもたらされた領域的・政治的統合に結びついたあまりにも抽象的な市民権では、簡単に乗り越えられはしないのである。市民権による民族的連帯や共同体の超越は、一朝一夕で実現されることではない。私的領域と公的領域との分離という考え方や、人間同士の間に主として政治的な関係を、ウェーバー的な語彙を用いるなら「共同体化（communalisation）」というよりもむしろ「社会化（sociation）」の次元の関係を築くという考え方が、住民の大多数に理解されないままである場合、国家には、家族的・村落的・民族的な連帯の論理を超えることも、社会生活を組織することもできないのである。

民主主義の国民は、その原理において、市民たる個人から形成される。こうした個人は政治的契約を遵守するということのみによって統合される。ホッブズは、社会関係の脆弱さが近代社会の契約的原理のうちに含まれていることを、すでに明らかにしていた。宗教的・地域的・民族的なさまざまな出自と国民的プロジェクトとの間の、そして特殊な諸利益の対立と国家による仲裁との間の絶え間ない弁証法的関係が、民主主義に特徴的な安定と不安定との原因なのである。国民の本質的な不安定性は、しばしば指摘され、暗黙のうちに非難されるのだが、これは個人の主権を基礎とし、変化が宿命となっている近代社会に特有の不安定性を表しているにすぎない。こうした近代社会では、あらゆる概念が歴史化され、役割や社会的地位が決定的に規定されてしまうことがなく、技術革新が社会的な指揮監督のあり方と同様、職業的地位のあり方を絶え間なく変容させてしまう。市民権とは、まさしく統制的理念なのである。

国民は、部族、都市、民族《エスニー》といった具体的現実との対比によって定義され、そして明白にであれ暗黙にであれ、抽象的なものとして断罪される。すでに序論で引用したマリオ・バルガス・リョサの講演での仰々しい表現に従うなら、「いかなる国民も、一つの民族グループ、一つの宗教、あるいは一つの文化的伝統が、自然に自発的に発展していくなかから出現したものではなかった。すべての国民は政治的恣意、帝国主義的侵略、帝国主義的陰謀、容赦のない経済的利益の追求、偶発的に起きた暴力から生まれた」ということになる。アリストテレスによれば、ポリスもまた抽象的個人から構成されていた。抽象的個人とは、自分たちの存在の社会学的諸条件からは分離されたもの、すなわち市民のことである。そうしたポリスのあり方とは、ベネディクト・アンダーソン以後とかくそう繰り返されているように、「想像の共同体」――マルクスがすでにその抽象性を告発していた――であるわけだが、しかしなぜこの「想像」の産物を創造的発明としてではなく、必ずフィクションあるいは虚偽として解釈せねばならないのだろうか。あらゆる政治社会は、まさに人間の意志によって構築され、直接的に自らを測定することも知覚することもない限りにおいて、本性的に抽象的である。人数は問題ではない。つまり、少しばかり数の多いある民族《エスニー》の成員たちの場合、必ずしも互いに直接的な関係を維持してはいない。反対に、ギリシャの都市国家のすべての市民がお互いを見知っていた、ということはありうる。民族《エスニー》を国民から分離するもの、それは性質の違いである。国民の場合、一つの政治的空間が構築され、その中心で集団的利益という考えを基礎とする公的な議論や法の遵守によって、人間同士の差異を乗り越えようと試みられることが前提となっているのに対し、民族《エスニー》、あるいは(ギアツの用語によれば)コミュナリズムは、所与として、そして規定された自然として経験されるのである。前述のように、民族《エスニー》を国民から区別するのは人数ではなく、人間を統合する関係の性質なのである。

国民は、とくに非ヨーロッパの国々では人工的なもの〔作りもの〕と評価されている。国民の最初の理念が西ヨーロッパで、より正確にはイギリスで作り上げられたということは本当である。イギリスの例はモンテスキューやヴォルテールによって大変深く感嘆・称賛され、歴史的主体としてのアメリカ国民やフランス国民の出現に寄与した。そしてフランス革命戦争やナポレオン戦争が今度は全ヨーロッパへ、加えてヨーロッパ人植民者が海外に定住することで生まれた国々のなかに、革命的な国民というモデルを普及した。ヨーロッパの国々では、国民の形成とは、どちらかといえば内生的なプロセスであった。反対に他の地域では、国民のモデルはヨーロッパ列強の直接的または非直接的な支配によって押しつけられたものだった。そうした地域では、国民とは、歴史や政治的な創意工夫の直接的な産物ではなく、人類学で意味するところの借用物となっている。このことで、国民を断罪するには及ばない。つまり、人類学によってわれわれは、文化というものが文化的なまとまり同士の交換、借用、そして自らに同化しようとする再解釈に基づいた一つの集団力学であるということを学んだのだから。借用しているからといって、言葉の軽蔑的な意味で人工的である〔作りものである〕ことを必ずしも意味しない。いたるところにおいて、国民とは歴史的構築物なのである。実際には西ヨーロッパの古い諸国民においてでさえ、市民の諸権利が認められたすべての人びとが民主主義的公共生活に参加しているということはない。北アメリカや西ヨーロッパの諸国民を、つい最近に政治的ユニットたる国民として構築された世界の残りの国々から区別するものとは、自然／人工の対立ではなく、形式的市民の数である。つまり形式的市民とは、公共領域や公共領域が機能する諸規則を遵守する必要性があるという理念を実際に内面化し、そうした諸規則を遵守する存在である。「国家を輸入する」[36]ことよりも、一つの政治社会が機能する諸規則を輸入することのほうがずっと困難である。諸規則の形成は、長い歴史の産物だからである。国家の場合、少数の住民が少なくとも表面的にであれヨーロッパ的なモデルを模倣しながら組織し、機能させることができる諸制度が問題となる。国民の場合、住民の多数が言葉の西洋的な意味で合理的な政治社会のさまざまな規範を知り、内面化し、遵守するということが必要となる。どんな社会的諸条件からでも一つの政治社会を建設することができるわけではない。もし形式的市民として行動する人びとの数があまりに少ないなら、国家が民族的連帯を乗り越えることに成功していないいくつかの非西洋諸国の場合と同じく、そこに民主主義の国民が存在しないのは明らかである。しかし、このことは西ヨーロッパの古い民主主義国家にもまったく当てはまってしまうだろう。市民の無関心や政治家や公務員の腐敗によって、公的生活のあり方がその基礎にある論理をあまりに普通に裏切ってしまっているからである。

民主主義の国民は、諸個人の集団的アイデンティティ、モラル、感情、そして振舞いといったものの源泉である点において、具体的なものになった。つまり国民統合は、ノルベルト・エリアスの表現によれば、特殊な社会的体質《ハビトゥス》を作り出したのである。(37) 諸個人が国民社会の諸規則を内面化することによって、そうした諸個人の尊厳は、家族のグループや地位によるグループのなかでの個別の地位に結びつくだけでなく、普遍的人間という資格、また市民という資格と結びつくようになる。集団の記憶に対して、またある世代から別の世代への集団の記憶の伝達に対して特別な意味を用意し、特別な意味を与えることで、国家的諸制度は国民の分かち難く個人的で集団的なアイデンティティを維持している。一九一四年から一八年にかけて第一次世界大戦が明らかにしたように、個人と家族との間の、また特定の宗教的・歴史的な共同体と国家との間の客観的で感情的な関係が、それぞれの国民の歴史に応じて同一ではないにしても、愛国主義は、古い諸国民のなかに、民族への帰属と同じような感情をもたらすことができたのである。

今日、国民ならざる人びとを排除するシステムとして定義される国民の閉鎖性が、とかく断罪されている[38]。さまざまな次元のうちの一つに重きを置き、包摂／排除の関係を無視してしまうことが、あらゆる政治組織を特徴づけている。国民がある人たちを包摂し、統合しながらも、同じやり方で他の人たちを排除すること、ある人たちの包摂が他の人たちの排除を意味すること、国民の集団的アイデンティティが外国人の他者性によって定義されることは明らかである。これはまさにあらゆるグループに固有の事柄であり、さらにより一般的には、他に対立する形で自己肯定するあらゆるアイデンティティに固有のものである。あらゆるカテゴリー化は諸個人を区別し、分類する機能を持つ。しかしながら、区別する人は必ずしも差別的ではない。すなわち、不当と判断される動機に基づいているわけではない[39]。国民の特徴を評価するためには、この観点から国民を別の政治組織の形態と比較せねばならない。

国民は本質からしてすべての種類の民族《エスニー》よりも他者に対して開かれており、その具体的な形において国民の理念に近ければ近いほどそうである。国民はまず第一に政治的な意味で、つまり法的で行政的な意味で定義されるので、国民共同体は原理上、国家が定める多かれ少なかれ厳しい諸条件によって法的に外国人を包摂することができる。たとえ国家が共通の文化への「同化[40]」──「帰化」という表現に象徴される──という、非対等で厳しい要求をなすとしても、国籍へアクセスする諸条件は、まず第一に法的・政治的なものであり続けるのである。帰化しさえすれば、フランス市民やイギリス市民のすべての権利を手にすることができるのに対し、コルシカ「民族」やガリア「民族」に──すなわち一つの民族《エスニー》に──入るには、生まれによって一員になっていなければならない。帰化（naturalisation）という表現は、自然（nature）の理念を踏まえたものであるが、まさしく逆のことが問題になっていることを忘れてはならない。もしコルシカやウェールズが政治的ユニットたる国民として形成された場合、ある種の外国人たちを国民とするための法的な諸規則を策定しないでいることはできないだろう。ラビの裁判所は宗教的〈聖典

〈Tradition〉によって定義されるユダヤ〈民族〉のなかに非ユダヤ人が入ることを困難にしている。イスラエル国家はそれでもなお、キリスト教徒やイスラム教徒だけでなく、ラビの裁判所によってユダヤ人とは承認されないだろう諸個人を、ユダヤ教の名においてイスラエル市民として認めたのだった。たとえば、父親がユダヤ人である「混血」結婚の子供たちがそれである（ラビの伝統によれば、ユダヤ人の母から生まれた子供たちだけがユダヤ人となる）。たとえ国民建設の歴史や国民の集団的価値、国民の経済的かつ人口学的欲求に応じて、帰化申請者に課される要求がつねに異なるものであったり、非対等な仕方で厳しかったりしても、国籍に関するすべての法律は、外国人が国籍を取得することができる方法を用意しているのである。ヨーロッパの国々の間で、この国籍取得方法の差異は顕著なままである。[41] ドイツやスイスはとくに、定義上、自然なものとして経験される民族的関係が国民の間に存在しているという理念を基礎にし続けている国民なので、国籍を取得するにあたって外国人がぶち当たってしまう法的・行政的な障害は、乗り越えるのが困難なままである。とはいえ再確認すべきは、この国民のもつ民族的概念を最も直接的に拠りどころとする国々でさえ、必ず外国人の帰化を予見し、制度化するということである。[42] 一九九〇年の新法制定以降、ドイツ政府は、主にドイツにて生を享け、学業を積んだ若い外国人に対して国籍取得の可能性を十分に認めている。そうした若い外国人はそれ以来、元の国籍を断念するという条件において、ほとんど無償の帰化への権利を保持している。生地権の諸要素は一九九九年にスイスの法律にも同様に導入された。ある種のグループの抵抗にもかかわらず、ドイツもスイスもゆっくりと、しかし不可避的に、いわゆる政治的・市民的国民へ向かって進化しているのである。政治的・市民的国民は、市民権の普遍性という原理のさまざまな作用をまったく無視してしまうことはできないし、そうした原理によって、公共領域に参加することを望んでおり参加することができると主張している人びとに対し開かれるのである。

また人びとは、他の政治的ユニットとのあいだで国民の特徴を分析することを怠る結果、政治的組織化や政治的集権化、つまり国家の存在に由来するあらゆる種類の拘束を、とかく国民の責任にしてしまう。国家によって強制され保障される、あらゆる種類の政治的組織化や政治的集権化、政治的ユニットが有するあらゆる政体は、諸個人の自由に対して制限をもたらす。分析せねばならないのは、国家から相対的に独立した市民の共同体が存在する民主主義の国民のなかで、これらの制約がとる特別なあり方である。ここ十数年の間、民主主義の国民は専制的だとしばしば非難されてきたが、それどころかこうした民主主義の国民は、抽象的な合理性の原理を基礎とする限りにおいて、本質的に脆いものである。まさにこの脆弱性こそが、国民に先在した民族に結びついた根拠やアイデンティティの再解釈を強いるとともに、国民それ自身の建設に直接的に結びついた民族的次元を強化するための国家の行動を必要とするのである（本書第四章を参照）。

市民にして兵士

民主主義の国民のなかですべての人びとに認められる市民権は、古代民主主義においてすでにそうであったように、徴兵制をもたらす。旧体制下の強大な君主制国家が有していた貴族の軍隊や職業軍隊には、貴族たちと強制的に徴募された貧民だけが入っており、貧民は戦いに参加していたものの戦いの意味にはまったく関心がなかったのだが、市民の軍隊はこうした旧体制下の軍隊を引き継いだのだった。民主主義のモデルであるスイスは今日、武装した民衆によってつねに守られていると称している。それぞれの市民が自宅に武器を保持しているのである。フランスでは、普通選挙（一八四八年）、徴兵制（一八七二年）、入国管理法（一八四九年）、国籍法（一八八九年）――最後の二つは軍事的要請に直接的に結びついている――が、社会が国民化してゆく過程で、並行し、相互に依存する各段階をなしていた。

軍隊が市民から構成されているがゆえに、民主主義の国民は独特な性質をもった外的行動をとるのだろうか。「民主主義の人民にとって、行うのがつねにきわめて困難な二つのことがある。つまり、戦争を始めることと終わらせることである」(43)。このトクヴィルの有名な言葉は、二十世紀のさまざまな出来事によって見事に立証された。市民的国民は、その本来の価値観が軍事的というよりも生産至上主義的であるので、多くの場合、なかなか「戦争を始め」ようとはしなかった。一九三六年〔ラインラント進駐〕にも一九三八年〔ズデーテン地方占領とミュンヘン会談〕にも、フランス人やイギリス人はヒトラーの意向に反対しなかったのである。合衆国は、第一次世界大戦の際には一九一七年になってようやく参戦し、第二次世界大戦の際には、真珠湾への日本の攻撃によって生じたショックの結果、一九四一年になってようやく参戦したのだった。第一次世界大戦の連合軍も第二次世界大戦の連合軍も、トクヴィルがそう予想したように、敵が全滅するまで戦争を遂行した。民主主義の国民は、市民に対し、自分たち自身が自らの運命を決定するのだという意識、もしくは幻想を与えねばならないという点で特徴的である。市民が戦争に参加するためには、自分たちが真の国民的共同体に参加しているのだと信じ、政府と一体化することができねばならない。このような市民の強い同意がなければ、国家が市民に対し、場合によっては生命を犠牲にせよと要求することなど正当化しえないのである。具体的にも、かつ抽象のレベルでも市民を動員するためには、市民が公言された戦闘目的に同意しているという確約が必要である。アロン曰く、「第一次世界大戦中、交戦国が気づいたのは、「戦闘服を着た」市民たちが、誰のためにまたは何のためにかを知ることなしに死ぬことを、職業軍人たちのようには簡単に受け入れなかったということである」[44]。政府は持続的な形で住民たちの同意を取りつけねばならない。そこから、第一次大戦以降、プロパガンダの戦争が帯びた重要性が生じたのである。つまりラジオ、ビラ、新聞が、市民の努力を支えるために、そして敵の気力を失わせることを意図して用いられたのである。従軍の正当性を兵士に納得させるのと同様、敵の陣営のなかに戦争への反対をかきたて、敵に対して個々のグループや世論の圧力を利用することが重要だった。より最近では、情報の加工されていないなまの効果が、敵のプロパガンダに比べてより効果的だったということがあった。たとえば合衆国では、テレビ番組が水田のなかに横たわる死んだ米兵の姿をそのまま紹介したことが、ベトナム戦争に対する抗議デモを育てることに寄与し、政府による南ベトナムの放棄を準備した。それから、愛国的に人びとを動員すると、終戦前の停戦や敵との妥協が難しくなってしまう。とはいえ、二十世紀の戦争のイデオロギー的性格は、民主主義の特徴や要請には副次的にしか関係していない。何よりもまず、ナチ体制やソヴィエト連邦のイデオロギー的野望こそが、戦争がかくもイデオロギー的たらざるをえなくしたのである。

他方、交渉や歩み寄りを基礎とする民主主義的生活の機能は、決定を容易にするわけではない。スイスやオランダといった共同社会型民主主義の事例は、この点で参考になる。これらの国の内的統合は、一つの同じ政治組織によって結合されたさまざまなグループの力が綿密に組織されて均衡していることに立脚しており、他の民主主義国におけるより以上に、あらゆる政治的決定が歩み寄りの産物なのである。ところで、これらの国の外交政策は限定されたものである。ウェーバーにとって、国民とは権力意志の主張と同じものであったが、彼はスイスを「未完成の国民」と名づけた。ベルギーやスイスの法的な中立や、オランダの事実上の中立は、強大な隣国によって強いられ、保障され、あるいは承認されたものであり、こうしたヨーロッパの小規模な諸国民が存在する一つの条件であった。これら諸国民の依って立つ政治的プロジェクトは、国際関係（諸国家間関係）に直接的かつ積極的に介入していく野心を排除していた。もっとも、今日の合衆国では、ほとんど民族的なものである同一化の諸価値が高揚することによって、政治体の寸断が起こっているのではないかと人びとが自問するにまで至っている。つまり、「国内政治が実際上、さまざまな権力層の間の、そして民族共同体の間の外交のごとき体をなしているので、合衆国にとって一つの一貫した外交政策を持つことなどほぼ不可能ではないか[45]」と思われるほどにである。共同体主義（communautarisme）は、（レバノンの事例がそうであったように）政治的諸制度による承認を受けていないときですら、実際の外交政策とはおそらく両立不可能である。共同体主義というものは、さまざまな異なる忠誠関係に結びついていて、それゆえに互いが敵対者になる可能性も持つさまざまなグループの間での歩み寄りや交渉を前提にして成り立つからである。

しかし、「これらの同じ民主主義の諸国民を戦場に引き込むのはきわめて難しいにもかかわらず、ついにその手に武器を持つに至るや、彼らは戦場でときに驚くべきことをやってのけるものである[46]」。兵士たちの意志が戦争中に衝突し合う際、集団的アイデンティティや独立を守るといった断固たる人間の情熱を基礎として組織された軍隊は、利益や規律、あるいは恐れによって組織された軍隊以上に有能に働く可能性があるのである。一九四八年の独立戦争や、一九六七年の六日間戦争〔第三次中東戦争〕におけるイスラエルの市民兵や、傭兵の軍隊と戦ったフランス革命の市民兵は、不屈であったように見える。しかしフランス革命の市民兵はその勝利によって、スペイン、プロイセン、あるいはロシアといった他国の民衆のなかに同じ愛国心を呼び覚ますや、彼らに打ち負かされてしまった。二十世紀、民主主義諸国は帝国主義的な野望の道具となった軍隊に対する戦争に、最後には勝利した。しかしそうした民主主義諸国は、旧植民地に対する戦争には政治的に敗れ去ることになった。アルジェリアでフランス軍は勝利したものの、一九六二年にはフランス政府からＦＬＮ〔アルジェリア民族解放戦線〕への主権移譲という結果がもたらされたのである。住民の一部は、植民地経営の計画が民主主義の公言するところの価値に反することを確信していたので、独立のために戦う人びとに共鳴していた。戦いに打ち勝つためには、民主主義の国民を有する諸国家は、市民に対して大義の正しさを納得してもらわねばならなかった。

民主主義の国民によって遂行される戦争は、いったん勃発するや、すべての市民を兵士に変えてしまうので、国のすべての人間的・産業的・政治的資源を動員する点において、総力的になるおそれはないだろうか。それはルナンがすでに言い表していた一つの懸念である。彼は「かつての政治的で王朝的な小競り合いの戦争が正しいと認めていたような節度や作法」[47]を郷愁とともに語ったのである。現実には、「ナショナリティの原則」以前の、いわゆる――ルナンの表現を用いれば――レースを纏った軍隊〔封建領主や騎士など美々しく着飾った支配階層から構成された軍隊〕が、市民の軍隊に比べてさほど残虐ではない戦闘を行っていたというわけではなかった。二十世紀の戦争の総力戦的性格は、何よりもまず、軍事的かつ産業的にすべての資源を動員するという要求に結びついており、こうした要求は必然的に、破壊手段の製造における技術の進歩を引き起こした。そして戦争の総力戦的性格は、第二次世界大戦のイデオロギー的次元に結びついていたのだった。

理念型と具体的形態

民主主義の国民のなかで、各人は――もし各人が民主主義の国民の理念の論理に沿って行動するのなら

――、政治社会が機能する諸規則を、とくに政治秩序の基礎となっている諸個人の形式的・法的平等を保証する諸規則を、優先的に遵守せねばならない。しかし、市民権の具体的なあり方は市民権の合理的な目的に決して合致するものではなく、またかつて合致したことも決してなかったことは言うまでもない。一つの理念が問題なので、それは完全には実現されえない。ルソーやロックといった初期の社会契約の理論家たちは、実際にはそうした契約がつねに不完全に終わるだろうということを知っていた。フランス流の――純粋な個人的市民権による――統合を支持する人びとが主張した普遍主義的な考えは、つねに一つの理想か一つの理念であり、政治的プロジェクトもしくは統制的理念であり、決して社会的現実の描写ではなかった。ヨーロッパ列強の帝国主義に従属することになった植民地の国々について語るまでもなく、西洋の諸国民のうちで、市民権の限界と背反とを容易に告発することができる。概略だけを述べれば、南イタリアでは家族的連帯が市民的要請に絶えず勝っていた。つまり、一九五〇年代の南部の農民たちは、直近の家族の直接的な利益にもっぱら関係するものではないと判断された共同活動に参加することを、つねに拒んだ。直近の家族こそ、農民たちがそのために関心を払ったり活動したりするに値するものと判断した唯一の対象だったのである。(48) マフィアは法治国家の諸規則に決して従おうとしなかった。いまだ国民以前の国々では、たとえ政治的ユニットたる国民として承認されていたとしても、諸個人が今なお家族や自らの属する特殊なグループに連帯を表明している事実が確認され、ややもすれば嘆かれている。諸個人は国家や抽象的な政治的共同体に対する忠誠を犠牲にしてでも、そうした家族や特殊なグループに帰属するのである――これは縁故主義者《クライエンテリスト》と形容される態度であり振舞いである。しかしすべての市民的諸国民の内部には、実際にはさまざまな種類の民族的・氏族的・家族的連帯がつねに存続していた。ただそうした種類の連帯は、原則として、個人の平等という規則の尊重や政治的忠誠の優越に一歩も二歩も譲らねばならなかったのである。国民国家は、もっぱら政治的なプロジェクトを軸にして住民を独占的な形で動員することをかつて一度たりともできなかったし、共同体的なタイプの紐帯に対して市民的忠誠の優位を重んじる行動を完全に強制することもまたできなかったのである。

公共秩序を保障する法を単に消極的に遵守することから、完全な政治参加――その極端なあり方は戦争である――に至るまで、いろいろな具体的あり方がある。マックス・ウェーバーはすでに、国民的共同体へ帰属することのさまざまな段階を示していた。具体的には、市民は政治的なものが機能するための諸規則を――少なくとも消極的にでも――理解し、遵守せねばならない。それが、ジャン・ルカによれば、近代的市民権を実践する際に従わねばならない三つの条件の意味である。つまり、政治的世界は理解可能であるということへの信念、交渉や討議を可能にする共感、「社会的差異と共通の帰属との間の緊張」[49]の管理を可能にする作法である。実際、多くの場合、「国民的ユニットは、血や土地の価値へ訴えることによってではなく、市民的国家《ネイション》に対する断続的で慣習的な、漠然とした忠誠によってますます維持されるようになっており、こうした忠誠は多かれ少なかれ、政府が警察力を用い、イデオロギー的に教唆することによって支えられている」[50]のは本当である。そして選挙へ参加することのもつ、現実的かつ象徴的な役割をつけ加えねばならない。選挙への参加によって、市民権は定期的に具体化するのである。

平等についてそう書いてきたように、それが「自然に対する精神の挑戦」であるのなら、市民権による超越、あるいは政治社会によって具体的な帰属から引き離すという原理は、決して完全には実現されえない。市民的国民が従う普遍的原理と、他の諸国民と向かい合って、たいていの場合は諸国民と対立して、その特殊性を主張しようとするそれぞれの国民の行動との間には、本質的な矛盾が存在する。あらゆる

〈国民〉は自らを特別なもの、あるいは〈選ばれし民〉と見なす傾向を持つが、同時に自らを特殊性と普遍性との可能な最良のジンテーゼであると強く主張した。アメリカ人たちは一連の文献で彼らの特異性を描いた（「例外主義」）。祖先たちによる大西洋の航海を新たな『出エジプト記』になぞらえ、国民的経験を旧約聖書に照らして解釈した。こうしてアメリカ人は、〈新たに選ばれし民〉となり、神はこの民に〈新たな人間〉を創る役割を委ねたということになったのである。他の諸国民もまた、その存在や特別な使命を正当化するための論拠を同様に見つけ出した。たとえ特異性の主張が普遍的なものの名において正当化されてきたにしても、国民は、普遍性を見据えた統制的理念と国民的特殊性を設定し強固にするための絶え間ない努力との間の緊張関係をつうじて、自らを定義してきたのである。

第四章　国民的特殊性の創出

もし最初の政治的プロジェクトが、世代ごとに、共通の諸制度によって更新されてこなかったとしたら、国民誕生の分かちがたく客観的かつ神話的な特徴がどうであれ、そうした特徴は統合のプロセスを築くのに十分ではないだろう。国家や政治的諸制度こそが政治的プロジェクトを具体化するのである。これらは特殊主義を超越する場としての、公共領域という特徴を保っている。国家や政治的諸制度は公共生活の諸規範を内部に適用・強制し、そして国際社会のなかで行動する。すなわち、平和や戦争の決断を下す。国家は不可避的に国民的政治的プロジェクトを発展させ、長らく同化と呼ばれてきた政策――今日、フランスでは公共生活のなかで統合政策と形容されているもの――、つまり市民権の実践と共同生活への参加とをつうじて人びとを統合するプロセスを繰り返していく政策を運営するものである。

こうした政策はつねに専制的なものと感じられてしまうおそれがある。しかし文化的もしくは現実的なジェノサイドへと通じる――当然、市民の共同体を破壊する――権威主義的なさまざまな種類の国民化と、市民権の原理を基礎とする新しい政治組織の内部で文化を作り直していく住民の文化適応とを混ぜこぜにしてはならない。ヘーゲルは、生物学的現象に同化の語を当て、諸個人の固有の変化の結果たる非暴力的な同化を指し示すために「和解（*Ausgleichung*）」の語を用いることで、すでにこれらを区別していた。まさにこの区別こそ「さまざまな差異を尊重するなかでも統一性や連帯を守ろうとする国家が必ず目指そうとする目標であり、国家はそうした差異を同一化していく中心である」[1]ということを、ヘーゲルは指摘したのだった。国家がその行動をつうじて実現を目指すのは、まさに政治社会が機能するための諸条件を作り、市民の同意を基礎づける国民的な特徴を確立することにほかならない。諸制度はその永続性と安定性とによって、諸個人から独立しつつ、最初の政治的プロジェクトだったものを具体化し、発展させていくのである。

政治的国民の理念そのものは、抽象的な市民と具体的な諸個人との間に生じる緊張関係を内に含んでいる――諸個人が特殊な民族や特殊な社会的グループに帰属している限りではそうである。国民統合を通して、公共領域の統一性／普遍性と国民社会の現実的・民族的・社会的多様性との間に緊張が現れる。西ヨーロッパでは、近代国家が先在するさまざまな集団的帰属を超越することによって地方を統合した後、続いて民主主義的統合を行った。さまざまな社会的グループがその権利を認めさせようと成功裏に戦った結果、近代国家は集団生活のなかにそうしたさまざまな社会的グループを順次包含するようになったのである。東ヨーロッパでは反対に、歴史的な独自性をもった集団と、西ヨーロッパの国々に比べて立ち遅れた産業化から生じた社会的多様性や亀裂とを、同時に超えていかねばならなかった。西ヨーロッパでは二つの段階が相次ぐ形で起きたが、東ヨーロッパや世界の他の国々においては、二つのプロセスがしばしば同時に起きたのである。ところが、この二つのプロセスは元来異なるものなのだ。

西ヨーロッパの場合は、先在する諸民族《エスニー》に諸個人が従うことから、ある別の集団に諸個人が客観的・象徴的に参加することが取って代わる。共通の歴史や記憶を記述・普及すること、より一般的にいえば、学校教育を整備することがそれゆえに重要な役割を持つ。経済的・社会的領域の特殊主義を政治社会によって超越することは、別のもう一つの領域に関わる。一方で市民の平等の諸原理や市民の普遍性の諸原理の間に生じてくる、あらゆる民主主義国家においては避けられない緊張を、他方では経済的・社会的領域の具体的な不平等を、それぞれ乗り越えることが可能になる諸条件が問われることになる。平等の価値を重視する社会では、公言されるところの政治的・法的平等が、経済的・社会的領域で確認され経験される不平等によってきわめて容赦なく否定されてしまうとき、一つの国民を建設することなどいったいどこまで可能なのかと問われるかもしれない。ことほどさように、「合理的な国家が打ち立てられるのは、人工的な条件のもとでもなければ、使用できるどんな材料を元にしてでもよいというものでもない(2)」のである。

民族《エスニー》を超えること

具体的な国民《ネイション》——空間と時間

国家は国民を空間のなかに書き込んでいく。つまり国民とは領土化された政治的ユニットである。ギリシャのポリスは、海を越えて自分たち自身とともにポリスを移動させることができた人間集団によって築かれ、形成されたのだったが、そうしたポリスとは反対に、近代的国民は政治組織をある一つの領土に結びつける。シオニズム思想の創始者たるヘルツルは、空間、都市の組織、さまざまな建築の様式をめぐる考えにとり憑かれていた。イスラエル人は迫害されたユダヤ人を保護した〈正義の人びと〉を賞賛し、犠牲者への篤実さを表すために植樹する。ディアスポラの人びとは、たとえ国境線の向こう側に文化的、宗教的または経済的なつながりを維持し続けようとも、一つの国民を形成することはない。領土は家族的・氏族的連帯を基礎とする社会組織の論理と対立するのである。具体的な空間は境界線を明確にする。境界線の内部では法が適用され、共同で実践される。この共同で実践するということが、政治というものの抽象的な空間を定義することになる。生地権はつねに国籍法によって、部分的には承認されているものである。十六世紀以降、西洋の大国が領土のなかで、そして領土によって建設されたのに対し、ドイツは神聖ローマ帝国の普遍的主権という観念を拠りどころにし続けた。これこそが、しばしば言及されるように、ドイツ国民の建設が遅れた原因である。西ヨーロッパの王たちは国境政策を管理運営し、数世紀にわたってその国の自然国境の正当性を訴えた。逆に、国境の変動は東ヨーロッパの諸国民の政治的不安定に一役買うことになった。すべての国境線は恣意的なものであるが、歴史によって伝えられていく。この恣意性は多かれ少なかれ自然化される。すなわち、正常なものとして、物事の本性に含まれているものとして、それゆえに受け入れられたものとして見なされるのである。つまり良い国境とは、国境が分割する諸国民によって容認される国境である。

領土の象徴的な役割もまた過小評価することはできないだろう。何年もの間、そして幾度もの戦いの間、ユダヤ入植地ないしはユダヤ国家を、ウガンダ、アルゼンチン、トリポリタニア、テキサス、メキシコ、オーストラリア、スリナム、カナダ、そして世界の他の地域に建設することが構想された。ビロビジャンにはスターリンによってユダヤ人共和国〔日本ではユダヤ自治州、あるいはユダヤ自治区と表記される〕が作られたことを忘れてはならない(3)。しかし、数世紀来繰り返されてきた決まり文句、つまり「来年はエルサレムで」に応えることなしに、ユダヤ人を動かし、シオニズムのプロジェクトに導くことはできないように思われた。

国家は、国民を具体化し、国民を中心に社会システムを秩序立てることによって、十全な意味で国民を作り出す。たとえ市民社会と国家との間の諸関係がそのつど独特なものであったにせよ、国民は市民の共同体という抽象的概念のままではあり続けられない。場合によって、国家、集団的な諸価値、そして共通の諸制度こそが国民建設のモーターの役割を果たしたのであり、あるいは東ヨーロッパのように、一つないし複数の民族《エスニー》こそが国民として構築されることを、すなわち主権国家を手にすることを要求したのである。国家の諸制度は歴史的連続性のなかに国民を書き込んでいくのである。

尊厳の意味

人民自決の権利やあらゆる種類の隷属から独立する権利が肯定される時代にあって、国民として再編されつつも自分たちは特別だという意識を保ち続けている諸民族《エスニー》を政治によって超越することは、諸個人が彼らの集団的な尊厳——つまりは個人的な尊厳——が承認され尊重されているという意識をもつことを前提としている。上述の通り、尊厳とは近代の民主主義的人間が有する価値である。国民になることを要求することは、解放されることへの熱望と区別されるものではない。十五世紀から十九世紀にかけて、さまざまな歴史的共同体や先在する諸民族《エスニー》を「フランス化」しながら、「イギリス化」しながら、もしくは「スペイン化」しながら併合したとき、各国の王たちは抵抗運動や反乱に直面した。しかしながら、人民自決はまだ主張されていなかった。ヨーロッパの諸国民が形成されたのは、西ヨーロッパで近代的な政治的正統性の原理が確立された後のことである。二十世紀に作り出された諸国民があるときに安定しえたとすれば、それはまさに政治的プロジェクトが、国民を構成した諸民族《エスニー》を、彼らの平等な尊厳を承認することで一つにすることができたときでしかなかった。

諸民族《エスニー》が異なる歴史や国民理念を拠りどころとするとき、共通の政治的プロジェクトを作り上げるのは困難である。一八四八年、コシュート〔・ラヨス〕が西ヨーロッパをモデルにハンガリー国民国家を建設しようとしたとき、彼はとにかく市民権の考え方に訴えた。しかし、ハンガリー領土に定住している諸民族の歴史や歴史意識は、ハンガリー市民権が歴史的・民族的な帰属を超越するということを即座に受け入れることを不可能にした。より一般的にいえば、「中央ヨーロッパの小規模国民の悲劇」から引き出すことができる知的教訓とは、とくに諸民族がそれ自体として承認されざる歴史的集団への帰属意識を有しており、国民の具体的な形（国家的制度、政治文化、国民的指導者層《エリート》）が存在していない場合、すべての多様性が政治的プロジェクトによって超越されるわけではないということである。一九一九年の段階で、セルビア人とクロアチア人とは同じ歴史的遺産も、同じ国民の表象も共有してはいなかった。国民の表象は、セルビア人にとっては国民教会〔セルビア正教会〕に結びつき、クロアチア人にとっては非宗教的で知的なプロジェクトに結びついていた。セルビア人はジャコバン的で同化的なフランスの国民統合のモデルからインスピレーションを受けて、一つの国民国家を打ち立てることを望んだが、クロアチア人は反対に、南スラヴ人のさまざまなグループを、その独自性を尊重しながら結集することになる一つの連邦を作ろうとした。同様に、一九一九年に成立したチェコスロヴァキア国家のなかで結合されたスロヴァキア人とチェコ人とは、近い言語を話してはいたものの、宗教的差異や経済的差異があったのに加えて、千年来別の歴史を経験してきていた。スロヴァキア人はそれまでハンガリーの農村地方を形成してきたのだが、新たな連邦国家の一部分になることを熱望した。連邦国家がスロヴァキア人の特性を尊重するだろうからである。

十七世紀にハプスブルク帝国に併合されたチェコ人は、まず第一に西ヨーロッパをモデルに民主主義の国民を形成することを望んだ。どちらの事例においても、そのとき生じた政治的対立は、民主主義的秩序の本質をなす個人的・集団的尊厳の諸価値に直接的に関係していたのである。ソヴィエト連邦崩壊後ももしチェコスロヴァキアが維持されえたとすれば、それはまさにチェコ人とスロヴァキア人という二つの民族それぞれが、共通の国民の内部で、民族の特性に基づいて等しく、そして正当に承認されているという意識を持った場合であったろう。ちなみに東ドイツ（ＲＤＡ）を形成していた諸ラント（*Länder*）が西ドイツに統合されたときも、同じタイプの経験が生じた。つまり、東ドイツ人は西側の人びとと顔を合わせたとき、集団的に侮辱されたかのように感じたのだった。西側の人びとは自分たちをより豊かで、より有能で、より「民主主義的」だと見なしており、さまざまな政治的・経済的な規範をドイツの諸ラント全体に強制したからである。

　カナダ連邦についてはどうかといえば、一七五九年条約と、この条約の表現を一新した一八六七年の合意〔英領北アメリカ法（ＢＮＡ法）〕とが成立して以来、事実上、イギリス系カナダ人のフランス系カナダ人に対する経済的・文化的・政治的支配の上に立脚してきた。イギリス系カナダ人とフランス系カナダ人とは、互いに二つの異なる社会を形成してきた。フランス系カナダ人にとって、イギリスによる征服はつねに焼けるように痛む傷であり続けた。彼らにとって英雄が生まれるとすれば、それはこの深刻な歴史に結びついていた。すべてのカナダ人に共通した英雄を祀る《パンテオン》ことなど、ありえないことであった。一九六〇年まで、フランス系カナダ人は自ら「生き残り（*survivance*）」と呼んでいたものを、唯一の目的のようにしていた。彼らはプロテスタント的伝統、英語圏文化、そして資本主義的精神からなる広い世界のなかにどっぷり浸かっていたのだが、そうした世界の内部において、カトリック教会の権威のもと、宗教的で言語的なアイデンティティ、伝統的な諸価値、農村的な生活様式を維持し続けようとしたのだった。こうしたプロジェクトの経済的で文化的な基礎が崩壊し、近代的で産業的な生活の諸価値を受容することが避けられなくなったとき、フランス系カナダ人はふいに彼らの集団的な経験を問い直すことになった。それは植民地支配された者という被害者の境遇、つまりマイノリティーの集団的な経験であり、こうした立場はフランス系カナダ人を市民ではなく臣民にしてきたのだった。フランス系カナダ人は自分たちの尊厳が認められていないように感じた。彼らの抵抗は、〈静かなる革命（Révolution tranquille）〔一九六〇年代に行われた政治、経済、教育に関する改革〕〉や、住民投票をつうじて明確となったケベックの独立要求以降、カナダの国民的プロジェクトを問い直すことになったのである。

ベルギーの事例は、一八三〇年の政治協約がベルギー国民の基礎を築いたという点でカナダの事例に近い。この政治協約はオランダ国王に対するカトリック教徒の名望家たちや自由主義の名望家たちの蜂起から生まれたのだったが、言語の問題を無視して、ベルギー国民をフランス風の一つの単一国家の上に基礎づけようとした。十九世紀、大国フランスの文化とともに、フランス語話者の経済的・文化的支配が確立された。ワロン人やフランス語話者は、貧しく、田舎者で、知的に劣っていると彼らがみなすフラマン人を軽蔑した。単一の国民を建設する手段は、遅れて導入された。つまり一九〇九年になって徴兵が、一九一九年になって無償の義務教育と普通選挙とがようやく導入されたのである。単一の国民を目指すというもともとのプロジェクトは、相次ぐ失敗を経験した。たとえば一八九八年には、オランダ語がフランス語と同等に公用語として承認されることになった。一連の法律が一九三二年以降、フランドルやワロンにおいては単一言語主義を、ブリュッセルにおいては二言語主義を確立した。一九三五年のガン大学のフラマン化は、文化的フランドル主義の勝利を象徴するものだった。二言語の境界線は一九六三年に最終的に設定され、一九六八年のルーヴァン大学の分裂は統一ベルギーの終焉を象徴した。加えて二つの言語グループの相対的な状況が逆転した。十九世紀末以来、フランドルの産業化が進展した一方で、ワロンの重化学工業は一九五〇年代末に衰退してしまったのである。フラマン人は、ワロン人やフランス語系市民《ブルジョワジー》が彼らにつねに示してきた軽蔑に対して、反抗を開始した。

一九七〇年、時のベルギー首相は、単一国家というあり方が事実上、もちこたえられなくなってしまったことを宣言した。一八三〇年に構築された統一ベルギーは、過去のものとなったのだった。幾度もの改正を通して（一九七〇年、一九八〇年、一九八八年、一九九三年）、ベルギー憲法は三つの文化共同体（フランス語共同体、フラマン語共同体、ドイツ語共同体）、四つの言語地域（フランス語地域、オランダ語地域、首都ブリュッセルの二言語地域、ドイツ語地域）、そして三つの地域（ワロン地域、フラマン地域〔フランデレン地域〕、そしてブリュッセル首都圏地域）が存在することを承認した。一九九三年、ベルギーを諸州（フランスの県をモデルとしている）に区分された単一国家としていた憲法第一条が修正され、連邦化のプロセスが確立された。こうして改正された条文によれば、「ベルギーは諸共同体と諸地域とから構成される連邦国家である」。しかし、フランス語話者（人口の四〇％）が、言語共同体や地域へ割り当てられた権限を分割し、自治政府や自治議会の数を増大させたのに対し、フランドル（人口の六〇％）は、すべての権力を行使する唯一の議会、唯一の執行権、そして一つの政府を備える、文字通りの一つの国家となっている。フランドルは連邦的な構造を非常に重視し、さらに広範な権限を求めているのである。一九九九年三月三日、フランドル政府はいくつかの解決策を議決したが、この解決策が実行されたなら、フランドルはほとんど自律的な国家になり、ベルギーは連合国家になるだろう。ベルギーでは、多くの人びとがヨーロッパ統合を夢見ている。ヨーロッパ統合によって、時代遅れの旧式になってしまった国民の枠組みを超えることが可能になるからだろう。「国民は何か永遠なものではないのである……」（ルナン）。もし複数の民族《エスニー》から形成されているすべての国民が、つねに解体にさらされているとして、とりわけ危険性が大きいのは、そうした国民が二つの民族《エスニー》のみを結びつけているときだと思われる。複数のグループが存在した場合、グループ間の境界線はより曖昧になり、またさまざまな様式の交流や複数の集団に帰属している住民の数が増えることにもなる。そしてさまざまな主体に基づくさまざまな団結を可能にし、個々の帰属を過度に明確化してしまうことを避けることも可能になる。反対に、二つの歴史的集団しか存在しないとき、その集団を分け隔てる境界線はより固定され、二つのグループ相互の立場はつねに国民的ユニットにとって危険な状況をもたらすおそれが生じる。つまり、二つの集団のうち一方が客観的にすべての面でもう一方の集団よりも下に置かれていて、集団的な屈辱の感情と復讐の願望とを育んでいるような状況である。立憲主義者は以前から、二つの集団によって組織される連邦が最も壊れやすいと指摘してきた。虐げられていると感じている民衆にとって、市民権による超越なるものは、普遍性へのさまざまな要求のもとで他の民衆による支配を確立することのみを機能とする、まったくうわべだけのもののように見えてしまうのである。

宗教的なものから政治的なものへ

非宗教性《ライシテ》の原則は、政治的であって宗教的ではないものこそが社会関係を保障する限りにおいて、民主主義の国民の本質をなす。非宗教性はすべての個人に対し、いかなる教会への所属がなくとも、多数派の教会あるいは少数派の教会のメンバーであっても、公共生活に市民として参加することを可能にする。しかしこの原則が決して完全には適用されえないものであり、統制的理念であって具体的な現実ではない、ということは明らかである。国家はいつでも、そのつど特殊な仕方で、教会制度との間で築くさまざまな関係を組織化するのである。具体的に言えば、非宗教性が肯定される、あるいは単純に適用される近代国家と、宗教的グループや教会といった社会的勢力との間では、必ず歩み寄りや妥協が行われるものである。

フランスの事例は、その激しさによって、宗教的なものから政治的なものへの正統性の移行を説明してくれる。革命家たちは国民主権を公言したのだが、教会と国家との分離を打ち立てることができたのは、一世紀以上にわたる対立の後のことにすぎなかった。この対立は、政治的正統性の原理そのものに向けられており、ある人たちにとっては、神聖なものの意味が宗教から国民へと移っただけに、より一層激しいものだった。国民は真の崇拝の対象となった。つまり〈国民〉と〈共和国〉とは、儀式、祭壇、寺院、そして聖人とともに、一つの市民宗教になったのだった。非宗教化のさまざまな行程は宗教戦争のような雰囲気のなかで展開した。しかし、「非宗教性」が政治的伝統の不可欠な部分であることを力強く公言し、そうした非宗教性を基本法のなかに記している国においてですら――スイスやドイツのように、教会が一般税収入から割り当てられた補助金を受け取っていたり、宗教が行政文書のなかで言及されていたりすることなどそこでは想像できないだろう――、宗教組織の責任者は国家の代表者と一定の関係を維持し、国家当局や地方当局との間で宗教教育、祝祭の遵守、そして儀式の実施の諸条件について交渉しているのである。

アメリカ合衆国やイギリスの事例はまた別の仕方で、非宗教性の論理が少なくとも原理として認められないことはありえない、ということを教えてくれる。合衆国はつねに教会や宗派の多様性を経験し、その社会は宗教精神に充たされ、長らく宗教的諸制度が社会生活を組織してきた。トクヴィルは支配的なキリスト教的宗教心や、プロテスタント的諸価値の内面化を挙げて、アメリカ人が「宗教の精神と自由の精神」とを一つのものにすることができた事実を説明していた。社会生活における教会や宗教グループの活動や介入、新しく選ばれた合衆国大統領が行う聖書にかけての宣誓、いくつかの歴史的な大統領演説における神の意志への祈りといったものは、今日なお、アメリカ人を取り巻くこうした宗教心を物語っている。しかしながら、教会と国家との分離は、合衆国の政治的独立と同時に公言されたのであった。一七九〇年、ジョージ・ワシントンは、ニューポート（ロード・アイランド）のユダヤ人コミュニティに以下のように書き送った。「合衆国政府は、宗教に対していかなる援助も与えず、しかし宗教を迫害する者にもいかなる支援も与えないが、もっぱら政府の保護のもとで生きる人びとには、あらゆる機会に積極的に政府を支えるような、善き市民たることを要求する」[4]。アメリカ的伝統は、自由や民主主義の国民の原理の名において、非キリスト教徒や、いかなる教会にも帰属していなかった人びとの政治的・社会的諸権利をつねに擁護した。一八五三年、ニューヨーク州の高官は、自らの信仰を持ちながらも、「祈禱は学校教育活動の一部になるべきではない」と主張し、「宗教教育は初等学校から排除され、家族や教会に委ねられねばならない（…）教室には、イギリス国教会教徒、長老派教徒、バプティスト派教徒、メソジスト教徒だけが、一つの共通で中立な立場で相対していたのではなく、ユニテリアン派教徒、普遍救済説信者、クエーカー教徒、そしてあらゆる信仰を拒否する者もまた相対していたのである」と断言した[5]。社会的現実がどうであったにせよ、非宗教性は民主主義の国民の政体に必然的に結びつくように思われた。

こうした観点から見ると、イギリスの事例はなお、より説得力を持つものである。国民意識が議会制度の内部で生まれただけでなく、分かち難く王政的であり国民的でもある教会のなかで、また教会によって生まれたからである。ローマ教会と袂を分かつことで、ヘンリー八世はただ自分の婚姻問題を解決しただけでなく、領土に対する外国の介入を抑えたいと思っている国民の意識にも応えた。そのうえ、ヘンリー八世の独立政策は議会の支持を集めた。イギリス国教会《アングリカニズム》とはっきりとした形で呼ばれたイギリスのプロテスタンティズム、そして――市民権の個人主義と構造的な類似性がある――合理主義的個人主義は、国民意識を強化し、住民の間でイギリス人が〈新たに選ばれし人民〉であるという考えを維持することに役立った。宗教によって認められたナショナリズムと、国民的な次元での宗教的な信条とが互いに支え合った。さらに、カトリック信徒であるメアリ一世の政策によって、多数が国教会教徒である臣民の側で、国民的アイデンティティと反カトリックとが一つになっていった。イギリス国王が首長であった――今日も首長のままである――教会は、組織化された宗教と国民との間の結びつきを確かなものにした。しかしながら、このような長い歴史にもかかわらず、また政治的プロジェクトの基礎となっている伝統への尊重にもかかわらず、一八二九年には公職へのアクセスに対するカトリック教徒の平等が認められ、公務員任用や政治参加と同様に、大学もまた一八六〇年代にはあらゆる信仰の人びとに対して開かれることになったのである。今日なお、非宗教性は法的なものとはなっていないものの、実際には認められたのである。

非宗教性はこれほどまでに民主主義的プロジェクトに結びついているがゆえに、ヨーロッパ域外においてムスタファ・ケマルがトルコをヨーロッパ風の国民国家にしようと望んだとき、彼は権威主義的に国家とイスラム教との分離を強制することになった。オスマン・トルコ的なアイデンティティは、分かち難くイスラム的伝統に結びついているように思われていたが――非イスラム教徒はミレット（*millet*）〔信仰している宗教ごとに設置された行政区分〕に、すなわち承認された少数派の文化的集団をなしていた――、ムスタファ・ケマルは非イスラム教徒のトルコ市民権を確立し、イスラム法を廃止し、宗教教育を禁止し、ヨーロッパ的な民法と刑法とを採り入れさせ、聖なる寄付〔寄進、制度喜捨、救貧税〕を国の管轄とし、ウラマー〔イスラム法学者〕の権力を排除しようと試み、イスラム的伝統に結びついた服装、髪型、暦を変えることを強制し、そしてついには一九二八年四月、憲法からイスラム教を典拠としたあらゆる条文を排除したのだった。(6)

他の事例を挙げるとすれば、イスラエル国家の内部にあるさまざまな緊張は、国民的たらんとした一つのプロジェクトのなかで、国を非宗教化することができないという論理的な矛盾を示している。宗教と国家とを分離しようという提案は、一九六六年以来、労働党の党員によって定期的に主張されてきたものの、決して実現しなかった。ベン・グリオンもゴルダ・メイアも、そもそもこうした提案を支持しなかった。それほどに両者は、最初のプロジェクトのうちに含まれた矛盾を明示化し、祖国を分裂させてしまうことを恐れたのだった。そこでは国民と宗教的伝統との関係が、独特な政治的プロジェクトの本質をなしているように見えたからである。初期シオニストたちは宗教的伝統から政治を解放することを意図していた。ナショナリズムの時代、初期シオニストたちは政治的な語としての「ユダヤ国民」の意味を問い直し、十世紀のバビロン人ラビ、サーディア・ガオンが口にした表現の文字通りの真実を打ち捨てようと望んだ。「われわれの国民は、もっぱらトーラー〔モーセ五書〕によってのみ、一つの国民である」。もっともこのことは、一定数の正統派ユダヤ教徒たちが、イスラエル国家に対してときに表明する感情的な敵意を説明するものである。こうした正統派ユダヤ教徒たちにとっては、トーラーとユダヤ法の尊重だけが「ユダヤ国民」を定義し続けているのである。しかしシオニズムの指導者たちは、自らのプロジェクトそのものを問い直すことなしには、〈選ばれし民〉の定義から宗教的な次元を排除することができなかった。言葉の近代的な意味において宗教的であると同時に国民的である伝統の名においてこそ、シオニズム指導者たちはユダヤ人の大衆を動かすことができたからである。実際、聖職者たちはつねにそうした立場のままでイスラエルの政治生活に介入した。ラビこそが「誰がユダヤ人か？」という問題に答えるのである。ところで、この問題への回答から、イスラエル市民権への権利が生じる。ラビの職務は公共サービスであり、ラビは国家によって給与が支払われる。国民の祝日や安息日は宗教的伝統のそれである。ユダヤ市民の結婚と離婚とはラビの法廷の所管である。聖職者たちは、ひとが憲法を書くということに対して反対した。聖職者たちの利害関心は行政や政治的決定機関のすべてのレベルに現れており、クネセト〔イスラエル国会〕のなかでそれらが果たす役割も知られている。比例代表制が採用されており、二大政党の間でほぼ等しく世論が分割されているので、しばしば少数の宗教政党こそが政権の成立と瓦解とを決定してしまうのである。

スペインの事例は反対例として用いられるだろう。民主主義の国民が他の西ヨーロッパ諸国に比べて遅れて形成されたことは、他のさまざまな要因のなかでも、以下を原因としている。つまり、一四九二年にカトリック両王が宗教的統一の名において、ユダヤ人とイスラム教徒とを追い出すことによって、加えて十五世紀に強制的に改宗させられた新しいキリスト教徒を「血の純粋性」の名において排除する目的で、イベリア半島の国民的ユニットを建設したことである。一九九二年、スペインの新しい民主政体の国王は、こうした宗教的で民族的な考え方を正式に否定し、過去の君主たちの失敗を告発しつつ、まさしく民主主義的な諸価値をかかげることで、象徴的に市民的国民の原理を賞賛することになった。

政治的諸制度

国民国家は、非宗教性《ライシテ》に加えて、指導者を選出する方法や政治が確実に機能する方法を組織するものである。行政機関、議会、政党、地方自治体や労働組合は、すべての人びとによって認められる共通の諸規則に応じて公共生活を組織することで、国民統合に寄与する。

アメリカの民主主義の創始者たちのイデオロギーがどうであったにせよ、新たな移民たちが統合されたのは、政治的諸制度が安定していたおかげだった。この安定性は、主に憲法の尊重や、大統領制や連邦主義が保証した諸権力の間の均衡によるものであった。トクヴィルは、市民社会の多元主義、地方レベルでの自由、自発的アソシエーション、宗教的価値に充たされた道徳、公民精神の感覚、政治参加といったもののおかげで、一つの国民が統合されているのを称賛した。この国民は、「世界のすべての国民から形成されている（…）つまりある一つの言語、ある一つの信仰、さまざまな意見を有しているあらゆる人びと、要するに、ルーツも記憶も偏見も慣習も共通の思想も国民的性格もないままに、一つの社会を有しているあらゆる人びとから形成されている」[7]のである。もし、これらのすべての民族《エスニー》が、本書の言葉の用法に従って、まさに一つの民主主義の国民を形成したのだとすれば、それは政治組織のすべてのレベルにおいて、そうした民族《エスニー》が公共生活に積極的に参加したからである。トクヴィル曰く、「どうして人はみな、自分自身のことのように、コミューン、カントン、そして国家全体の問題に関心を持つのだろうか。それは、みなが自分の活動範囲のなかで、社会の統治に積極的に参加しているからである」[8]。大規模に押し寄せた移民は、つねにWASPのもともとの文化から地理的にも文化的にもより遠い存在であったが、最近に至るまで、もろもろの土着主義的反動の力があったにもかかわらず、まさに政治参加によって集団生活に統合されてきた。一九六〇年代まで、黒人やネイティヴ・アメリカンを共同生活から排除することができたのは、彼らの——市民権の第一の条件たる——選挙権の行使を、まずは法的に、次に事実上拒絶することによってであったのである。

フランスでは、公共生活のなかで共和主義モデルが引き合いに出されるが、これもまた政治的諸制度による国民統合のモデルであった。国籍法はとりわけ開かれており、国籍の取得を、つまりは市民権の獲得を移民たちに対してではなくても、少なくともフランスで生まれた彼らの子供たちに対して促した。成立直後の第三共和政の共和主義者たちは、非宗教的で、無償で、義務である学校に対して、愛国主義のなかでフランスの子供たちを教育する仕事を委ねた。共和主義者たちは義務としての兵役制を敷くことで、軍隊にまさしく市民的な役割を負わせた。国民的諸制度は、日常的なさまざまな実践を軸に集団生活を組織し、一貫性のある価値体系を普及させることで、有効性を発揮した。上述のように、革命の神話が国民理念と普遍的な志とを両立させることを可能にしたからである。国民的諸制度の活動に労働者政党や労働組合の組織と活動との効果が加わった。政党や組合は、成員に対してアイデンティティに重きを置く世界解釈のシステムを供給し、外国人と同様、社会的地位のない住民たちを統合することにも寄与した。フランス的な統合は現実的にも象徴的にも、革命によって生まれた政治的プロジェクト、原理、価値、そしてある点までは個人的市民権の実践に基礎づけられていたのである。

　スイスの政治はフランスの国家的統治と対立する。今日なお、コミューンもカントンも必要不可欠な政治体のままであり、直接税の大部分を受け取っている。すべての市民は、「民衆のイニシアティブによる」住民投票を開始するために、「署名活動」を行うことができる。コミューンレベルでの直接または半直接民主制は、少なくとも象徴的に、公共生活へのすべての人びととの参加を保障する。少数派は絶えず多数派を突っつくことができる。行動する少数派は、多数派に対して応答を余儀なくさせ、政治的計画を策定する一翼を担う。より一般的にいえば、多数派の成員は少数派との交渉を容易にするために、非常に大きな努力を払うことになる。アレマン人〔アラマンニ人〕は連邦レベルではきわめて多数派であるが、たいていの場合はフランス語を学ぶ。フランス語系住民がアレマン語を学ぶ以上に、フランス語を学ぶのである。「むしろ稀であり例外的ですらあるのは、文化的な交流状況のなかで、まさに多数派のほうが少数派の言語をより自発的に学んでいることであろう。少数派が多数派の言語を学ぶ以上に学んでいるのである」[9]。

スイス人は、彼らの政治的プロジェクトによって、四つの言語を用い、二つの大きな宗教と複数の教会、複数の政治体に属する住民同士が、単一の政治体のなかで協力していることを自慢に思っているかもしれない。そうした複数の政治体の伝統はさまざまであり、一方では民主主義的で、他方では自律的なコミューンの連邦から形成されており、さらには寡頭政治的・貴族的だったりもする。またヌーシャテル公国、バル司教区、サン・ガルもしくはエンゲルバーグ修道院といった特別な事例もつけ加えねばならない。しかし、こうした協働は、客観的な諸条件と、一つの原理の尊重とに立脚していた。客観的諸条件とはつまり、コミューン、カントン、連邦といったさまざまなレベルにおいて、少数派か多数派かといった立場に著しい多様性があり、ある状況において多数派である人びとが別の状況においては少数派になる、といったことである。多数派がその立場を悪用するおそれがあまりないのは、つねに他のコミューンや他のカントンにおいて、報復手段の犠牲者になることをおそれているからである。このことは、区分が重なり合わないこと、つまり言語的境界線が宗教的境界線と一致せず、そのどちらの境界線も政治的境界線と一致しないことを含意していた。こうした次第で、ジュラ地域はベルン・カントンに統合されていたものの、フランス語圏でありカトリック圏であり農村的であったため、もはや分離してしまう他に解決策はなかったのである。そこにある原理とは、「属地主義の原理であり、ある言語を利用する伝統的・歴史的領土の上で、その言語の永続性を保障する」ものである。このことは、人口の変動がどうなろうと、言語的境界線は移動させられないということを意味している。フランス語話者が人口の二〇%でしかないコミューンであってもなお、公的にはフランス語圏であり、フランス語は公共生活の言語のままなのである。この原理は真に物ごとを基礎づけるものである。なぜならば、グループのうちの一つが言語的・宗教的プロパガンダに励むといったことから、いかなる正当化も取り上げてしまうからである。つまり、「属地主義の原理の厳密な適用がなければ、スイスはおのずと消滅に導かれるかもしれない[10]」。

これらの実践は明らかに、国民的プロジェクトの内部で意味を持つ。国民的プロジェクトそれ自体は、異文化間関係の理念や価値に基づき、また数十年もしくは数世紀来、多文化主義を尊重し実践する術を知っている唯一の国民であるとの誇りに基づいている。共同生活が引き起こしてしまう軋轢を交渉によって解決し、さまざまな緊張があるにもかかわらず、異なるグループを協力させる巧みさを示し、そして言語的・宗教的帰属の多様性から生じた競合関係を平和裏に調整することに、喜びを感じているように見えるのである。それにまた、外国人たちも同じくスイス的民主主義の成功を賞賛している。多くの外国人に続いて、アンドレ・シーグフリードは、「歩み寄りの経験、知恵、習慣から作られていて、世界の賞賛に価し、それを勝ち得たこの例外的な政治的精神[11]」を称えた。この国民的プロジェクトは、政治社会の実践とともに、スイス人が独自性を保っているとの意識によって維持されているのである。

国家は共通の法的・政治的空間に参加する住民を定義しなければならず、そこから、実践的で象徴的な二重の次元のなかでの国籍法の役割と意味とが生じる。上述のように、どのような民主主義の国民も、国籍の法的基準を定義し、外国人が国籍を取得できることを見込んでいる。しかし、国籍取得の申請者に課されるさまざまな条件は、政治指導者たちによって分析されるような、国の経済的かつ人口学的必要に応じて変わっていくものである。オーストラリアやカナダ、アルゼンチンのような移民受入国では、いったんその国の領地に正常な仕方で入るや、移民はきわめて簡単に国籍を取得することが可能である。フランスの政治指導者たちは、一八八九年、出生率の低さや歩兵隊の必要性によって、軍事的義務に従う市民の数を増やさねばならないと判断したとき、新法を採択した。これはフランスで生まれた外国人の子供たちが徴兵を回避しないようにするためのものだった。ただし、政治的プロジェクトの一部となっている諸価値が同様に果たしている役割を過小評価すべきではないだろう。フランス国民やアメリカ国民は、まさしく政治的であって民族的ではない一つの理念に基礎づけられているわけだが、少なくとも理想上、政治的諸価値を受け入れる用意、とくに人権の諸原理に賛同する状態にあるすべての人たちに対し、自分たち自身が開かれていると主張している。合衆国やフランスは、自らのことを政治的で道徳的な模範のように見なした。そして、自らが普遍的使命を背負っており、文明の恩恵を広めることを宿命づけられていると主張してきたのである。反対にドイツ人やスイス人は、国民の理念をまず第一に文化的で民族的な意味で定義している。いずれにせよ、国籍法は国民の概念を表現・確立し、国民を構成する人びとの同質性をさらに強固にするのである。

移民によって形成された国々では、政治社会によって住民を統合せねばならない。政治的領域にさまざまな出自をもとにした特殊な共同体が組織される前に、そうせねばならないのである。イスラエルでは、シオニズムのメシア信仰の力が、すべての種類の特殊主義をただちに排除することになった。一九三〇年代の初めより、ヘブライ語はパレスチナのユダヤ人の九〇％の日常言語だった。ヘブライ語翻訳の数はたえず増加していった。ディアスポラの文化に結びついた言語や伝統は私的生活のなかに追いやられることになった。団体活動、文化活動、文学活動、市民活動は、すべての移住者が決別することを望んだ過去の経験に向かってではなく、シオニズムのプロジェクトに向かってただちに導かれた。各国ごとの移住者組織、つまり同郷人会（*Landsmannschaften*）は慈善的な機能に限られていたので、出自の国民的アイデンティティを維持することはなかった。新しい移住者たちは、「民族の犬小屋[12]」が形成されないうちに、経済生活のさまざまな分野のなかに散っていった。移住の原因であったユダヤ人大衆の非常に強力な政治化は、イシューブ（*Yichuv*）の集団生活のなかでも続いていった（政治がイスラエルで好まれる国民的スポーツだと、今日なお言われている）。グループ間の軋轢は、移民受入国においてしばしばそうであるように、「新しくやってきた者たち」を「定住者」と対立させることこそなかったものの、さまざまな党派を対立させることになった。こうした諸党派が等しく、自分たちこそ「真の」シオニスト的価値の「真の」擁護者だと主張したからである。シオニスト左派とシオニスト右派とは、しばしば暴力を伴って、社会のあり方、ディアスポラのなかで集められた資金の行方、運動の目的（郷土（Foyer）〔ユダヤ人の故郷を作るという意味。国家という語はパレスチナ人との軋轢を生んでしまう〕か、二国家か一国家か）、アラブ人や委任統治の列強に対して取るべき政策、ディアスポラのユダヤ人共同体と維持すべき関係、といったものをめぐって対立した(13)。世俗的な形の宗教的信念として、シオニズムは宗教とまったく同じ情熱をかき立て、宗教とまったく同じ葛藤を引き起こした。生存のための戦いは、最初の大規模移住のときからすでに、委任統治をしている列強に対してと同時に、アラブ人に対しても行わねばならなかったが、このことがイシューブ社会の統合に寄与したことをつけ加えねばならない。軍隊であるツァハル（*Tsahal*）〔イスラエル国防軍〕は、つねにさまざまな人びとを統合する場所、特別な手段だったし、いまもそうあり続けている。今日、新しい移住者たちは集団生活の他の事柄に参加するよりも、いち早くツァハルに参加する状況が続いているのである。

パレスチナのユダヤ人社会は、メシア信仰的で政治的なプロジェクトによって統合されたものの、一九四八年に至るまで、真の国家を手にしていないこと、とくに独自の法制度による支配がないことに苦しんでいた。すなわちオスマン法やイギリス法が公共生活のあり方を、ユダヤ法が対人関係を、とくに婚姻のあり方を取り決めていたのである。しかしすでに見たように、ヒスタドルート、つまりイスラエル労働総同盟が、前国家的な役割を果たしていた。またヒスタドルートによって、いずれイスラエル国家になっていく諸制度が組織されることが可能になった。国民が国家に先行したのである。しかし、政治的プロジェクトをもたらすためのヒスタドルートなくして、あるいはこの仮国家なくして、シオニズム運動は、一九四八年に一つの独立国家として国際連合に承認されたとき、おそらくアラブ諸国の軍隊に対して勝利の戦争を遂行することはできなかっただろうし、実際に新しい政治的ユニットたる国民の存在を確実にすることもできなかっただろう。

国民《ネイション》の設立者=小学校教師《アンスティチュトゥール》たち

〈学校〉は直接的に国家によって組織されようと、あるいは国家によって統制されようと、国民の制度の最たるものである。ギリシャの民主主義では、公的な学校が欠落していたので、富裕市民だけに現実的な政治参加が限定されてしまっていた。つまり、個々の市民が具体的に諸権利を行使することができなければならないという理念は、近代的国民に結びついているのである。まさにフランス革命以降、学校の教師たちは「統治者《レジャン》（régents）」と呼ばれることがなくなり、「設立者《アンスティチュトゥール》」になった。なぜならばそれ以降、教師たちが国民を設立《アンスティチュエ》する役割を負うことになったからである。

公的な学校をつうじて、諸個人は経済社会に参加する準備をせねばならない。アーネスト・ゲルナーが正しく分析しているように、経済社会は高い技術的なレベルを要求するからである。また公的な学校は能力のある公務員を養成する義務を負っている。そうした公務員のおかげで、国家は諸個人と諸グループとの間で共通の利益の分配をめぐって生じる衝突を管理することができ、また国際関係に介入することができるのである。国家は道具であり、その道具によって国民は維持され、外部で行動することが可能になるからこそ、公職の監査や公務員の採用形式が公共生活の中心的な争点になるのである。

しかし、とりわけ学校でこそ市民は形成され、集団への参加の姿勢が促され、培われる。学校でこそ、市民に対して公共生活へ現実的に参加するための具体的な手段が与えられ、政治的なものの民主主義的性格が保障されるのである。学校はある限られた世界に属している小さな共同体のメンバーを、市民に変えていく。

一つの国民を作り出したいという願望を持っていたすべての人びとは、心から〈学校〉を重視してやまなかった。フランスの一八八〇年代の共和主義者たちは、共和国を築き上げる際、計画的に一つの教育システムを設置した。ジュール・フェリーの〈学校〉は、国民の建設に役に立つ政治的な道具だった。それゆえ、フランスにおける〈学校〉は完全に公共領域に属しているのである。――このことは〈学校〉の非宗教性《ライシテ》をめぐる衝突の象徴的な意味を説明してくれる。デュルケムは、彼自身が共和主義者であり、「国の道徳教育のなかで〈学校〉に帰属するきわめて大きな重要性[14]」を社会学的に強調した。今日、共和主義的伝統の支持者たちは、〈学校〉への信仰を維持し続けている。一九八七年に組織された国籍に関する委員会のレポートの執筆者たちの場合がそうだった。執筆者たちは、フランスの教育機関に就学したすべての人びとに、領土内にいようが外国にいようが、国籍の取得を促そうと提案することで、学校が学生たちを国民化するために果たす機能を暗黙のうちに称揚したのである。[15]十九世紀をつうじて、トルコの最初の改革者たちは、同じように教育に中心的な位置を与えることから始め、科学アカデミーや文学アカデミーを創設した。逆に、無償かつ義務であるベルギーの初等学校が遅まきにしか導入されなかったという事実は、おそらくフランスモデルに基づいてベルギー国民が発展していくことを妨げたさまざまな要因の一つだった。

イスラエル国家はその建設当初から、イシューブの諸制度によって組織化された学校システムを国有化しようとして、激しい対立を経験することになった。これをきっかけに、ヨーロッパの国民をモデルにして作られたものの、その政治的プロジェクトから宗教的次元を排除することができないという、ユダヤ国家が抱えるすべての曖昧さが現れたのである。一九五一年、そして一九五三年に歩み寄りが協議された。その結果、三つの学校組織が設置された。「国立学校」、「国立宗教学校」、自律しているが公的資金の補助を受けている超正統派の学校の三つである。これは新しい国家政府の最初の危機をもたらし、国民的アイデンティティについて、また、宗教と国民との間の特別な関係について問われるべきことを直接的に示すことになった対立だった。そしてこの対立は、国民を建設するなかで〈学校〉が重大な争点になることを明らかにしたのである。

しかしこれらの自明な事柄以上に、〈学校〉はたんに教育内容をつうじて共通の国民的イデオロギーや共通の歴史的記憶を広めているだけなのではない、ということを強調せねばならない。より深いところでは、政治社会そのものにならって、学校もまた想像上の空間となるのである。そうした空間のなかで、学生たちは市民として、家族的・社会的特性とは無関係に、平等に扱われることになる。それはまさに、言葉の物質的かつ抽象的な意味において、社会生活の現実的な不平等に反対し、市民社会のさまざまな動きに抗するために構築される場所である。〈学校〉の領域は市民性の領域と同様、非個人的で形式的なものである。学校社会の抽象性は、政治社会の抽象性を理解し、習得するよう、子どもたちに教えねばならないのである。(16)

国民《ネイション》の創造者たち

「ある意味では、歴史家こそが国民を作るのである」(17)。直接的に民族《エスニー》に与えられた歴史的共同体の意識を作り出す役目がとりわけ委ねられたのは、歴史教育に対してである。歴史家こそが、事実をもとにして、西洋の民主主義大国の輝かしい誕生、イスラエル国家の悲劇的誕生、ヨーロッパの小国のコミューン的な自由の神話を作り上げた。十九世紀末の国民やナショナリズムの時代にあって、過去の出来事の物語は学問的に立証され、集団的アイデンティティを主張する役割を負うとともに、この栄光ある歴史の継承者とされた現代人に過去の遺産を引き継ぎ、共同して行動し続けるよう促す役割を負った。すべてのヨーロッパ諸国民において、国民史は、国民の建設とはなばなしい勝利とを描き出し、国民があらゆる他の種類のアイデンティティや帰属を犠牲にしてでも諸個人の忠誠の独占的な対象になるべきであるとの理念を強制した。ドイツでは学識が、ドイツが他国よりも優れているという観念のために利用された。フランスでは、国民が賞揚された第三共和政の時代、歴史が学問分野の女王となった。一八七〇年の普仏戦争敗北後、学識がフランスの知的改革や道徳的改革に寄与するよう、回復させられたのである。エルネスト・ラヴィスは、世紀の変わり目に、二七巻からなる〈フランス史〉を執筆した。それはフランスが数世紀にわたる運命として、どのように共和主義的な国民のなかに輝かしい帰結を見出したのかについて明らかにするはずのものだった。つまり、フランスの歴史は、成就した国民の歴史だったというのである。

ケマル・アタテュルクは同様に、ヨーロッパをモデルに新しいトルコ国民を建設する意志を持つなかで、オスマン帝国の歴史的〈社会〉を解体するとともに、学校や大学のための新しい教育プログラムや教育マニュアルを策定する責務を負った一つの歴史的〈社会〉を作り出すことも忘れなかった。こうしたプログラムやマニュアルは、オスマン帝国がトルコにとって重荷だったという考えや、ずっと以前からアナトリアがトルコ人の唯一かつ真の祖国であり、努力と犠牲とに唯一値するものだったという考えを普及すべきなのだった[18]。イスラエルでは一九五五年より、歴史教育が国民意識を呼び覚ます役割を担うことになった。聖書の歴史が国民史として教育され、〔ユダヤ教の律法・教示たる〕トーラーの古さと正当性とによって、シオニズムのプロジェクトを正当化するのである。その時代にヘブライ人がパレスチナに定着したからである。教育プログラムは第一神殿および第二神殿の時代を強調するものの、追放の時代は無視してしまっている。トーラーは、信徒にとっての啓示のテクストというだけでなく、イスラエル市民の歴史書であり、ユダヤ国民の歴史的連続性の証拠かつ証明であり、ヘブライ人の子孫によってイスラエルの地を支配することの正当性の淵源である。他の例を挙げるなら、二十世紀初頭、アンリ・ピレンヌがラヴィスを手本にして六巻からなるベルギー史を執筆することで、同じようにベルギーの国民神話を打ち立てようとした。それは三つの大きなテーマを一つにするものだった。つまり、ベルギー国民の古さ、ベルギー国民の混淆文化、ベルギー国民がその成員の政治的意志を基礎としてきた事実、という三つのテーマである。ピレンヌは言う。「ところで、われわれの歴史は九世紀の真っ只中に始まるのであって、もしある条約によってわれわれの歴史の扉を開かねばならないとしたら、ロンドン会議〔一八三〇年〕ではなく、ヴェルダン条約による領土分割〔八四三年〕を出発点と見なさねばならない」。ピレンヌは、クートレーでフィリップ美公の支援をうけた軍隊に対してコミューンが勝利を収めたことにベルギー国民創設の役割を認めたわけだが、これについては先に見た通りである。ピレンヌは、歴代ブルゴーニュ公による国家建設とともに、「ヨーロッパ諸国民のなかで」祖国が占めた位置を明らかにしようと努めた。ピレンヌによれば、「近代ベルギーは古いオランダをまさに引き継いでいるのである」。ピレンヌが続いて強調したのは、「人種」が「半ローマ人、半ゲルマン人」であるという、「境界線上」の人民の特性である。また「ローマ主義とゲルマン主義との融合」であり、「そこでは一方が他方に交じり合い、一方が他方によって変容される、二つの人種の天分が見出される」という混淆的な文化の特性である。したがってベルギーは、そのなかで「人種の融合」に立ち会うことのできる、「民族学的な基礎のない国民」であることを誇りとすることができた。このような国民はレイシズムを知らず、「住民の意志の産物」[19]だったのである。

　逆の例を挙げよう。カリフォルニア州では、すべての学校で同じ歴史教育教科書を用いる合意ができなかった。したがってカリフォルニア州では、いわゆるアフロ・アメリカン〔アフリカ系アメリカ人〕の歴史、いわゆる「ネイティヴ」アメリカン、すなわちインディアンの歴史、いわゆる「ヒスパニック」の歴史、そして「白人」の歴史が教えられているのである。カナダでも同様であり、「国民史は一九六〇年代以降、流行らなくなってしまった」。それ以来国民史は、ケベックの歴史によって、そしてより一般的にはさまざまな民族《エスニー》の社会史（イタリア系カナダ人、ウクライナ系カナダ人、ゲルマン系カナダ人……の歴史）、社会階層の社会史、そして「ジェンダー」（女性の歴史）の社会史によって取って代わられてしまった。[20]これはまさに、北アメリカの二つの大きな社会を「民族的」に、そして同様に社会的に断片化する指標になる――場合によっては手段となる前に――のではないだろうか。オランダでは、「柱」の存在が最初の政治的プロジェクトの一部になっているので、プロテスタントの学校とカトリックの学校とにおいて、スペインに対する抵抗や祖国の独立の歴史を異なる内容のもとで紹介することが許された。[21]合衆国やカナダは、このオランダの事例に倣うのに十分なほど、統一性が確保されているだろうか。

民主主義の国民は合理的な政治的秩序の領域に属するものではあるが、しかし――このパラドックスは外見上のものにすぎないのだが――多くの象徴的で儀礼的な性格を宗教から取り入れねばならない。市民の意志こそが民主主義の国民を正統化する限りにおいて、国民は他の政治的ユニットよりもなお、市民が共通の諸価値を内面化したという事実に依存するのである。民主主義の国民は、デュルケム的な表現を取り上げるなら、法的な拘束よりはむしろ道徳に基礎を置いている。民主主義の国民は、特殊な出自を超越することによって構築されるのだとすれば、意識を保ち続け発展させることによって維持されるのである。そうした意識は、家族の社会化をつうじて即座に民族《エスニー》のなかにもたらされるのだが、集団の永続を可能にする帰属と参加との意識を作り出すためには、国民によって構築されねばならない。このためにこそ、国民的で公共的で私的な諸制度がつねに用いられたのである。住民の文化を均質化するために国家が実現した働きは、おそらく公共生活にすべての市民たる諸個人を参加させ、能力のある公務員を形成する必要性によって正当化された。しかし、国民たる抽象的な共同体を具体化し、人びとの集団的な行動を確かなものにするにあたって、国家はまた、民族性――言語、歴史、そして国民神話――に訴えることで、国民的な感情が高揚するよう力を尽くさねばならなかった。国家はこうした民族性を作り上げることに貢献してきたのである。

アイデンティティの標識を作り上げること

〈学校〉だけが歴史的な過去、祀られる英雄《パンテオン》たち、共通の文化を拠りどころとしながら、この民族化を進めていく基盤だったのではない。国民国家は、もっぱら国民的存在に結びつくようなアイデンティティの標識を出現させ、あるいは押しつけるためにさまざまな措置を講じてきた。

かくして、それぞれの民族《エスニー》の言語とは異なる国民言語が発明され、用いられることになる。西ドイツ（RFA）から自分たちの国を区別しようと苦心するなかで、東ドイツ（RDA）の指導者たちは一つの異なる言語を作り出そうとした。一九七〇年にドイツ社会主義統一党第一書記〔一九五三―七六年までは第一書記、それ以降は書記長。ここでの第一書記はヴァルター・ウルブリヒト〕がそう宣言したように、「われわれは何よりもまずこれを確認せねばならない。ヒトラーの将軍たち、ネオナチ、そして報復論者的な政治家たちの言語は、われわれのドイツ語に、つまりわれわれが愛し、大事にし、発展させているドイツ民主共和国の平和な市民の言語には属していないのである」(22)。東ドイツの指導者たちにとって、社会主義者の言語が新しい国民的アイデンティティを作り出すための道具になるはずだった。今日なお東西のドイツ人は、アクセントや、一定数の単語と一定数の口語的な言い回しとの使用によって、互いに相手が誰であるかが分かってしまうのである。たとえ全体主義国家が、明らかにより自発的に、そしてより暴力的に遂行するにしても、こうした活動は全体主義国家に限られたものではない。一八二七年にギリシャが独立したとき、新しい国民の創始者たちは、古典ギリシャ語から借用した「純粋な」言語を強制しようとした。そのようにして、ギリシャ語からすべてのトルコ的な影響が排除されたのであって、独立した近代ギリシャは栄光ある古代から直接的に続く流れの上に象徴的に刻みつけられたのである。二つの言語が長らく共存した。つまり、国民を建設する言語と、ギリシャ人の言語、あるいは「民衆の言語」である。イスラエルでは、最初に押し寄せた移住者の九〇％がイディッシュ語を話していたものの、世俗言語としてのヘブライ語が再発明されることになった。続く数十年の間に、非ゲルマン語系の国々出身の人びとが移住してきたことによって、後々になってから合理的な意味でこの選択を正当化することができた。しかし重要なことは、（イディッシュ語もそうすることができたはずだが）国民の存在を確かなものにするために共通言語を採用したことの効果ではなかった。国民言語としてのヘブライ語を採用することは一つの政治的行為だったのであり、それは新しい移住者たちに対し、追放の民としての姓名を捨ててヘブライ語の姓名を選択することを、あるいは国民の祝日として宗教的な祝日を採用することを強制する決定がそうであったのと同じである。つまり、ディアスポラのなかでのユダヤ人の不幸な運命と象徴的に決別し、ヘブライ語を誕生させたことが重要だったのである。アフリカの旧植民地の国々では、公共生活のなかで英語やフランス語が民族的に中立ということで用いられ続けているが、ときには他の共通言語が存在しないという理由でも使われている（例えばインド連邦におけるケースがそうである〔ヒンディー語の使用率が低い地域があるため〕）。しかしとりわけ、民衆の均質性を増大させ、その民族的出自がどうであれ政治的エリートの協力を得ることによって、政治的国民が諸民族《エスニー》を超越することを象徴化するために用いられているのである。(23) 新しいガーナ国民の政府が下した最初の決定の一つは、土着言語で行われる初等教育の年数を減らし、初等教育の第二学年から英語を課すというものだった。(24) ムスタファ・ケマルといえば、オスマン帝国から受け継がれたトルコ語を改良するよう命令した。外国語起源の単語を排除したのだが、それはイスラムや東洋の諸言語を起源としていた場合であって、ヨーロッパ起源の単語については、抹消された単語の代わりとして移入されたのでない場合には保全した。市民性に対応する普遍言語が、こうして特殊主義的でコード化されたゲマインシャフトの言語活動に対立することになるのである。

　他の事例では、言語が定められることによって、新しい表記法が発明された。第一次世界大戦後、トルコで言語や表記法が改良されたことには実践的な理由が存在した。しかし、一九二八年十一月に公式に義務化されたラテン語アルファベットの採用はまた、象徴的な価値も持つことになった。つまり、ケマルはオスマン帝国の過去と決別することを意図していたのである。新しい表記法を学んで、アラブ的表記法を忘れ去り、簡素化されヨーロッパ化された言語を習得することで、新しい世代はこれ以降、ヨーロッパの国々を手本に近代的国民の諸価値や諸規範に対して理解を持つことになるだろう(25)。

すでに存在している大都市の一つを首都のレベルに昇格させるよりも、むしろ何もないところから首都を築くという決定は、まったく同様の論理のなかにある。ニューヨークやリオデジャネイロに新政権の本拠地を置くよりも、むしろワシントンDCやブラジリアを建設すること、数世紀来オスマン帝国の政治的中心だったイスタンブールよりも、むしろアナトリアの真ん中にある寒村だったアンカラを選択することは、まさにさまざまな民族《エスニー》、以前のさまざまな国家や体制から区別された、一つの新たな政治的まとまりが作り出されたことをいっそう肯定したのである。

また、さまざまな具体的な標識、つまり国民自身を象徴するためのものが作り上げられた。場所、通り、空港、あるいはモニュメントに与えられた名前は、国民の「神々《パンテオン》」を表象するものだった。国歌、国民の祝日、国旗は、聖なるものにかかわる振舞いや意識を呼び起こした。つまり、国旗が掲揚されたり国家が斉唱されたとき、起立しながら、沈黙を尊重しつつ敬意が表されたわけである。フランスにおける七月十四日の軍事パレード、あるいは凱旋門下で炎〔永遠の炎〕を絶やさないでいること、イギリスにおける衛兵交替や女王誕生日、あるいは合衆国の新しい帰化民の集団的宣誓といった国民的な儀式は、国民の理念をカレンダーのなかに具体的に書き込んでいく。これらの儀式全体は、共同体の意味を維持し、集団への帰属意識、国民的価値の特別性や偉大さに対する信仰を保つことを目的としている。宗教そのものと同じく、国民はもしなんらかの実践、象徴、儀式を消極的であろうが積極的であろうが催さないのであれば、永続しえないだろう。そうしたものによって国民は、日常的現実のなかで具現化するのである。

文化的統合の作業は、つねに避けられない限界を伴っている。先に検討した例自体がそのことを証明している。いわゆるジャコバン主義的フランス〔中央集権主義的フランス〕は、一致して国民国家の最たるものとして例に挙げられるが、そこでは十六世紀以来、言語的な統一を図るための努力が見られた。こうした努力は第三共和政の諸法によって制度化されたが、一九一四年の段階で、国土の上ではなおも十四の言語が話されていた。今日に至るまで、コルシカ政策は特殊であり続けた。フランスの行政当局のジャコバン主義は、実際には地域の指導者層によって制限され、飼い慣らされ、適用にあたってはある程度自由に再解釈されたのである。[26] ギリシャでは、一八三〇年にナショナリストによって再発見された純粋な言語が、今日のギリシャ人が話し続けている民衆の言語を前にして、脇へ追いやられてしまった。一九二〇年から三〇年代にかけてケマル・アタテュルクによって遂行された非宗教化は、今日の社会生活のなかで、トルコ的アイデンティティがイスラム教と密接に結びついたままになっていることを妨げはしなかった。非イスラム教徒のトルコ市民は、まるでユダヤ人、ギリシャ人、あるいはアルメニア人ミレットの一員であるかのように認識されている。しかしながらこのミレットは、ケマル・アタテュルクが旧オスマン帝国を非宗教的な近代的国民に変容させたときに、法的には廃止されたものなのである。ベルギー国民の古さや価値に関するアンリ・ピレンヌの著作は、フラマン人やワロン人のアイデンティティを乗り越えるのに十分なものではなかった。単一の政治的まとまりとしての南スラヴ人を作るために、一九二〇年以降、新しいユーゴスラヴィア国家が努力したにもかかわらず、クロアチア人とセルビア人とはそれぞれの特殊なアイデンティティを育み、セルボ・クロアチア語という共通の言語をクロアチア人はラテン文字で、セルビア人はキリル文字で書き続けた。こうして一方のクロアチア人はカトリック的・ローマ的アイデンティティを、他方のセルビア人は正教会やビザンツ的伝統への忠誠を再確認していたのだった。言語的共同体は、あらゆる文化的共同体のように、過去についての同じ意識も同じ政治的プロジェクトも共有していない歴史的集団を一つにまとめ上げるには、無力なままであるのかもしれない。

文化的均質性と政治的超越性

アリストテレスからジョン・スチュアート・ミルに至るまで、人びとの均質性は政治的ユニットの安定性を確保するための必要条件とされてきた。時代によって、この必要条件は賞賛されもしたし、断罪されもした。国民が賞揚されたナショナリズムの時代には、国民国家によって、文化的ユニットと政治的ユニットとが混同されることになったが——いいかえれば、国民国家によって民族《エスニー》は国民になったが——、こうした国民国家とは、モースの表現によれば、かの古い理念の「最も見事な」形態として出現したのである。今日、同じプロセスが、各人そして各文化の多様性や純正性といった近代的な諸価値の名において断罪されている。マリオ・バルガス・リョサは、すでに例として挙げた講演のなかで、「国民はまさに画一性を生み出すように運命づけられたシステムによって維持され」、この画一性は「均質性を強いている」、という事実を告発することを忘れない。

文化的多様性は、それ自体として、国民の形成を不可能にしてしまうわけではない。抽象的で非個人的な政治社会によってさまざまな特殊な出自を乗り越えるということは、これらの出自を消し去ってしまうことを意味しない。そうしたことはおそらく可能ではなく、望まれてもいないのである。市民性は、民族的アイデンティティとは異なり、文化的アイデンティティを基礎としてはいない。もう一度、共同社会型民主主義や、最も古い統一的な諸国民のなかで続いている地域的多様性——コルシカ人、ブルトン人、バスク人、あるいはウェールズ人——を引き合いに出すことができる。客観的多様性、つまり言語、宗教、文化の多様性は、原則として、共通の政治的空間を創出することと相容れないわけではない。人びとの均質性は政治的な協力を促す諸条件の一つにすぎないからである。国家の諸制度が、政治的プロジェクトをもたらし、一つの政治社会を形成する——あるいは政治社会によってもたらされる——ものであるなら、そしてただ一つの特殊な民族《エスニー》によってもたらされるものではないなら、グループ間の文化的な差異を、また場合によっては——より難しいけれども——アイデンティティの差異を乗り越えることが可能である。さまざまな国民は、社会的・宗教的・地域的・民族的グループの間の競合関係や衝突を、正当と認められる諸規則に則って解決するという、政治的プロジェクトの能力を拠りどころにして存在しているのである。

それでも歴史的な経験を振り返れば、文化的・歴史的差異を縮小させていくことが、民族的アイデンティティを乗り越えるための最も安上がりで、おそらく最も効果のある手段だったということがわかる。住民の客観的均質性は、それだけで一つの国民を形成するのに十分ではない。しかし、客観的均質性は社会生活と政治社会のさまざまな交流を促していく。したがって、国民の形成には、政治的であるだけでなく文化的でもある特殊性を縮減することを狙いとした、さまざまな活動がつねに伴っていた。政治的組織化のあらゆるプロセスを、先在する集団の文化的ジェノサイドと同一視すべきではないにしても、やはり市民的国民が一つの政治的ユニットである限りにおいて、必然的に強制や一種の暴力を強いることに変わりはない。事実、国家というものの働きはさまざまな差異の価値を減じる結果をもたらしがちだし、平等の論理はつねに同一性の論理に転じていく可能性を孕んでいる。

しかしながら、国民建設をこうした次元だけに還元することはできない。人びとの客観的均質性やアイデンティティ的均質性を強めようとするとき、民主主義の国民の国家は、先在する文化的・政治的形態を禁止するか、あるいはいずれにせよ私的なものの次元のなかに追いやってしまおうとするが、しかしそうした国家はまた、諸個人に対して政治生活に参加するさまざまな手段を与えもするのである。国家の活動によって保たれる共通の文化は、産業社会の技術的要求の産物であるだけでなく、政治社会を維持する手段でもある。言語は民族《エスニー》を記しづけるものであるが、それによって民主主義的公共生活が始まり維持されるところの、必要不可欠な道具でもあるのだ。

さまざまな異質な住民をもとに築かれた国民で、安定したものはあまり多くないが、それらはつねに数百年にわたる歴史の産物であった。数百年間をつうじて、各グループの成員は他者を尊重する義務を内面化しただけでなく、この相互の尊重を客観的に永続させる政治的諸制度をゆっくりと作り上げた。共同社会的民主主義の例はおそらく一般化されうるだろう。つまり、言葉の法的または政治的意味での連邦主義が、一つの国民の安定性を確かなものにすることができるのは、それがまさに最初の政治的プロジェクトの不可欠な要素となったときである。合衆国や――連邦主義が南北戦争の悲痛な体験や憎しみの後にも存続した――スイス、そしてドイツ連邦においてはそうだった。しかし連邦主義は、過去に暴力的な衝突で対立した人びとの間で共同生活を組織することには、決して成功しなかった。さまざまな法的措置も人びとが政治的慣行を内面化することも、共同社会的民主主義が存在する条件であるが、スイスやオランダ、そして他方でユーゴスラヴィアやチェコスロヴァキアの対照的な例がそう示すように、一朝一夕では成り立ちうるものではない。

国民が純粋な抽象的存在ではない場合、つまり国民がある特殊な社会や文化のなかに組み込まれている場合、国民は政治社会の諸原理を問い直すさまざまな種類の特殊主義と両立することはできない。ある市民的国民の存在を確かなものにするためには、二つの要求を尊重することが必要だと思われる。少なくとも原則として宗教的・氏族的・家族的な関係や連帯から独立している、統一された一つの公共領域が存在することを諸個人が認めていて、その公共領域が機能する諸規則を諸個人が遵守することが必要である。他方で、民主主義の国民の論理の基礎となっている各人の尊厳の平等が、社会生活の他の領域において、とりわけ対人権において、地位や身分の不平等によって否定されないことが必要である。

第一の要求を踏まえるなら、私的なものの領域における特殊性が政治社会に固有の論理の尊重を妨げてはならない。いいかえれば、市民性は宗教的な実践からは切り離されねばならず、結局のところ、他のさまざまな連帯を犠牲にしてでも認められねばならないのである。政治が帯びる宗教的性質は国民とイスラム教とが両立しうるか否かという問題を惹起する。イスラム教の伝統のなかで、国家とは、バーナード・ルイスの表現を取り上げるなら、「神の人民を統治する神の政府であるので、法は神の法である。したがって唯一の神だけが権利を持つ。人間は義務のみを持つ」。イスラムの地で民主主義の国民を創設しようとするなら、伝統の再解釈や、共同生活の宗教的領域と国民的領域との間の関係を問い直すことが前提となる（西洋の国民のうちに定着したイスラム教徒の住民に関する問題はまた別である）。

他方で、私的領域の諸価値は、国民的プロジェクトを問い直すことなしに、公共生活の実践の基礎となっている諸価値と長期にわたって矛盾したままではいられないだろう。法治国家の尊重――あるいは「憲法パトリオティズム」――は、すべての文化的伝統と相容れないものである。政治的平等は個人に関する一つの哲学を踏まえたものである。つまり「まったく同等の権利を持った市民」という哲学である。公共領域が機能するための諸原理――それぞれの市民に必要不可欠な平等や尊厳という理念――は、いくつかの種類の伝統文化と相容れないと判断されうる諸価値に立脚している。たとえば、男女間の地位の不平等が源にある伝統文化とは相容れないだろう。それゆえイギリスの司法は、文化的特殊主義の寛容さには限界があるべきことを強調した。伝統的な戒律や慣習が尊重されえたとすれば、まさにそれらが「理にかなっていて」公共秩序に一致しているときであり、またイギリスにおいて承認され適用されえたとすれば、まさにそれらが不快なもの（*repugnant*）と判断されず、また法廷の心証を害しないときだった。[27] かくしてイギリスの裁判所は、配偶者の一方が十六歳未満である結婚、強要された結婚、女性を一方的に捨てることによる離婚、イスラム教徒の女性が非イスラム教徒の男性と結婚することの禁止、つまり個人の自由に反すると判断されるあらゆる慣行を承認しないのである。[28] 戒律のうちのいくつかがヨーロッパ人権条約に反すると判断されたこともあり、イギリスのイスラム教徒は自分たち自身へのイスラム法の適用を認めさせることができなかった。イギリスの司法は法によっていくつかの種類の文化的多元主義を制限したのである。フランスでも同様に、外国の戒律が公共秩序に相容れないと見なされるとき、たとえば妻への一方的離縁、一夫多妻、配偶者の宗教や国籍に由来する結婚の妨害といったものに関わるとき、司法はそうした戒律の適用を認めない。より一般的に言うなら、一九九〇年五月二十九日の円卓会議において、首相の指揮の下に「統合契約」が決定され、これによって「フランスはとくに女性についての基本的な諸原則と相容れない慣行を国土に受け入れることはない」[29] との原則が立てられた。あらゆる市民の基本的平等を民主主義の実践の基礎となる原理とするとき、あらゆる地位の不平等——男女間の不平等がとくに代表的な例である——は、共通の諸価値への挑戦と見なされるのである。

こうした原理が定められたとはいえ、大抵の場合、現実的な諸問題を解決せねばならない。国家の中立性や統一性の原理に基づいてすでに形成された国民においてですら、公的領域と私的領域との間の境界線の問題や、特殊主義の承認の問題が生じ続けている。もし各人が、私的領域のなかであらゆる言語を実践する権利を保持しているとして、公的生活中で言語の多様性は認められうるだろうか。たとえば、スイスの場合のように言語の多様性が国民的盟約の一部となっていない国々で、政治的一体性について問い直されることもないままに、こうした多様性は認められうるのだろうか。学校という、まず第一にすべての人びとにとって共通な国民生活の諸規則を学ばねばならない場所で、地域的・宗教的特殊性の表明を尊重するということは、具体的にどの点まで可能なのだろうか。さまざまな特殊な文化がもはや私生活の領域でしか自己を表出しなくなるとき、共通の学びの必要性——あらゆる国民建設は客観的には特殊性を排除しがちであり、乱暴に特殊性を縮減する方向に引き込まれていくおそれがある——と、そうした特殊な文化を永続させていくこととの間で、一つの避けられない緊張が生じてしまう。それゆえに、一定数の地域主義活動家たちや差異への権利の支持者たちは、文化的・宗教的特殊性が、市民社会の自由や寛容さを手にすることだけでなく、公共空間のなかで承認され、国家によって補助金を与えられることを要求するのである。

こうした分析は、民主主義の国民に対してクロード・レヴィ＝ストロースが『人種と歴史』のなかで話題にした、「多様性の最適な状態」についての定義を前面に打ち出すことを可能にする。つまりそれは、さまざまな住民が共通の政治的領域へ参加するのを妨げることがない状態である。この状態が、国民的伝統に応じて、とくに国家的諸制度の歴史や愛国感情の歴史に応じて、多様な形をとるのは明らかである。スイス・モデルが、さまざまな歴史的事実と国民的記憶による再構成とが混じり合った、長い歴史の帰結だということを忘れさえしなければ、他の国々のうちにそうしたスイス・モデルを広めようと企てることはできるかもしれない。

ナショナリズムの誘惑と平和志向

国家は、自らがまとめ上げる住民を均質化し、共通の歴史、共通の諸制度、共通の諸価値がもつ特別さの意識を強めようとするかぎりにおいて、国民的特殊性や政治的プロジェクトを強固にしようと企てているのであり、そういう結果をもたらすものである。形成されたあらゆる国民は、このような政治的プロジェクトによって、つねに他の諸国民に対する優位性を主張するようになるおそれがある。つまり、国民としての自認からナショナリズムに向かっていくおそれがある。しかし、マックス・ウェーバーが国民に必ず結びついたものとして分析したこうした権力意志は、民主主義の諸国民だけでなく、すべての政治的ユニットたる国民を特徴づけるものである。

民主主義の国民もまた、ナショナリズムの時代にあって、政治的ユニットたる他国民に対し、その政治的意志を押しつけようとした。あるいは、少なくとも、これらの他の政治的ユニットたる他国民が、「ヨーロッパ協調」のなかで、すなわちヨーロッパの政治的ユニット間の諸関係のシステムのなかで、その政治的意志を押しつけてくることを妨げようとした。民主主義の諸国民もまた、自分自身の存在を基礎づけていた論理に反する形で植民地戦争を遂行し、世界中へ政治的支配を強いたのである。

軍事的衝突の争点は、たいていの場合、政治的ユニットたる国民や国家の存在、形成、または排除である。まさに諸民族《エスニー》と諸国民との関係が、政府の正統性や公共社会の原理そのものに共通して直接的に結びついているがゆえに、十九世紀以降、ナショナリズムは政治的衝突のきわめて重要な原動力の一つとなったのである。人民自決の権利という原則に促されてさまざまな紛争が起こり、そうした紛争のなかで諸民族《エスニー》は自分たちの集団的アイデンティティを自覚して、武器を手にそのアイデンティティと政治的独立とが合致することを求めた。二十世紀の大戦は民主主義の諸国民によって引き起こされたわけではなく、それらを互いに対立させることもなかった。大戦では、まず第一に、民主主義の諸国民と他の原理に従って組織された政治的国民ユニットとが対決したのであり、第二に、いくつかの民主主義の国民と、政治的正統性に関する近代的原理の名において独立を要求した旧植民地とが対決したのである（脱植民地化はつねに暴力的だったわけではなく、必ずしも暴力的ではなかった）。民主主義の諸国民ではなく、むしろナショナリズムこそが二十世紀の諸戦争の原因なのである。

諸国家の存在そのものを超えて、政治体制の本性がしばしば軍事的衝突の争点となる。第一次世界大戦の勃発はヨーロッパのさまざまな政治的ユニットたる諸国民間の競合関係によって直接的に引き起こされたのだが――そうした国民の一部は市民の共同体として組織されていた――、戦争の目的はまた政治的組織の原理そのものにも関わっていた。第一次世界大戦において民主主義の諸国民は、ドイツ帝国やオーストリア帝国――後者はナショナリズムの要求によって不安定化していた――に対し、当初は帝政ロシアの支援を得て戦った。第二次世界大戦において民主主義の諸国民は、一九四一年よりソヴィエト連邦と同盟を結び、その法や政治体制を押しつけようという意志に駆り立てられたもう一つのイデオロギー的な帝国に対する戦争を遂行していった。一九四五年から八九年にかけては、軍事的衝突は決して純粋に国民的・ナショナリズム的なものではなくなった。それらはつねにソヴィエト帝国のプレゼンスや軍事的・イデオロギー的優位性に関係したイデオロギー的な側面を持っていた。さまざまな民主主義の諸国民間の競合関係は、経済的競争によって、場合によっては経済的協力によって平和的に解決された。合衆国とヨーロッパとの間の協力や、ヨーロッパ経済共同体〔ＥＥＣ〕を建設するための努力といったものは、その当時、等しく共産主義国の指導者たちの野心に立ち向かっていたさまざまな市民的国民の間で、衝突を乗り越えていったことを象徴している。二十世紀の最大規模の戦争は民族的《エスニック》であり、帝国的であり、イデオロギー的だったのである。

その固有の性格によって、民主主義の国民は他の政治的国民ユニットに比べて、軍事的衝突に向かおうとする傾向が少なかった。古代の人間とは反対に、近代の民主主義的人間は、まず第一に「ホモ・エコノミクス（経済的人間）」である。トクヴィルもまた、「民主主義の人民たちは、その利益や本能によって、自然に平和へと向かっていく……」[30]と認めていた。十九世紀末のナショナリズムが激化した時代、人びとが「マニュファクチュア」を国民の力の支柱にせねばならないと信じていたということが真実であり、ヨーロッパの植民地拡大が、原料や販路についての産業分野からの要求——帝国主義に関するレーニン主義的理論が展開したテーマ——に直接的に結びついた時代に現れたのだとしても、産業化はそもそも政治的な国境線を無視するものであり、人びとや知識、原料や生産物の国境を超えた交流《トランス・ナショナル》は避けられないものになったのだった。産業社会は、科学的精神の生産への適用に基づいており、潜在的には普遍的である。その内在的な論理は人種や民族の境界線を超えていく。すでにシュンペーターは、資本主義の純粋な論理によって機能している体制は帝国主義的なものではないと口にしていた。モースは、戦争と新しい産業社会との間の背反《アンチノミー》について、サン＝シモンやオーギュスト・コントが表明していた思想を取り上げながら、国民には本質的な平和主義の志向があると認めた。モースにとっては、「安定していない、国民生活に取り組もうとしている若い社会」こそが帝国主義的だった[31]。

民主主義の国民の本質的な平和主義志向を分析したとき、シュンペーターやモースは間違ってはいなかった。しかし彼らに共通する全般的なオプティミズムは間違っていた。彼らは、民主主義の国民があらゆる人びとに受け入れられる政治形態になるだろうと想定していた。今日、何もこのオプティミズムを確固たるものにしてはくれない。民主主義の国民は今日、少数の国々においてのみ、現実の政治体制となっている。経済先進国と世界の残りの部分との間での発展の不平等は縮小せず、予測できる未来において縮小することもない。イデオロギー的対立は消滅しそうになく、国民として承認されたいと望む民族《エスニー》の戦いは繰り返されている。世界平和実現の兆候はまったく現れていない。

民主主義的統合

さまざまな社会的グループは、つねに不平等な仕方で国民的政治プロジェクトに参加した。マックス・ウェーバーがそう記したように、いくつかのグループは、民主主義の国民が普遍的な政治形態になっていくことに対して、「ある部分では間接的に物質的で、ある部分ではイデオロギー的な」関心を持っていた。(32)

地位の不平等を乗り越えること

政治的・法的に支配されている諸民族《エスニー》や少数派グループに帰属している人びとは、万人の法的平等や政治的諸権利が承認されることに直接的な関心を持っている。平等、それは少なくとも部分的に、あるいは象徴的に、彼らの地位の低さを補うものなのである。法的・政治的に少数派の住民たちが、自らを守ってくれるものを他の住民たちよりもよく理解しているからこそ、彼らは民主主義的市民権の諸原理にとりわけ執着したのだった。たとえばフランスでは、少数派たるプロテスタントが、公共生活へ積極的に参加したり、人数的な不利を埋め合わせる非宗教性の原則を大切にしたりすることがある。社会経済的なレベルが同じ場合、合衆国ではアフロ・アメリカンは、他の民族的グループよりも高い選挙参加率を保っている。これは同様に、インド連邦の不可触賤民の事例でも見られる。

かくして、すべてのヨーロッパの国々において、ユダヤ人が市民権を認められるや国民のプロジェクトに参加した事実が同様に説明される。――すなわち、つねにユダヤ人を迫害してきた人びととの政治的・法的平等が認められたわけである。イタリアやオーストリアでは、国民は先在するさまざまな民族への帰属に対立して形成されたが、そのうちのいかなる民族グループにも属していなかったユダヤ人の多数派はすっかり、そして熱烈に国民のプロジェクトに協力した。人びとはユダヤ人だけが真のオーストリア人であるとか、同時にまた真のイタリア人であるなどと書くことができた。というのも、他の人びとは何よりもまず、ピエモンテ人、ロンバルド人、あるいはシチリア人のままだったからである。ユダヤ人はワロン人やフラマン人のどちらでもなく、おそらく同じように唯一のベルギー人として数えられていた。今日もなお、フラマン・ユダヤ共同体やワロン・ユダヤ共同体は存在しているのだが。ドイツ系ユダヤ人は統一「ドイツ帝国（*Reich*）」の時代にわたってずっと、彼らの知的・文化的生活での成功と非常に明白な形で対照をなしている政治的失敗が、国民意識の醸成の遅れに結びついていると考えていたし、ドイツ国民が十分に成就したあかつきには、彼らの政治的失敗は終焉を迎えるだろうと考えていた(33)。一九三〇年代、ヨーロッパのすべての国々で市民的国民や市民権の原理が力を失ったとき、人びとは公然たる反ユダヤ主義の出現に直面することになった。民主主義の国民がつねにそれ自身の原理に忠実だったわけではないにせよ、それでもなおこうした原理が、反ユダヤ主義が代表的な例であるところの民族的情念に対するよりよい盾であり続けていることに変わりはないのである。

ブルジョワたちは、貴族的伝統をもった国々のなかでは社会的地位が下位に置かれていたものの、そうした国々のうちに政治的で経済的な、一つの同じ利益があることを見出した。だからこそ、資本主義ブルジョワジーと国民建設との間の諸関係がつねに正しくも強調されてきたのである。——それは、マルクス主義の思想家たちがしばしばそう述べたように、ブルジョワジーが資本主義的諸関係を単純に表象するものである、ということを意味しているわけではない。産業・商業ブルジョワジーが資本主義体制の主導者であり受益者でもあったのと同じく、民主主義体制の主導者であり受益者でもあったことは本当である。どちらの体制も同じ時代に発展したのである。ノルベルト・エリアスによれば、ドイツの国民形成の遅れは、さまざまな要因のなかでも、とりわけビスマルク時代のドイツ帝国が経済的ブルジョワジーに対する軍事貴族の優位性や、そうした軍事貴族の生活モデルや思考モデルの優位性を確立した事実に由来している。ところで、知的市民層もまた、国民の建設に同様の利害関心をもっていた。たとえばイギリスやフランスで国王に仕える法律家たちは、イギリス王政やフランス王政の国家的諸制度を定着させることに必要不可欠だった。十六世紀以来、歴史家や詩人はイギリスの栄光を賞賛した。すべての国々において、諸制度が打ち立てられると、歴史家は国民の運命についての目的論的ヴィジョンを作り上げながら、愛国主義を高揚させ、増幅させた。まさに、十九世紀のあいだをつうじて、知識人こそがその研究や思想によって「プロト・ナショナリズム」、あるいはナショナリティを、ナショナリスト的要求に変容させることに寄与したのだった。具体的な帰属の超越——諸個人が先在する特殊性を断念する、あるいは問い直すということを必ず意味する——のためには、共通のイデオロギー、つまり価値体系や実社会についての認識が作り上げられることが必要だった。それらは政治的プロジェクトの必要な側面だった。東ヨーロッパとバルカン半島のすべての国民では、国民の勃興が三つの段階を伴うことが観察された。つまり、知識人たちが抑圧された民衆の文化、言語、歴史を創出または再創出した段階、愛国的な少数派が文筆家たちの仕事に注目し、それらを政治的な言葉で再解釈した段階、最後にこれらの行動する少数派によって広められたメッセージが大衆に届き、大衆が独立要求の運動を開始した段階である(34)。共通の記憶の構築は、それ以降、もはや民族的なものではなく国民的なものとなり、あらゆる国民建設の必要な側面となった。第三共和政の愛国的な大学の歴史家たち、十九世紀の中央ヨーロッパの知識人たち、第二次世界大戦終結以後の植民地の国々の西洋化された知識人は、おそらく国民のイデオロギーを作り上げ、新しい宗教、つまり国民の宗教の唱道者としての役割を果たしたのである。しかし、歴史家や知識人はまた、すべての知的市民層とともに、法的または経済的な専門知識や、演説の技量といったものに基づいた民主主義的公共生活に参加する手段を手にしていた。演説の技量とは言葉や概念の細かい操作を必要とするものである。知識人は、産業・商業ブルジョワジーと同様、マックス・ウェーバー言うところの「半分現実的で、半分イデオロギー的な」関心を、国民建設に対して確かに持っていた。普遍的諸価値に訴えることは、歴史的に作り上げられたさまざまな社会的諸利益と、決して無縁というわけではない。もちろんこうした社会的諸利益との関係に尽きることはないのであるが。

産業労働者のシチズンシップ

経済的・社会的レベルで下位に置かれている住民たちは、政治的・法的な平等の原理を基礎とする一つの国民のなかへ、どのように統合されるだろうか。ヨーロッパのすべての諸国民において、十九世紀の産業労働者の最初の世代は、国民の理想をほとんど支持していなかった。第一次産業革命の変動を受けた貧困層の世界で、法的・政治的平等が、経済領域のひどい不平等を現実的にも象徴的にも埋め合わせることはなかった。形式的民主主義に関するマルクス主義者の批判や実質的な民主主義への熱望がこの時代に生まれることとなり、同時に、上部構造としての政治の理論もまたこの時代に生まれた。産業労働者がその当時に経験した物質的諸条件は、自由な立憲国家を単純なフィクションとして、さらにはペテンとして断罪しうる理由となった。労働者インターナショナルの指導者は、絶えずブルジョワ的国民社会を断罪し、国境を超えての労働者の連帯を喚起した。

しかしながら、一八四八年から一九一九年にかけて普通選挙がヨーロッパの国々に認められると、大衆は国民とともに政治生活へ参加する手段を実際に手に入れた。さらに第二次世界大戦終結以降、大衆は福祉国家の保護を受ける手段も手に入れた。イギリスの例はこのことを完全に分かりやすく説明してくれる。イギリスの議会制は、十七世紀の革命以来、権力の本質的な淵源であったが、一八三二年の選挙法改正によって、庶民院に企業家や資本家の代表者が徐々に加わっていった。この一八三二年の選挙法改正は「腐敗選挙区」を撤廃した。さらに一八六七年の改正によって、新しい都市労働者階級の代表者が、ついには一八八四年の改正によって、労働者、農業者、坑夫といった労働者全体の代表者をが加わることになった。つまり、この一八八四年の改正によって、すべての成人男性に選挙権が認められたのだった。社会保険や社会的保護の最初の施策や労働組合の創設、そして——労働組合がそれ自体として代表された——労働党の誕生は、他方で、労働者階級を政治的・社会的公共生活のなかで組織し、統合していくことに寄与した。フランスでジャン・ジョレスが歴史的に果たした役割とは、国民理念と社会主義者たちとを和解させたことにあった。一九一四年に、ヨーロッパの大衆が抵抗することもなく、ときに熱狂しながら戦いに赴くのを目にすることになったのは、それでもやはり、すべての政府にとっては「神聖なる驚き」だったのである。

実際に、近代的国民は、貴族のなかにすでに存在していた国民意識によって特徴づけられるのではなく、むしろそうした国民意識の大衆化によって、つまり国民的諸価値や国民存在の確立を軸にした大衆動員によって特徴づけられるのである。イギリスの歴史家、ジョージ・トレヴェリアンが指摘したことであるが、フランス革命は最も慎ましい農民やブルジョワたちの誇りや自尊心を満たすこととなった。こうした人びとは、新たな体制のおかげで市民や愛国者となったのであり、それ以降、彼らにはすべての市民的・軍事的職業に就くための道が開かれたからである。ナショナリズムの活動家たちはつねに民衆全体を動員する必要性を強調した。シオニズムのプロジェクトは、そもそもはユダヤ人知識人たちが、ヨーロッパの諸国民を手本にユダヤ国民を建設するというメシア信仰的な希望を表明したものだったが、そうした希望を中央ヨーロッパのユダヤ人プロレタリアートが大々的に分かち合うようになったとき、このプロジェクトは真に形を成したのだった。しかし、このような大衆動員を超えて、平等の要求、すなわちまさしく政治的平等の要求が問題となる。

民族的・宗教的・文化的・地域的要求——国民の固有の論理とは相反することになる——を掲げる政党とは違って、労働者政党はその存在を正当化するために、市民権の普遍的理念を拠りどころとした。労働者政党は、国民の正統性の基礎である原理そのものの名において、自分たちに有利なように政治の仕組みを修正していくことを要求した。庶民階級の代表者たちは、形式的民主主義、選挙権、議会主義的代表制、政府への参加といったものを長らく断罪してきたが、今日では、社会的に最も貧しい諸個人こそが国民に最も愛着を持つようになっていることが確認される。国民が存在するおかげで、諸個人は、社会生活のなかでは拒絶されている一種の平等を、少なくとも象徴的に手に入れたからである。すべてのヨーロッパの国々で、マーストリヒト条約をめぐる国民投票の際に表明されたヨーロッパ経済共同体に対する有権者の支持は、職業、収入、学位などいずれの点で判断した場合でも、より恩恵を受けられるグループに属していればいるほど大きかった。国民的帰属とは、すべての人びとにとって自尊心を持つための一つの源泉である。しかし場合によっては、これは社会的・経済的にあまり恵まれていないグループにとっては、唯一の源泉であるかもしれない。ウェーバーはつとに、国民であるということだけが、市場、地位、権力の秩序のなかで劣勢の立場に置かれた人びとに許された、唯一の自尊心の根拠であることに注目していた。合衆国の南部諸州において、「プチ・ブラン（petits Blancs）〔ルイジアナ州など旧フランス植民地に居住するフランス系の人びと〕」は貧しい住民集団を形成しているが、そうした住民たちはとくに、直接的な競合関係にある黒人や近年やってきた移民たちに対して敵意を抱いている。この「プチ・ブラン」の現象は、肌の色やナショナリティがつねに彼らの社会的地位の唯一の根拠となってしまうおそれがあることに起因している。今日に至るまで、万人の平等な尊厳が承認されるのを見たいという、人間のまさしく民主主義的な願望に応えたのは、ただもっぱら政治的国民だけだったのである。

帝国と国民《ネイション》

市民が統治者に自己同一化しようとする必然性こそが、帝国をして民主主義的諸価値に反するものにしている。もし今日「人びとが、いかにそれが親切なものであろうと、他国や他の階級や他の階層に属する支配者たちの保護下にいるよりも、むしろいかにそれが厳しいものであろうと、自分たちの宗教や自分たちの国民や自分たちの階級のメンバーによって命令されることを選んでいる」[35]のだとしたら、それはまさしくこうした諸価値を内面化したことの一つの結果である。実際、いくつかの帝国は、文化的特殊主義に対して国民よりもずっと寛容でありえたのだが、そうした帝国は「すべての被統治者が国家に参加すること」を可能にはしなかった。帝国は「平等という永遠の要求」には応えなかったのである。

とくにヨーロッパの諸国民によって作られた植民地帝国の事例がそうだった。植民地計画は本質的に民主主義の国民の諸原理とは相容れなかった。しかしながら、当時のフランスに生きた大多数の人びとには、現地住民のいわゆる「同化」政策――この政策は入植者たちにだけ市民権を確保していた――が孕んでいる本質的な矛盾が分からなかった。フランスの不可欠な部分をなしたアルジェリアでは、市民権なき国籍が存在するという、近代民主主義の諸原理に照らし合わせれば法的に奇型ともいえる状況が生じるのを確認することができた。実際、一八六二年、アルジェの法廷は「現地人はまったくもって市民ではないが、フランス人である」[36]と断言した。フランス領アルジェリアの歴史の長きにわたって、イスラム教徒の市民権は部分的なままであり、不平等な有権者団が独立のほぼ前夜まで維持された。形式的民主主義のプロジェクトが社会的領域のさまざまな現実と食い違っているからこそ、こうした形式的民主主義はそれ自身の諸価値をさらに明らかなものとしうるのである。

近代民主主義の正統性がすべての人びとに平等を認めることにある一方で、植民地社会はそれを構成する成員の法的・政治的地位の不平等に基づいていた。フランス国民の不可欠な部分として「フランスのアルジェリア」を建設するというプロジェクトが失敗したことは、国民が市民と臣民とを同時に一つにまとめることができなかったことを示している。入植者は、少なくとも少数の「現地人」に教育しただけにとどまらなかった。「現地人」は近代的な技術的手段を習得することができるようになり、したがって西洋人の物質的優位性を脅かすことができるようになった。物質的優位性が存在することのおかげで、入植者は少ない物質的・人的手段をもって、広大な領域をその支配に従わせることができていたのである。しかし、何より入植者は、少数の西洋化された人びとに対して民主主義的諸価値を教えることも忘れなかった。こうした人びとは、被支配グループのために入植者が手にしていた市民的諸権利を要求していった。少なくとも、少数の被植民者が入植者の文化を内面化し、そうした被植民者が今度は自由や平等の諸価値を求め、そして人権の普遍的諸原理が自分たちに適用されるのを要求することは不可避的であった。植民地化されたすべての国々で、ナショナリズムの思想家は自国の民族的特徴や独自の文化の純正さを賞揚し、西洋人に対して西洋的諸価値をもって反駁することで、自分たち自身の尊厳が承認されることを求めた。一九四五年から始まった脱植民地化の流れは、まったくもって明らかに第一次および第二次世界大戦という戦争の結果であり、ヨーロッパの諸国民の集団的弱体化の産物であった。しかし、こうした点がきわめて重要というわけではない。第一次世界大戦に至るまでヨーロッパの民主主義諸国によって築かれたさまざまな帝国が、さほど長続きしなかったのだとすれば、それは植民地列強によって強いられた直接的な領域的・政治的支配が民主主義の国民の論理や諸価値に反していたからなのである。

一七八九年と福祉国家

フランス革命の時点ですでに、「社会はすべての成員の生計を満たさねばならない。彼らが仕事を手に入れられるようにしたり、働ける状態にない人びとには生存する手段を保障したりすることによってである」と宣言されていた。労働や扶助に対する市民の権利が、それ以降、個人的・私的な慈善という考え、つまり宗教的な精神に基づいた考えの代わりとなった。それぞれの個人が市民であるとき、たしかにその個人は、食事をし、家を持ち、政治的諸権利を具体的に行使できるよう子供をきちんと育てる手段を手にする権利を有している。もしも公言されるところの市民の平等が、具体的な生活の観察によってあまりにも明らかに異議を申し立てられてしまうのなら、そうした平等には意味があるのだろうか？　第二次世界大戦終結以後、西洋諸国民には、形式的自由と現実的自由とに関するマルクス主義者からの批判に応えるという政治的必要性があったが、広い意味で社会民主主義と形容されうる政治のプロジェクトは、ただこの必要性のみによって発想されたわけではない。たとえいうまでもなく、一七八九年のフランス革命の革命家たちが福祉国家の発展など考えてはいなかったにせよ、福祉国家とは、市民の新しい主権や平等の宣言の、時間的にズレて現れた一つの結果なのである。結局、経済的・社会的諸条件の不平等をより小さくしていくよう行動することなしに、政治的・法的平等を社会的紐帯の淵源にしていくことはできなかったのである。この意味で、自由民主主義の政治は、税制上の再分配と社会的介入の諸政策によって作用するのであり、近代的・民主主義的国民の考え方そのもののなかに含まれている。そして、近代的・民主主義的国民は、この点で根本的に古代民主主義とは異なる。

福祉国家は自由主義国家に対立するわけではない。つまり、福祉国家は自由主義国家の延長にあり、政治的正統性の原理から生まれる帰結を発展させるものなのである。一目瞭然に分かる不平等を是正し、市民権の抽象的な概念に具体的な中身を与えるという役割を負って、福祉国家はその論理を明らかにする。市民は、諸権利を具体的に行使することを可能にしてくれる物質的諸条件から、恩恵を受けねばならない。このまさしく政治的な次元は、社会政策の正統性の淵源であり、職業活動をもとに人生設計を実現するだけの力がなく共同の公共生活から排除されるに至ってしまう可能性のある人びとを、補償的な施策によって統合するためにとられる措置全体の正当性の淵源である[37]。市民権は「経済的・社会的市民権」に尽きるわけではない。しかしこの「経済的・社会的市民権」は、正真正銘の民主主義を実践する諸条件の一つになっている。自由主義という用語は、合衆国の建国以来、政治的・市民的・経済的自由の思想に結びついていたが、合衆国では今や、経済的・社会的生活に介入し、一目瞭然な不平等を是正することを目的とする公共的諸原理や公共政策を意味するようになっている。二十五年来、西ヨーロッパ全体では、過去や未来の雇用や非直接的な雇用とは無関係に、また肉体的・社会的なあらゆるハンディキャップとも無関係に、最貧層へ認められるさまざまな種類の最低収入が設定されるに至るまで、扶助への権利が徐々に新たなカテゴリーへ広がっていった。社会的介入の政策は法的平等や政治的自由の他に、生活の物質的諸条件をあらゆる市民に保障するという正当な目的を考慮に入れている。この生活の物質的諸条件は市民としての尊厳を保障するだろう。数十年の間、福祉国家は、政治的正統性の淵源である市民の法的・政治的平等に基づいた政治的秩序と、経済的・社会的秩序の不平等さがおそらく不可避に永続することとの間の矛盾を解決する手段として現れた。つまり、いいかえれば、福祉国家は抽象的な市民と経済的・社会的生活のアクターとの間で、国民の定義に内包された緊張を管理運営する手段なのである。

「民族的」帰属の意識や、それがかき立てる情念といったものは、人びとが土地に向けたり、自分たちがそこで育った直接的・家族的・民族的集団に向けたりする自然な愛情を、そのまま表現するものである。慣れ親しんだものは、それ自体として、一つの価値になっていく。愛国主義は、本性からして抽象的な歴史的共同体や政治的組織へと、この自然発生的な意識を転移させていく条件となり、そうした結果をもたらした。個人が「祖国のために死ぬ」ことを受け入れられるようにするには、国家の行動が、もともとの環境や社会的環境によって直接に与えられたアイデンティティを超えるアイデンティティを喚起し、個人と国民との間の関係を定義する神秘的かつ実践的な内的関係、つまり愛国主義を維持する必要があった。実際、道具的な関係と感情面での関係との間の、また制度と表象との間の対立を乗り越えねばならない。国民的なものへの関係は、分かちがたくその両者であったからだ。国民は、こうした一つのグループへ帰属したいという欲求に応えることができた。ヘルダーによれば、それは人間の基本的な欲求の一つであった。もしエリアスの語彙を採用するならば、国民は、「人間社会の情緒的な欲望」に、そして「人間存在の最も基礎的な諸条件の一部を成している」「他者との感情的な諸関係のなかで手に入れたり与えたりする欲求」[38]に、応えることができた。民主主義の政治的形態としての国民は、こうして新しい人間のタイプ、個人と集団との間の独特な関係を作り出した。しかしそれでもなお、国家以上であれ以下であれ、他のもろもろのアイデンティティは、近代民主主義の合理性を求める企てによって決して排除されはしなかった。人間は理性の動物であるのと同じくらいに感情の動物である。国民という理念は、市民性という合理的・普遍主義的な企てのみを拠りどころにすることができなかった。国民という理念は、それぞれの国民的まとまりの歴史的・文化的特殊性に結びついた情動に訴えるのを避けることができなかったのである。

第五章　国民《ネイション》を考える

近年の人間科学は――それ以前の分析がそうであるように――、国民の二重の概念をめぐって十九世紀以来ヨーロッパで続いてきた議論をなおざりにしているように思われる。いいかえれば、実際にあらゆる著述家は、結局のところ、西ヨーロッパで生まれた「政治的」・「市民的」国民の理念を、いわゆる「民族的」概念に対立させたにすぎなかった。こうした「民族的」概念はドイツ的な伝統から生じたものであり、より一般的には、共通の祖先、共通の文化、共通の言語への信仰に基づいた東ヨーロッパの伝統から生じたものである。さまざまな表象が社会的現実の不可欠な部分である限りにおいて、こうした批判を排除することはできないし、なぜ近代的国民がこうした語で思考されたのかを理解することなしにすませることもできないのである。

二つの歴史と二つのイデオロギー

二つの理念の間の対立は、多かれ少なかれ巧みな仕方で国民をめぐる知的歴史を形作っており、歴史的であると同時にイデオロギー的である。

西ヨーロッパの歴史と東ヨーロッパの歴史

西ヨーロッパでは、十九世紀にナショナリズムが出現するずっと以前から、政治的ユニットが形成されてきた。君主は領土を一つにまとめ、その領土の上に君主の権力が行使された。イングランドの政治的連合体、さらに後々にはイングランド、スコットランド、アイルランドの政治的連合体は、イギリス王国が作り上げたものだった。フランスの王たちは数世紀をかけて、小さなフランス王国とさまざまに分断された地方とを一つにしていった。そうしたさまざまな地方が婚姻、交易、交渉といった巧みな政策を伴った王の軍事支配の結果、国土を形成することになった。国家的諸制度は中世以来、軍隊を維持する必要に促されて、フランス、イギリス、あるいはスペインにゆっくりと出現した。軍隊は住民に重い負担を課した。国王に仕える官吏は税を徴収し、男たちを軍隊へ徴募し、富を徴発せねばならなかった。税収は、まず第一に戦争を行うために集められ、続いて王領を強固なものとし、行政組織を集権化し、国家の統制や強制の手段を国土のなかで至上のものにすることを可能にした。「まさに戦争こそが国家を作り、そして国家は戦争をしたのだった(1)」。封建領主の力や民衆の反乱と戦いながら、国王に仕える官吏、法曹家、軍隊は、国民との密接な共生のなかで、次第に国家を建設していった。フランスでは、すでに十三世紀の時点で国民意識の現れが確認されている[2]。国民理念は、イギリスやフランスでは両国が戦った百年戦争から生まれ、スペインでは十五世紀末、イベリア半島のカトリックによる国土回復運動《レコンキスタ》とともに次第に生まれた。この国土回復運動の手段であると同時に象徴となったのが、一四九二年のユダヤ人およびイスラム教徒の追放である。フランス国民国家は、数百年にわたるプロセスから生まれたのだが、人民自決の権利というナショナリズム的な理念が表明されるようになる以前はずっと、王政のもとで存在した。ルナンがそう指摘するように、王国と国民とがあまりにも一体であったがゆえに、フランスが共和国に変容したときも、国民は維持されたのである。「この偉大なるフランス王権が、きわめて国民的だったがゆえに、その崩壊の直後にも、国民は王権なしに持ちこたえることができたのである」[3]。フランスやイギリスは、国民理念の誕生と政治的・国家的諸機関の形成とが同時並行的に進んでいくという歴史を経験した。それらは比較的安定した国境線の内部で、国民の統一を具現し、国民を象徴したのである。

　王朝の原理と宗教の原理とは密接に重なり合っており、その統合の効果を二重のものにしていた。つまり、宗教的統一が王権を強化していた。キリストの二重の性格、つまり人であり神であるという性格に倣った〈王の二つの身体〉という教義は、正真正銘のキリスト学的王権論を構築することになった。〈王〉の自然な身体から区別されはするが、神秘的な形で王に結びついた神秘的な王の身体という虚構を作り上げることで、イングランドの法曹家たちは〈王権〉の抽象的理念を鍛えた。〈王権〉の存在は〈国王〉の人格を超越したのだった。こうして、本性からして官公吏の上位にあり、官公吏から独立した国家という概念を打ち立てながら、世俗的権力が教会と対立する形で明確に現れた。〈王〉は地上における神の似姿《イマージュ》、そして道具であり、王国の宗教組織の頂点に立とうとした。連合王国の国王は、国教会の首長となった。キリスト教にきわめて敬虔なフランス国王は、ユダヤ人やプロテスタントを王国から追い払っており、神的な法を有していた。スペインのカトリック諸王は王国の宗教的ユニットの上にその政治的正統性を打ち立てた。「国家は合理的な基礎の上で、ほとんど教会のようなもの、もしくはある神秘的な同業組合たらんとする傾向をますます持つようになった」[4]。しかし同時に、神的な法を有する君主は、教会の政治的野心に直面して、「本質的に教会から区別された単一の全体性（totalité *une*）」[5]としての政治体の独立を打ち立て、確かなものにしたのである。

一四一四年、コンスタンツ公会議には、西ヨーロッパの五つの指導的国民、つまりイタリア、フランス、イングランド、ドイツ、スペインが、確固たる承認された政治的まとまりとして出席した。しかし、その後の数世紀においては、一八〇六年に至らなければ公式には崩壊しないドイツ国民の神聖ローマ帝国が体現した帝国主義的な野望や、それに続くオスマン帝国の侵略が、中央ヨーロッパに安定した国民的ユニットが形成されることを妨げることになった。S・ロッカンとD・アーウィンとは、バルト海からシチリア島に至る地域をヨーロッパの「多頭的」地帯と呼んだが、ここでは十九世紀まで、都市国家、独立都市、王国、教会支配または王制をとる公国が、帝国の覇権の夢の庇護のもとに存続した。ドイツ人やイタリア人の歴史意識のなかで、文化的帰属はつねに政治組織から切り離されていた。ドイツとイタリアとが、不完全なものではあれ、国民国家という形で組織されたのは、一八七〇年以後にすぎなかった。一九〇七年に、国民国家（*Staatsnation*）と文化国家（*Kulturnation*）との間の対立について構想したのはひとりのドイツ人、マイネッケである。ドイツ人は、彼らの歴史のさまざまな瞬間において、多かれ少なかれ自発的にさまざまな表現の実験をすることになった。つまり、「二つの国家、一つの国民」とか、「複数の国家、一つの国民」といった表現である。そのようにして、国民と国家とが分離された。

この多頭的なヨーロッパと中央・東ヨーロッパとの間で、オーストリア＝ハンガリー帝国は、一九一四年においてもなお、「異質な諸国家のコングロマリット、あらゆる内的統一を欠いたコングロマリット」[6]のままだった。ハプスブルク王朝は帝国の古い夢の継承者であり、まさにその原理において超国民的だった。オーストリア皇帝およびハンガリー使徒王たるカール一世は、同様にボヘミア、ダルマチア、クロアチア、スロヴェニア、ガリツィア、ロドメリア、そしてイリリアの王であり、エルサレム王であり、オーストリア大公であり、トスカーナおよびクラクフ大公であり、ロレーヌ、ザルツブルク、シュタイアーマルク、ケルンテン、クライン、そしてブコヴィナ公であり、ジーベンビュルゲン（トランシルヴァニア）大公であり、モラヴィア辺境伯であり、オーバー・ウント・ニーダー・シュレージエン（上下シレジア）、モデナ、パルマ、プレザンス（ピアツェンツァ）とグアスタッラ、アウシュヴィッツとザトル、チェシン、フリウリ、ラグーザ、そしてザラ公であり、ハプスブルクとチロル、キブルク、ゴリツィアおよびグラディーザ伯であり、トレントとブリクセン侯であり、上下ルサティアとイストリア方伯であり、ホーエムネス伯であり、トリエステとコトル太守であり……等々だった。皇帝はある一つの特殊な国民的プロジェクトに与することはできなかったし、望むこともできなかった。一八六七年のオーストリア＝ハンガリー間のアウスグライヒ（妥協）によって、帝国はその最後の政治的形態のもとに確立され、さまざまな歴史意識をもった民族を一つにまとめ上げた。これらの民族は自らの運命が特別であることを確信しており、宗教的帰属によって分かたれていた。カトリック、プロテスタント、正教会、そしてイスラム教によって一枚のモザイクが形作られており、そのなかで、各教団は諸民族を統合するどころか、分割していたのである。また諸言語の観点から見れば、つまり多数派言語と少数派言語との分布という観点からいえば、ヨーロッパ史はある一つの世界、つまり西ヨーロッパの趨勢は統合に向かって進んでいるように見えるが、東ヨーロッパの趨勢は分散に向かって進んでいるように見えるような世界を作り上げていた[7]。地域の苦悩にみちた歴史によって自由なブルジョワジーの発展が阻害されただけに、国民的プロジェクトはこうした多様性を乗り越えられなかったのである。一つの政治社会、つまりブルジョワ的市民性の場が生じることもないまま、封建的伝統が貴族と農民とを対峙させつつ、長らく強固であり続けたのだった。

東方からやってきた侵略者と衝突し、征服者に従属することになった諸民族は、独立した政治的ユニットとして組織されることも、永続的な国境線によって区別されることもなかった。十五世紀から十八世紀にかけて、西ヨーロッパの強大な君主制国家のなかで近代国家が出現した一方で、ドイツやイタリアは政治的に細分化されたままであったし、またトルコという征服者によって、ハンガリーやボヘミアのさまざまな国民的な制度的枠組みや、セルビアやクロアチアの中世王政のそれが破壊されてしまった。十九世紀、ナショナリズムの理念が中央ヨーロッパの国々にまで広がっていったときも、国境線の不安定性によってふさわしい政治的諸制度の誕生が阻害されただけに、民族的帰属が乗り越えられることはますますなかった。中央ヨーロッパの国々は首都も、国家機関も、自律的な経済組織も、国家的エリートも、政治文化も手にしなかった。他方で、ナショナリズムの時代、たとえばハンガリー領土に定住したルーマニア人やドイツ人は、人民自決の権利の名において、マジャール人による支配を受け入れなかった。ナショナリズム誕生以前の十六世紀のブルターニュ、十七世紀のアルザス、アルトワ、ルーシヨンが、あるいは一七〇七年の合同法の締結と「自治《ホーム・ルール》（*Home Rule*）」とによって十八世紀初頭のスコットランドがそうしたように、歴史的民族はその当時、政治的独立の断念を受け入れられなかったのである。

中央ヨーロッパのナショナリストたちは、西ヨーロッパで生まれた原則たる人民自決権を掲げつつも、民族的・言語的論拠をつうじて彼らの要求を正統化した。ナショナリストたちは直接の隣国に対して熱烈な敵意を示すことで、彼らの国の歴史的な特別性を主張した。ルーマニア人とハンガリー人との、あるいはハンガリー人、セルビア人、クロアチア人の間の憎悪は、そうした例である。アイザイア・バーリンは、ナショナリズムの行き過ぎが「長期間にわたって政治的独立を享受している社会ではあまり[8]」感じられないことを指摘した、最初の人だったのではない。国民的共同体が存在することそのものに対する恐れが、集団的意識によって深く内面化されて、集団ヒステリーを助長し、根拠のない民族的虚栄心を激化させた。こうした不安によって諸民族は互いに対立し、民主主義の国民の形成が不可能となった。

もし内的統合と外的主権との間の関係を忘却してしまえば、国民の形成は理解できないだろう。スペイン、ポルトガル、イギリス、オランダ、フランスは、征服者たる国民であり、非ヨーロッパ世界を発見し、世界中に巨大な植民地帝国を建設した。外部に対する権力意志は内的統合のプロセスを強めずにいなかった。まったく反対に、東ヨーロッパの国々は、東方からやってきた非ヨーロッパ系侵略者によって征服された。中央ヨーロッパ全域、そしてバルカン半島全域において、住民は移動し、追放され、支配され、国境線はトルコ軍の前進や後退に応じてさまざまに変化した。外的な力の支配に従属することで、諸民族は数世紀にわたって、部分的にはヨーロッパならざる巨大な帝国の中の臣民となった。そうした諸民族が、数年のうちに、市民の共同体として自らを構成することなどできなかったのである。

西方のイデオロギー、そして東ヨーロッパのイデオロギー

まさにこのヨーロッパ史の二重の経験をもとに国民は構想された。ナショナリズム同士が衝突する際に活動家たちが持ち出したさまざまな論拠、つまり十八世紀にイギリスとアメリカ植民地とを対立させることになった論拠や、革命戦争から一八七〇年におけるドイツ「帝国」へのアルザス併合、そして第一次世

界大戦に至るまでフランスとドイツとを対立させることになった論拠が、〈理念〉へと変貌したのである。

実際、十九世紀という時代についての考察はすべて、正統性の新たな原理を掲げるいわゆる〈大きな国民〉と、中世的な意味での古いタイプの「ネイション」、あるいは王朝的・宗教的な歴史から生まれた帝国との間での、政治的・イデオロギー的闘争によって特徴づけられたままである。しかし正統性の新たな原理それ自体は、二つの解釈を認めているように思われた。つまり、市民からなる人民の名においても、あるいは独特の歴史や文化から生まれた民族の名においても、人民自決の要求を正当化することができたのである。まったく同じ革命的原則に従いながらも、近代的国民の二重のイデオロギーが作り上げられた。一方は人間の意志を引き合いに出し、他方は民族的・言語的帰属を引き合いに出した。啓蒙思想と革命の経験から生まれたフランス的な国民の概念は、政治的で、個人主義的で、合理主義的で、そして主意主義的だった。反対にドイツ人は、一八〇六年から〇七年にかけてナポレオンのフランス帝国に対し軍事的に敗北した後、フランス人に対抗する形で、有機体論的な語でその国民を定義した。一つの同じ祖先から出自し、同じ文化や過去を共有する始源的な民族（*Urvolk*）の共同体に基づく民族的国民が、諸個人に押しつけられた。

一八七〇年の普仏戦争後になると、フランスの歴史家とドイツの歴史家との間の論争は、国民の二つの理念として出現したものの対立を、古代の悲劇のレベルにまで高めた。国民はそのときから、本質的に「両義的」なものと見なされたのである。一方でテオドール・モムゼンは、住民の一時的な意志がいかなるものであれ、民族的・言語的・文化的なドイツ民族性によるビスマルクのアルザス併合政策を正当化した。他方で、フランス人は「国籍〔国民性〕を作り出すのは、人種でも言語でもない」（フュステル・ド・クーランジュ）と主張し、革命の諸原理を引き合いに出して、「国民の願い」（ルナン）とか、人民の「意志」や「自由な同意」といった正統性の名において、アルザスが「祖国の国民性や意識によってフランス的」（フュステル）であると力説した。ドイツやフランス、そしてまたイタリアにおいて、アルザス併合が国民に関する考察のなかで果たした役割は、いかにそうした考察が分かち難く論争的であると同時に分析的であるかということを明らかにしている。

こうしたイデオロギーは、集団的な行動を正当化し導くためにナショナリストによって鍛えられ、続いて言葉の分析的な意味での理念として受け入れられた。二つの理念の存在は、まず第一に、ドイツのロマン主義者たちがフランス人に対抗して彼ら自身の国民を建設する際に言及したものであり、それに続いて、さまざまな語彙のなかで一つの明白な事実として押しつけられたものである。そして理論家たちによって分析され、さらにナショナリズム思想に関する歴史家たちによって確立された。

国民に関する学問的な言説において、ひとはつねに「フランス的」（あるいは「イタリア的」とか「アメリカ的」）イデオロギーによる国民と、「ドイツ的」イデオロギーによる国民とを区別するに至った。あるいは「西方的」国民を「東ヨーロッパ的」国民に、市民的国民を民族（*Volk*）に、「国民国家（*Staatsnation*）」を「文化国民（*Kulturnation*）」に、市民からなる人民を祖先による人民に、政治的意志を有機的国民に、選択的国民を民族的国民に、契約による国民を精髄に基づく国民に、市民主義をポピュリズム〔知的な善き市民を求める市民主義のエリート主義的な要素に反発する形で生まれた。しばしば見られる大衆迎合という意味ではない〕に、個人を集団的個人としての国民に、啓蒙思想をロマン主義に、あるいは個人主義を全体論に〔原文では順序が逆になっているが、誤記と思われるので訂正〕対立させることになった。これらの多様な用語の背後にはつねに同様の概念が見出されるが、それらをエリック・ヴェイユは巧みに要約している。ヴェイユは西方のナショナリズムを以下のように形容した。つまり、「政治的で、個人の解放に関心があり、コスモポリタン志向で、価値の多様性を思想・良心の自由や表現の自由といった至高の価値のもとで主張し、進化した社会のなかに根を持ち、（少なくとも原則として）自由に受け容れられた法のもとで存続している」。また反対に、東ヨーロッパのナショナリズムとは、「言語的グループの劣等感を表明するものであり、そうした言語的グループは彼ら自身の政治組織を保有せず、自然な価値という神話のなかで、理想化された先史時代のなかで、（つねに他者によって無視された）諸権利しか備えていない「自意識」のなかで、ある現実を正当化することではなく、言語的グループが存在する現実を前に現実を変容させるためのイデオロギーのうちに成立している」[9]。ナショナリズムに関する最初の偉大な歴史家ハンス・コーンは、「ドイツ人にとっての自由は歴史や特殊主義に基づいており、フランスのように理性や平等といったものに基づいているわけではない」[10]と打ち出すことで、すでにこうしたナショナリズムをめぐる対立を歴史学によって確立していた。ハンガリーの歴史家が、ボヘミア、ハンガリー、ポーランドを指し示して「第三のヨーロッパ」が存在するという考えを導入しようとしたとき、彼は「西方的」タイプと「東ヨーロッパ的」モデルとの間にある隔たりによって、第三のヨーロッパを特徴づけたのである。

この一連の二元的対立軸は、産業革命や政治革命から生まれた新しい社会や、近代的な政治的正統性について十九世紀になされたすべての考察のうちに根ざすものであったがゆえに、ますます精神に深い影響を残すことになった。二元的対立軸はまた、より間接的ではあるが、自由や必然性に関する哲学的議論にも含まれていた。

歴史叙述から理論への移行は、国民に関するすべての考察を特徴づけ、今日なお続いている。アントニー・スミスは、実際に国民の形成に行き着いた二つの歴史的な「軌道」を叙述したのち、そこから以下の結論を引き出している。つまり、国民の二つの「概念」が存在しており、一つは市民的・領土的概念であり、もう一つは民族的・血統的概念である。スミス曰く、「国民の概念は、本質的に不安定で、二元的であることが分かる」[11]のである。ジョン・プラムナッツもまた、十九世紀のドイツ的ナショナリズムやイタリア的ナショナリズムを、バルカン半島の諸民族の要求に対立させることで、国民の二重の理念を見出している。つまり、ドイツ・イタリア的ナショナリズムは、すでに一つの大きな文化を中心にして団結しており、独立した一つの政治的まとまりとして承認されること、一つの市民的国民を形成することを要求したが、バルカン半島の民族は、一つの共通の文化を求めつつも、不安定で競合する歴史的・文化的忠誠を伴って、一つの「民族的」[12]国民を形成することを熱望したというのである。

さまざまな国民的伝統のそれぞれが、実際には——知的歴史が問題であれ、歴史的現実が問題であれ——二重の側面を持っていることに注目しないではいられない。すべてのドイツ人が、国民の政治的概念を知らなかったわけではなかった。ルイ・デュモンは以下のことを喚起している。「それぞれ独立した文化的共同体があることへのヘルダーの肯定は、ドイツが個人主義の発展した形態に馴染んでいったときの一つの様相を表しており、全体論的な様相と個人主義的な様相とを組み合わせている」[13]と。フランスでは、ジョゼフ・ド・メーストルやルイ・ド・ボナルドのような反革命思想家が、フランス流の国民という革命的理念に対するバークの激しい批判を引き継いだ。しかしこれらの批判そのものが、国民には二つの理念が実際に存在しているということを含意していた。たとえ二つの理念が歴史的国民の具体的なあり方のなかで場合によっては結合することがあるにしてもそうなのである。

こうした知的伝統は、つねに一定の具体的な現実を説明することを可能にするだけに、ますます永続していく。フランスとドイツにおける国籍法と移民政策との比較分析は、契約による国民と精髄による国民との間の対立がいまも意味を失ってはいないこと、それどころかこの対立が精神に影響を与え、法のなかで表現され続けていることを明らかにしている。フランスでは、国籍を自動的または半自動的に取得できる諸措置、シンプルな宣誓でもたらされる地位（たとえばフランス人の外国人配偶者たちのための）、権利回復への権利（国籍を失った人びとに対する権利）といったものが、国家に対する諸権利を個人に与えることになる。国籍取得手続きの費用の安さや、国籍法の気前のよい適用によって、実際にフランス国籍はフランスで生まれ就学した諸個人に対してだけでなく、長期にわたって定住し国籍を要求しているほとんどすべての外国人に対して、かなり広く開かれ続けている[14]。フランス政治は市民のプロジェクトを軸にして、つまり市民性の名において、外国出身の住民を統合していくことを志し続けている。反対にドイツ人は、国民的紐帯について、民族的概念を守り続けている。多くの現代の著述家たちが政治的意志よりも、むしろ言語的・歴史的共同体について言及している[15]。「ドイツ人の血」という理念は相変わらずドイツの人びとのなかで廃れてはいない。二〇〇〇年一月法に至るまで、ドイツの国籍法は主として一九一三年法を基礎とし、血統権のみを重んじてきた。こうした国籍法は、まさしく継続的かつ長期的に、場合によっては二、三世代にわたって定住し、ドイツの社会や文化に適応した外国人に対して、市民権の付与を拒絶するという結果をもたらした。その一方で、ポーランドやロシア、あるいはズデーテン地方に数世紀にわたって定住しているドイツ人の子孫は、ときにはドイツ語やドイツ社会をまったく知らなくても、市民権が認められたのである[16]。

　知的・政治的遺産によってのみ、こうした二元的対立軸が精神に深い影響を与え続けていることが説明されるわけではない。これまでの章で行った分析によっても、人びとがこうした対立軸をもって考え続けていることを理解するのが可能になる。二元的な対立軸をもとに考えることには知的快適さがある。これに加えて、国民の二つの理念という「理論」は、公言された普遍性と国民以前の諸民族《エスニー》の特殊性との間で生じる緊張の上に立脚しており、この緊張が国民の理念を構成している。そして、政府の行動はこのような緊張を強めていく傾向がある。市民的国民の賛同者や理論家は、市民性によって個別の特殊な出自から引き離していく企てを強調する。そして民族的国民の賛同者や理論家は、そうした個別の特殊な出自が有する力、価値、そして純正性を持ち出す。

ヨーロッパ史は、本質的にさまざまな歴史に起因したものを、根源的で還元不可能なイデオロギー的対立――政治的行動を導く思想体系や価値体系として定義される――へと結晶化させた。国民の理念は社会的に構築され、ヨーロッパではフランス革命以来、ナショナリストの闘争手段として用いられた。もし理念が必然的に歴史学の対象になるのだとしたら、国民を考案し建設するために社会的アクターによって用いられる手段の一つであった限りの理念について、その研究を社会学的な分析と混ぜこぜにしてはならない。「二元的な対立は分析的な方法であるが、そうした分析の有用性は現実がそんな風に分かれているということを保障してはいない。二種類の人びとがいるとか、二種類の現実やプロセスがあるといったことをはっきり口にする誰に対しても、われわれは疑い深くあるべきなのである」[17]。

さらにこのような二元的な対立軸のなかで、フィヒテやルナンのテクストのような古いテクストを解釈することは、彼らの思想を単純化したり裏切ってしまうことになる。フィヒテは「民族的」国民の著名な支持者であるが、市民的国民の諸要素を分析のなかに含んでいる。ルナンもまた、契約による国民の単純なイデオローグではない。

国民の概念が初めて言及されたのは、一八〇六年のイエナでのプロイセン敗北後、フィヒテによって行われた講演『ドイツ国民に告ぐ』のなかでであると、人びとはつねに理解してきた。ロマン主義の思想家たちは、この概念を十九世紀にわたってずっと発展させていくことになる[18]。実際に、そこにはロマン主義の三つの大きな命題が見出される。つまり、言語が国民の理念を打ち立てる、まさに「言語を生みだす自然の力」をもとにして国民は形成される、ドイツ国民は中世の文明をその源泉とする、という三つの命題である。そして、フランス軍を前にしたドイツの敗北は、啓蒙思想の合理主義によって宗教が破壊された結果ということになる。しかしながら、一七九七年の『自然法の基礎』のなかで、フィヒテは革命思想に近い国民の理念を取り入れていた。それは「精髄による国民という理念とはまったく無関係[19]」だった。フィヒテはその後、一八〇六年に祖国がフランスに敗北した結果、民族的国民に傾倒する形で議論を進めていくようになる。しかし一八〇六年においてですら、これらのロマン主義的な命題は、市民的国民の論理のなかに含まれている他の命題に、とくに根本的な価値論的基礎に結びついたままなのである。つまり、市民的国民の論理は、共通の諸価値に参加するすべての人びとに開かれている。フィヒテ曰く、「精神性やこの精神性の自由を信じ、そして自由によってこの精神性の永遠な発展を追究することを望む人は誰でも、どこで生まれようと、そしてどのような言語を話そうと、われわれと同種の者である。われわれに帰属し、そしてわれわれと一致協力するだろう[20]」。したがってフィヒテのテクストのなかには、以下のような概念の最初の素描を認めることができる。「国民であるということは実際、純粋で単純な参与ではなく、純粋で単純な帰属でもなく、「教育可能性（*éducabilité*）」という表現で理解されるものであり」、こうして「自然と意志との単純すぎる二者択一を[21]」超えていくのである。

ルナンは一八七〇年以前には革命の平等の哲学の批判者であり、また最初の著作のなかでは「人種」を持ち出すことで批判を展開していたが、こうしたルナンの立場もまた、たんに純粋な意志や意志的な参与の表明のみによって要約されることはない。いかなる伝統も、いかなる国民文化も考慮に入れることのない意志的な参与は、外部に対して絶対的に開かれてしまい、アイデンティティの消滅をもたらすおそれがあるだろう。ルナンが人民の意志に基礎づけられた市民的国民の擁護者となったのは、まさに一八七〇年の普仏戦争とドイツ帝国によるアルザス・ロレーヌ地方の一部併合という結果を受けてのことだった。つまり、ルナンは併合された地域に対するフランスの権利を守ろうとしたのである。しかし一八八二年の講演、『国民とは何か』のなかでですら、「一緒に生活を続けるという明確に表明された願望」、すなわち国民の基礎となる同意というものは、「祖先が、われわれをしてわれわれであるところのものとする」限りにおいて、「努力や犠牲や献身の長い過去」の継承を延長してゆくこととされている。さまざまな歴史的事情によって、ルナンが国民の選択的理論について言及するようになるにしても、現在の参与や未来に向かう集団的意志の基礎となるものは、たんに意志だけなのではなく、過去の遺産、つまり「共有すべき栄光や後悔の遺産」を知り、受け入れるという事実だったのであった。ルナンは、契約による国民の原理そのものを要約しているように思われる「日々の国民投票」を、歴史や文化の共通の遺産のうちに含めた。人間の意志は、特殊な社会的諸条件のなかで、そして特殊な社会的諸条件によって、鍛えられたのである。

もしルナンの分析が、「民族的」国民と「政治的」国民との本質的とみなされる対立に照らして「難点がある（problématique）」と言えるとすれば、次のような仮説を立てるべきではないだろうか。ルナンの分析の一見したところの両義性は、国民理念の分析のなかに伝統的な二元的対立を導入するという、過度に単純化した分析が行われていることが原因なのであって、著述家たちの知識および能力不足はあまり原因ではない、と。もっともウェーバーもモースも、このイデオロギー的な議論には関与しなかったと指摘できるのだが。(22)

政治的なものと人間科学

人間科学の研究者もまたイデオロギー的な議論をなおざりにした。彼らは、まず第一に国民理念の歴史やナショナリズム思想の歴史を研究することに専念した。さらに彼らは、なぜ近代的国民が生まれたのかを説明すること、いいかえれば、政治的ユニットたる国民を作る要求という意味でのナショナリズムを分析しようとした。彼らは、客観的な言葉で国民を取り巻く事実を考えるというもっともな企図を有していたものの、合理的な認識への野心が、国民のまさしく政治的な次元を過小評価してしまう結果をもたらした。

デュルケムの例はまさにこのことを最もよく示している。デュルケムの考察はまず第一に、アリストテレスがギリシャの都市国家を政治社会の手本とみなしたのと同じくらい「自然に」、国民に対して向けられた。しかしデュルケムは最初の著作群を出版し、ドイツを旅した後、もはや対立が発生する場や対立を調整する場としての政治的なものを論じることはなくなり、指導者を選択し、指導者の行動をコントロールすることを確かなものにする諸制度に対して、さほど関心を持つこともなくなった。デュルケムは政治的なものの自律性を、相対的なものですら認めなかった。つまり、固有の歴史的・国民的なあり方のもとでの政治社会を、社会一般からは区別しなかったのである。主要な著作のなかで、デュルケムは特権的な仕方で社会学的な視点を説明している――そして社会学的な視点を基礎づけることに貢献している。デュルケムの研究の第一の対象は、もはや政治体制ではなく、また社会生活に対する政治体制の影響でもなく、社会的紐帯や社会性、あるいはデュルケムの表現によれば社会的結束なのである。デュルケムにとって、この社会的結束は、モラルや社会によって生み出されるものであり、強制や国家によって生み出されるわけではない。もしデュルケムの研究のなかで、国家の体系的な論理が見出されないとすれば、それは国家が社会から自律的でないというより以上に、むしろ国家が社会の状態を反映するものだからである。つまり、国家はいわば社会の表象なのである。[23]トクヴィルよりもなお、「デュルケムには政治的なものを社会的なもののレベルに引き下げる傾向がある」[24]。デュルケムは社会的なものと政治的なものとの間の、また社会と政治社会との間の区分を認めなかったので、民主主義の国民という問題を提示することができなかった。

ハンス・コーン[25]の研究の影響を受けて、研究者たちは長らく、ナショナリズム思想の歴史や、西洋のさまざまな国々における国民概念の歴史、そしてヨーロッパやひいては世界における国民概念の伝播を研究することに専念してきた。まさに一つの伝統がエリー・ケドゥリー[26]やリア・グリーンフェルド[27]の著作とともに英語で維持されたのである。またフランスでも、国民を研究対象と見なす歴史家はまず第一に、イデオロギー的・教義的な内容を優先して、ナショナリスト思想家によって書かれたテクストの分析に専念した。[28]近年でも歴史家はフランスで集団的記憶が作り上げられ、広がっていった特殊なあり方を研究することで、こうした伝統を引き継いだ。集団的記憶は国民の建設と同じ広がりをもつのであって、一方で物質的ないし制度的、他方で記号的ないし象徴的な「場」のなかで具現するのである。[29]

同時に、イギリスやアメリカの政治学のなかでは、ナショナリズムを対象とした研究領域がきわめて発展した。アントニー・スミスが記述するように、おそらく「国民、つまり組織化された文化よりも、イデオロギー的な運動であるナショナリズムのほうが、多くの仕方をつうじて「把握する」のが容易」[30]だからである。三十年来、イギリスやアメリカのポリティカル・サイエンティストは、ナショナリズム的な要求や運動に関する理論面での野心的な考察を独占する傾向があった。ところが、どんなに国民的帰属の影響を相対化しようと努めても、イギリスやアメリカのポリティカル・サイエンティストは、必ず独自の知的文化のなかに組み込まれており、彼ら自身の歴史的経験に依拠してしまうものなのである。伝統や言語に関するイギリスの政治思想には、社会を生み出す際の国家や国家的諸制度の特別な役割を軽んじる傾向がある。合衆国のようにイギリスでも、政治社会が国家に先在する限りは、あるいはより一般的に言えば、アングロサクソン的な自由主義哲学によって諸個人が政治組織に先行し、諸個人が政治組織を作り出したと定義している限りはそうなのである。また一方で、個人的な運命によって、東ヨーロッパや中近東の国々の歴史を継承する人びとや、アメリカ人にとってはアメリカ独立の歴史を継承する者たちがいて、そうした学者たちがしばしば国民の出現と形成に対する研究の大部分を確立したのだが、それはナショナリズムに対する研究であって、国民に対する研究ではなかった。エリー・ケドゥリー[31]が、彼が暗黙のうちに断罪しているナショナリズムからイギリス的・アメリカ的「国民」を切り離すとき、それは十九世紀の中央・東ヨーロッパでナショナリストによって展開された命題と、第二次世界大戦後に英仏植民地帝国の解体から生じた諸国民との類似性を明らかにすることで、世界におけるナショナリズムの伝播を分析するためだった。

第三世界の国々での経済的・政治的発展について扱う理論家、とりわけアメリカ人の理論家たちは、ヨーロッパ諸国による直接的ないし非直接的な植民地化から生まれた国々での国民建設の歴史や、経済「離陸」(ロストウ)のさまざまな段階を研究した(国民建設《ネイション・ビルディング》あるいは国民発展《ナショナル・ディヴェロップメント》学派)。こうした理論家たちは、経済発展のさまざまな段階を説明するために用いたモデルを、政治の分析に応用した。彼らの分析は政治的ユニットたる国民の誕生に対して向けられたのであって、国民の現実に対して向けられたのではない。より活動家的な側面を持つ人類学者たちは、国民の建設が地域住民[32]や非西洋の人びとに強いた変化や、ヨーロッパにおいて下位国家的な権利主張が存在することを強調した。社会学者たちはむしろ、合衆国における民族間の諸関係やエスニシティの展開を研究した。(33) エスニシティに関するアメリカの専門家たちは、西ヨーロッパの国々について言及するとき、フラマン人とワロン人との衝突や、スコットランド人やウェールズ人の独立要求、そして移民労働者の存在が引き起こす諸問題といったもの、いいかえれば現代の国民国家が抱えるさまざまな種類の論争を取り扱っている。(34) 西洋の国々でこそ国民の理念が生まれ、その最も完成された姿を得たにもかかわらず、誰も国民の理念も、西洋の国々でそれが今日呈している具体的なあり方も対象とはしていないのである。

　歴史家たちは、職業的には国民やナショナリズムの政治的次元に対してより敏感であるに違いないが、彼らですら国民を論じることにためらいを見せる。(35) ヨーロッパの大きな君主制国家における国家建設のさまざまな段階を、チャールズ・ティリーやその研究協力者たちが研究している。ティリーらは、「国民《ネイション・》建設《ビルディング》」のプロセスと「国家建設《ステイト・ビルディング》」のプロセスとの間の分析的な区別を明確に提示しつつ、国家建設のプロセスの分析に専念するために、国民建設のプロセスを分析する企図を断念することを確認する。というのも、「「国民」は政治用語のなかで最も厄介で、最も客観的でない概念の一つであり続けている」(36) からである。この場合、ティリーらはまさにマルクス主義的伝統の延長線上にいる。フリードリヒ・エンゲルスやオットー・バウアーがいたにもかかわらず、マルクス主義的伝統を引き継ぐすべての思想家たちは、さまざまな社会階級や階級闘争といった、彼らの目には真の現実であるものを超えてしまうような現実を理解することに行き詰まったのである。(37)

　イギリスやアメリカの伝統にとって、民主主義の国民と政治的ユニットとの区別が未知のものであるわけではもちろんない。これまで見てきたように、イギリスにおいてこそ、自由で平等な市民の共同体としての国民という理念そのものが作り上げられたのである。三十年来、人間科学が国民の理念を排除してきたことは、いっそう意味深長である。臣民と市民との対立は、非常に長きにわたって政治関連の著述物の重要なテーマの一つだったが、戦時中、民主主義諸国がヒトラーと戦っていたときにもなお、そうした対立は言明されていた。「ある国家が一つの国民になるのは、その成員が主権者と臣民とに分割されることなく、統治行為と主権を有する市民の活動とが共同の任務となり、この任務が受動的な市民性ではなく、すべての成員の能動的な協力を要請するときである」[38]。三十年以上前、「古い社会」における「新しい国民」の誕生を研究する際に、エドワード・シルズやクリフォード・ギアツが用いたのもまたこの定義であった。エドワード・シルズは、近代的国民を「総体としての社会の統合様式[39]」として定義し、英仏植民地帝国の終焉から生まれ出た新しい諸国家が「市民社会[40]」、すなわち国民を構成してはいないことに注目しつつ、それら新しい諸国家の機能を分析した。クリフォード・ギアツが「新しい社会秩序によって組織された社会の総体という意味での国民[41]」を定義したとき、そしてより一般的には「統合的革命」としての新しい国民が形成されるプロセスに言及したとき、まさにギアツはシルズと同じ概念に従っていた。この新しい社会秩序とは、「政治生活のすべての組織の変容、そして臣民の市民への変貌[42]」を含意していた。こうして、エドワード・シルズやクリフォード・ギアツは、ナショナリズムの要求のなかにある経済的な次元と政治的な次元という、二重の次元を明確に定義した。つまり、責任を持ち自律した社会的アクターとして承認されたいという諸民族の願望と、近代的で有用な国家を形成することで物質的な境遇を改善しようという諸民族の意志とは、不可分な形で混じり合っているのである。

しかしその後、この視点は無視されてしまった。実際、パーソンズが四つの特徴によって「社会文化的共同体あるいは国民（*societal communities or nations*）」を定義するときに提示しているのは、分析というよりも描写である。「社会文化的共同体の存立は、相対的に定義可能な住民集団の存在を前提としている。

つまり、近代国家においてわれわれが通常、市民と呼んでいる住民集団である。そしてまた、基準となる集団組織が領域的な基礎の上で政治的に組織されていること、すなわち集団組織が規範的な秩序や、政治的決定を行う一定数のプロセスを維持していることも等しく前提としている。そうした政治的決定は、定義された領域的空間のなかで展開する人的な出来事をカバーする。最後に、三番目の基礎的基準として、社会文化的共同体はある水準において共通の文化的伝統によって特徴づけられる」[43]。パーソンズにとってこの共通の文化的伝統（*common cultural tradition*）とは、そのつど特殊な形で「血」に結びついた要素と、「契約」から生じた他の要素とから構成されている。共通の文化的伝統によってもたらされるのは *diffused enduring solidarity*、すなわち「永続的かつ分散的な連帯」であり、それは共通の言語、共通の歴史を生きているという感情、そして将来へ向かっての共通のプロジェクトをつうじて、世代から世代へと伝えられていく。つまりパーソンズは、「社会文化的共同体」と「国民」とを同一視したのだった。パーソンズにとって、民族的意志の主張は単純に過去の遺物であって、消滅する運命にあり、複合的で普遍性を志向する「社会」の精神に反するものだった。そうした社会では、役割はだんだんと相続されることがなくなり、ますます獲得されるものとなるのである。

クリフォード・ギアツとその研究協力者たちによる著作以来、人間科学においては統計的手法が全盛の時代になったが、国民に関する考察は、必然的にさまざまな価値を考慮せねばならず、また直接的に測定可能な現実を対象としているわけではないこともあって、継続的には追究されなかった[44]。人間科学の専門家は、政治的ユニットたる国民の誕生は研究しても、これを民主主義の国民から区別することはない。この区別を明確にすることのないまま、チャールズ・ティリーがそうしているように、彼らは暗黙のうちに国家を国民と同等のものと見なしてしまうのである。彼らはナショナリズムをその考察の第一の対象としている。すなわち、民主主義の国民の名のもとでの、政治的ユニットたる国民の出現を対象としている。カール・ドイッチュの表現を用いて、彼らの研究が意味するものを要約することができる。「どのように、そしていつ国民は、より大きな政治的ユニットをもとにして出現するのか、そしてどのように国民は部族、社会階層《カースト》、地域的国家といった、より小さな統合体に対して優勢になるのか、またどのように国民は、それらのより小さな統合体を、多かれ少なかれ国民という政治体のなかに統合するのか」(45)。歴史家はむしろ、より大きな政治的ユニット、すなわち帝国から出現する政治的ユニットたる国民の誕生を分析する。また政治学者や人類学者は、その研究を政治的ユニットたる国民と民族《エスニー》との間の、あるいは先在する諸民族《エスニー》の間の諸関係を分析することに集中する。いずれにせよ、市民的国民が問題とはなっていないのである。

最も評価の高いポリティカル・サイエンティストたち――カール・ドイッチュ、アーネスト・ゲルナー、ベネディクト・アンダーソン、アントニー・スミス――は、逆説的に政治的次元を無視し、主として技術的・経済的組織体の状態や要求をもとにして、ナショナリズム的な要求を解釈している。

カール・ドイッチュにとって、国民が建設されるのは、経済発展をつうじて住民たちが次第に濃密になっていくありとあらゆる交流のネットワークのなかに徐々に組み込まれながら結集するときである。「国民的同一化、あるいは国民的差異化の決定的要因は、市場、産業、都市の――最終的には識字率やマス・コミュニケーションの――成長を伴う社会的変動の基礎的プロセスのうちにある」(46)。「国民」は、相互補完的な生活様式が存在し、マス・コミュニケーションが諸個人の間の関係を密なものにするという事実から生まれる。ウォルト・ホイットマン・ロストウの本のタイトルを借りて言うならば、『経済成長の諸段階』のモデルを政治的領域に応用することで、カール・ドイッチュは民族《エスニー》をもとにした国民の建設のなかに、まったく同じ「諸段階」を見出している。「一つの共通の国民国家へと政治的に雑居させられることへの公然とした、あるいは潜在的な抵抗、政府の命令に対する消極的な同意へと至る最小の統合、共通の国家を積極的に支えるものの、民族的・文化的グループの結びつきや多様性を永続させるより深い政治的統合、そして最終的には、共通の言語や文化へのすべてのグループの同化を伴う雑居と政治的統合との合致。こうしたものが、諸部族から国民へと向かう道の、さまざまな主要な段階でありうるだろう(47)」。

アーネスト・ゲルナーにとっては、ナショナリズムこそが国民を作り出すものである。また、ナショナリズムは近代社会の客観的諸条件や、それらに結びついた要求から生じるとされる。ゲルナーにとっての下部構造《インフラストラクチャー》とは、もはやマルクス主義から直接的に発想を得ている思想家たちのような経済構造というわけではなく、近代に特有の経済発展の必要条件とみなされるところの、教育システムである。この教育システムは人間の移動性や技術的能力に立脚しており、人間は一般的で普遍的な同一の「メインカルチャー」を共有せねばならず、絶えず変化していく経済のなかで、すべての仕事上のポストに就くことができなければならない。「ナショナリズムは、ある種の労働分業をその源泉としているが、この労働分業は複合的であり、絶えず重なり合うように変化している(48)」。ただ国家のみが人材育成の教育を確実に保証することができる。「教育というインフラストラクチャーは、国家以外の他のいかなる組織も引き受けるにはあまりに巨大であり、あまりにコストがかかってしまう。しかし同時に、国家だけが唯一このような負担を引き受けることができるのであり、国家はまた、かくも重要でかくも重大な機能を制御するのに十分に力のある唯一のものなのだ(49)」。それゆえにこそ、国家は「合法的暴力と同じくらいに、合法的教育を独占するか、おそらくそれ以上なのである(50)」。国家への中央集権化は、まず第一に、教育の必要不可欠な中央集権化によってもたらされた結果なのである。

ゲルナーはナショナリズムの三つのタイプを区分している。「古典的なハプスブルク帝国」と形容される第一のタイプでは、超国家的な帝国に発した国民の建設が問題となる。つまり中央ヨーロッパやバルカン半島の国々で見られたナショナリズム的な要求による国民建設の事例である。第二のタイプはドイツやイタリアのタイプであり、すでに同一の「メインカルチャー」に属している民族《エスニー》に発した国民国家の建設を指し示している。それゆえにナショナリストの要求は、ただ一つの中央の政治組織が、既存の文化的まとまりに一致することである。ディアスポラ的なナショナリズムは第三のタイプである。前産業的社会もしくは「農地的」社会において、マイノリティーや不可触賤民グループは、金融、商業や事務的（administratives）な職業を営んだ。近代社会ではすべての人びとがすべての職業に就くことができるようになったので、彼らは役割や独占を失い、それによってそれまで恩恵に浴してきた保護を失うことになる。そうした人びとは、同化するか、彼ら自身の国家を形成することにしか、もはや選択肢をもたなくなった。ナショナリズムの要求が「ハプスブルク帝国」的タイプのなかで生まれるのは、知識人が周縁化された民族《エスニー》に属していて、先進的な中央の発展を支える「メインカルチャー」に馴染んでおらず、自らの利益に合致するのは自分たちの民族《エスニー》の独立と国民としての承認とを主張することだと判断するときである。第二のタイプ、つまりドイツ的・イタリア的タイプでは、「メインカルチャー」を組織し維持する必要性という経済発展の条件によってこそ、知識人は文化的ユニットと政治組織とが一致するよう要求しようとする。第三のタイプでは、不可触賤民グループは定住している社会にとって無用の存在となって、それ以降、一つの国民として自己表現する権利を求め始める。いずれの場合でも、ナショナリズムの要求は、経済の持続的な発展が強いる教育の要求によって生み出される。終わりなき経済的進歩を大きな目的とする社会を組織することが引き起こす諸問題に、国民という統合形態は最良の解決策をもたらすのである。(51)

これらの分析には歴史的な側面から異議が唱えられた。つまり、ナショナリズムの運動の誕生と伝播とは、時間においても空間においても、産業化の道程と並行して進んだわけではなかった、というのである[52]。ナショナリズムの要求は、いかなる経済的差別も存在しなかったところに現れた。歴史家は、国民理念と国民的諸制度とが、イギリスやフランス、植民地化された国々では、産業発展よりも先行する形で出現したことを明らかにした。産業化とナショナリズム誕生との間の時間のズレは、より一般的な事実を示している。つまり、産業は近代社会を定義する唯一のものではなく、近代社会は同様に民主主義的なのである。人びとが物質的利益を求めることがナショナリズム的な要求の唯一の源泉ではなく、人びとがその尊厳を要求することがきわめて重要となる。イングランドの国民意識は、大陸のカトリック諸王朝との対立、スコットランドとの競合関係から生じた。植民地化された国々のナショナリスト知識人はまた、民主主義の価値の名において政治的独立を主張した。ヨーロッパ人はこのような民主主義の諸価値を公言していたものの、彼ら自身が有する植民地のなかに適用することを拒んでいたのだった。政治とは純然たる権力に還元されるものではない。物質的利益のみによってナショナリズムを説明することで、ゲルナーは情念や意志の役割を過小評価してしまっている。ゲルナーは国民主権の理念や理想、平等への人間の熱望、尊厳を肯定する意志を無視してしまう。結局、ゲルナーは国際秩序のなかで歴史的主体として行動する国民の役割もあまり重視しないのである。

反対にベネディクト・アンダーソンは、政治的次元に適切な場を与えているように見える。というのもアンダーソンは、彼が国民の「人類学的」と形容する定義から出発するからである。つまり、国民とは、「想像の政治的共同体――そして本質的に境界を与えられ主権を有するものとして想像されたものである」[53]。続いてアンダーソンは、魅力的な仕方でこの想像の共同体の誕生を詳しく説明している。もっとも、想像の共同体という表現は、本のタイトルに用いられているだけなのだが。想像の共同体は出版やマスコミのおかげで作り上げられた。それらは、人間同士の抽象的なつながりを打ち立てていく。つまり、誰もがただ新聞を読むだけで、具体的な形の交流を築く必要もなしに、他のすべての人びとが自分と同じことをしていることがわかってしまうのである。他方、公務員はそのキャリアの長きにわたって、ある街から他の街へ、ある国の端から端へと移動し、この抽象的なものの存在を同じように具体化していく。このような想像の共同体と、直線的で空虚で均質な近代的時間概念との間には、構造的な類似性が存在する。しかしベネディクト・アンダーソンは、本の冒頭でこの想像の共同体を政治的なもの、として定義したのち、それに続いて政治的次元をなおざりにしてしまう。国家の役割は言及されてさえいない。国民を強固にする共同体の精神と、そうした精神を表現し強める政治的権力との間の関係について問う必要はないだろうか。アンダーソンが、共有された知識や感情の源としての言語の実践のなかで、どのようにパトリオティズムが具現されるかについて明らかにするとき、そのような分析は国民同様、民族《エスニー》にも適用されうるだろう。

この意味でアンダーソンは、国民を民族《エスニー》の延長にすぎないものに還元してしまうアントニー・スミスと同じである。スミスは正当にも、二つの事実を強調している。つまり、国民に先行して民族《エスニー》が存在するという事実、すなわちスミスの表現によれば「国民の民族的起源」という事実である。他方で、近代的国民のなかで民族的意識が維持され再生されているという事実である。そしてこのことからスミスは、近代的国民が真の社会的現実ではないと結論づける。近代的国民は、予め与えられた領土の上に、さまざまな民族的紐帯をもとにして政治的ユニットを建設するために、そうした民族的紐帯の存在を利用したにすぎない。「大衆に対する、またその共同体への包摂に対する姿勢とは関係なく、近代的国民やナショナリズムが、民族の古い概念や古い構造の意味や目的をまさに押し広げ、深化させたことは明らかである。

（…）手段に対立する目的という点で、国民と民族《エスニー》との間には注目すべき連続性が存在するのである」[54]。また別のときには、スミスにとって国民は、官僚的で合理的で抽象的な、科学的国家と形容される国家と一緒くたになってしまう傾向がある。国家が、経済の必要のために具体的な社会的現実から乖離してしまえばしまうほど、民族的抵抗や民族的要求が反動としてかきたてられることになる（エスニック・リバイバル現象）。つまり国民国家の統合を目指す動きにかかわらず、「神話的－象徴的」システムは、民族《エスニー》とか起源の諸民族《エスニー》を特徴づけるものとして生き続けるのである。一方でアントニー・スミスには、民族《エスニー》と国民との間の本性上の差異を過小評価し、それゆえに先在する諸民族《エスニー》のさまざまな神話や記憶、象徴や価値に再び意義を見出そうとする国民の能力を過小評価する傾向があり、他方では、国民を国家から区別しないという傾向がある。

「ナショナリズムを理解する上での政治の中心的で自律的な役割」を強調するためには、そして国家の統制が結果として国民の永続化の手段である以前にナショナリズム運動のきわめて重要な争点だったことを思い出すためには、ナショナリズム運動の誕生と発展とに関する歴史家、ジョン・ブルーリーによる一九八二年の業績を待たねばならなかった。たとえばブルーリーは、国民と政治秩序との、すなわち権力秩序との間の重要な関係について、マックス・ウェーバーの発想を再度見直している[55]。

現代のポリティカル・サイエンティストたちは、彼らがシンパシーを感じている民族《エスニー》と、批判する傾向のある国民との関係を特権視している限りで、国民と国家的諸制度との間の関係をもはや分析していない。そして、政治的次元を考慮に入れることを拒むことで、ポリティカル・サイエンティストは政治的ユニットたる国民と、市民の共同体たる国民との区別をもはや認めないのである。だが、人間科学が客観性を目指そうと企てるなら、国民の本質的に政治的な次元を無視すべきではない。民主主義の国民が似たような技術的・経済的発展を経験したすべての国々に存在したわけではなかったのは、まさに政治的なものが共同生活の物質的諸条件から必然的に演繹されるものではないからなのである。

たった一つの理念

国民の二つの理念が、本質的に、そして永遠に存在するだろうという理解が誤りであることを指摘しておくことが望ましい。分析的な考察は、十九世紀のイデオロギー闘争や、諸民族《エスニー》と諸国民との、民主主義の国民同士の、民主主義の国民と政治的ユニットとの、あるいは国民と帝国との間の衝突から生じた用語や論争を、学術的で難解な形で具体化させることで満足すべきではない。デュルケムの表現を用いれば、社会生活に関するさまざまな先入観《プレノシオン》と分析的な概念とを混同するのでない限り、ヨーロッパの諸国民が形成される歴史の二つのタイプ――「フランス的」と「ドイツ的」、あるいは「西方的」と「東ヨーロッパ的」――やナショナリズムのイデオロギーの二つのタイプとが実際に存在したという事実をもってして、国民の――言葉の分析的な意味での――二重の理念が存在すると結論づけることはできない。マニ教的二元論は明快であり、つねに考察のなかにはびこるおそれがあるが、そうした誤った明快さに屈してはならない。

もしこれまでの諸章で進めた分析が受け入れられたならば、したがってもし市民権によって具体的な出自や特殊な帰属と忠誠とを超越することで政治社会を作るという、本来決して十全には実現されない大きな企てとして民主主義の国民を特徴づけることが受け入れられたならば、国民の二つの理念などは存在せず、たった一つの理念だけが存在することになる。このたった一つの理念は、つねにそれぞれの国民の独自のあり方によって、つまり国民建設の原点にある政治的プロジェクトに応じて、等しくない仕方で、そして違った仕方で実現されるのである。

諸国民は国ごとの違いに応じて、また知的で市民的で西洋的なさまざまな伝統に応じて、「アメリカ的」とか「フランス的」などと伝統的に呼ばれてきたのだが、それ自身の論理や公言する理想に同時に適うものであった限りにおいて、こうした理念や理念型により近づいたということになる。なぜならば、そうした国民は、政治社会や主権者たる市民の存在を共同生活の組織原理にしたからである。民族的国民に対する政治的国民の道徳的・政治的優位性を明らかにするような価値判断について、ここで述べることが問題なのではなく、分析的定義から論理的帰結を引き出すことが問題なのである。

いうまでもなく、私はフランスの例が国民の普遍的モデルであるなどと主張するつもりはない。フランスの例は、歴史的な理由で例証となるにすぎないのである。イギリス国民が内生的プロセスから、そして民主主義的な要求に対する政治組織の実際的適応から生まれた一方で、市民的国民は、フランスで革命が勃発するなかで突然に出現した。市民的国民はただちに考え出され、具体化されたのである。「フランスは主として啓蒙思想の個人主義を純粋かつ端的に確立したことによって特徴づけられる。結局、似たような個人主義に多くの伝統を結びつけることができたイギリスに対して（…）そしてまた一八〇〇年頃に強く異文化を受容することで、イギリス的伝統とは反対に啓蒙思想の個人主義が不可欠な要素として現れる文化を構築したドイツに対して、フランスはそうなのである。（…）われわれのフランスの伝統的な物の見方は、社会生活の現実とまったく妥協することがなく、明白でシンプルなのである」[56]。そこでは他のいかなる国にも見られないような国民建設の諸原理が表明され、共和主義的、統合的、かつ普遍主義的モデルが公共生活や学問のなかで絶え間なく言及されてきた。〈国民〉の正統性と主権、特殊なアイデンティティや文化を国民の論理に従わせる必要性、非宗教性が、他の国々よりも大々的に主張されてきた。革命以来、政治的かつ抽象的に、国民について、そして国民が要求するものについて絶えず議論されてきた。イギリスは、実際に自由で平等な市民の共同体としての国民の理念を発明したが、フランス人は、ひたすら個人的市民権の理論や、政治社会の少なくとも傾向としての普遍性を理論化し、主意主義的な仕方で政治社会を建設するよう努めた。――だからといって、本書の序論で引用したアメリカの学者たちが言っているように、フランス人がつねに自分たち自身の理論に忠実だったなどということはない。こうした原理が必ずしも容易には適用されなかったゆえにこそ、フランス人はいっそう高らかにこれらの原理を公言したのではないかとすら問うてみることができよう。

　民族的国民やドイツ的国民のナショナリストやイデオローグたちは、国民成立以前の諸価値は掲げたが、民主主義時代の政治組織の特殊な形態である国民の特有の価値、あるいは特徴を掲げることはなかった。政治社会を作り出す企てよりも、むしろ先在したさまざまな民族的紐帯について強調することで、そうしたナショナリストやイデオローグたちは、国民のプロジェクトそのものを特徴づけるもの、つまり具体的な帰属や民族的忠誠を超えていこうとする努力をなおざりにした。たとえそうした努力がつねに不完全なままにとどまるにせよ、また普遍性を目指そうとする強い意志と国家の維持する国民的特殊性との間で生じる緊張をつうじてしか現れないにせよ、そう言えるだろう。中央ヨーロッパのナショナリズムは、ナショナリスト思想家が持ち出す議論によってと同様に、その諸特徴によっても民族的なものとして実際に説明されるが、それでもなお――分析的な意味において――国民の民族的理念といったものは存在しない。民族的国民というイデオロギーは、中央ヨーロッパにおける国民の失敗の根拠を説明する手段であった。

モースの以下の確認は、その表現から進化論者的な傾向を捨象するなら、まさしくモースの考え方であった。「スラヴ的でギリシャ的、あるいは混成的なヨーロッパの東側は、若くて不完全な諸国民、あるいはそれ以下の形の社会で満ちている。反対に、ヨーロッパの西側は諸国民の帝国である[57]」。

ルイ・デュモンの考察には、国民のたった一つの理念が存在するということが含まれているように私には思える。デュモンがそのような表現を用いていないにせよ、である。デュモンはその概念体系のなかで、「諸個人の集合体」である「フランス的」国民と、「集合的な個」である「ドイツ的」国民との間の伝統的な対立軸を取り上げることによって、「二つの優勢な国民的イデオロギー」を描き出している[58]。それは「深刻な局面にまで至る、二つのイデオロギー間のコミュニケーションの困難[59]」を明らかにするためである。しかしデュモンの興味を惹いているのは、著書のタイトル(『ドイツ的イデオロギー……』)やサブタイトル(「近代的イデオロギーについての人類学的展望」)で明言されているように、まさに近代的なイデオロギーの分析を行うことである。デュモンは、次の二つの理論が存在することを確信している。「国民の民族的理論は、「近代の」政治思想の主流となり、選挙の理論と並ぶようになった[60]」のである。ドイツ的な概念は、多くの全体論的な要素を含むがゆえに、市民的国民の理念が内に含む純粋な個人主義的ユートピアの考え方と一致することがないかぎりにおいて、他のナショナリズムへ多くの影響を与えることとなった。ドイツ的な概念はより容易に、正確に模倣されえた。なぜならば、それはより現実に直結しており、伝統的な全体論《ホーリズム》に場所を与えたからである。「近代文明は個人主義的なあり方を担っているが、混淆の産物を取り込んで征服を続けてゆくにつれ、自らが変化してゆくのを目にするのである[61]」。

ルイ・デュモンにとって、このドイツ的な概念が有する混淆的な性格はそれ自体、国民成立以前のものだった。この性格は、デュモンが国民理念の「体系的一貫性」と呼んだもの、つまり国民があらゆる全体論的な要素を排除した諸個人から成るとする理念――いいかえれば、国民理念の論理――との矛盾に陥った。「国民とはまさしく、価値としての個人主義の支配に対応する、包括的な社会の型である。国民は歴史的に個人主義を伴うだけでなく、国民と個人主義との間の相互依存が必要とされる。したがって、国民とは、自らを個人と見なす人びとから構成される、包括的な社会であると言うことができる」[62]。西洋の民主主義の歴史がその例となるような政治的国民は、政治的なものをつうじて、あらゆる種類の民族的帰属や民族的アイデンティティから、あるいはルイ・デュモンの概念を用いれば、あらゆる種類の伝統的な全体論から諸個人を引き離す原理によって定義される理念型に、原理上より近いのである。

さらにそれは、第三帝国の敗北からドイツ連邦共和国のなかで生まれたドイツ的な民主主義の国民を理論的に根拠づけようと腐心するドイツの知識人たちが、今日見出しているものである。ヒトラー主義へ通じたと疑われる一つの知的伝統とラディカルに断絶しようとする意志のなかで、知識人たちはあらゆる国民を、言葉の民族的な意味での国民、ナチズムの犯罪に責任があるような国民と同一視し、貶下した。ハーバーマスがどのように「憲法パトリオティズム」を基礎とした新たな政治的形態を提案したかについては上述の通りである。こうした新たな政治的形態によって、諸個人はもっぱら法治国家の諸原理に対して責任を負うことになるだろう。新しいパトリオティズムが「運命共同体」としての国民への参加意識の代わりとなるだろう。R・M・レプシウス〔正確にはM・R・レプシウス〕もまた、同様のパースペクティブのなかで、唯一の政治的正統性を保持するものとしてのデモス（*demos*）を、歴史的・文化的属性によって定義されるエトノス（*ethonos*）に対立させている[63]。――それはレプシウスにとってデモスに結びついた正真正銘の民主主義と、ネイション的（すなわち民族的）と形容される理念との間の対立を根拠づけるものであった。しかし、人びとが理論化しようと努めているこの「ポストナショナル」なアイデンティティは、分析的・規範的という二重の意味で、一般に「アメリカ的」とか「フランス的」と呼ばれる国民の純粋なあり方と異なるものではない。ジャン＝マルク・フェリーは、共和主義的なフランス・モデルは曖昧であり、完全には市民的理念を具現しておらず、民族的次元を伴っていることを強調している。しかしフェリーはそこで、実際にはその原理に決して一致することのなかった――そして一致するはずのなかった――具体的な歴史的国民について語っているのであり、市民的国民の理念やイデオロギーについて語っているわけではない。

ドイツの思想家たちはまた新たに、民主主義の国民の理念とフォルク（*Volk*）との間の伝統的な対立、歴史的国民の経験とは反対にあらゆる民族的次元を排除する理念的・理想的な市民的国民といわゆる民族的国民との間の、伝統的な対立について述べている。「ポストナショナルのアイデンティティ」に基づいた国民とは、ただ単にいわゆる市民的国民のことではないのだろうか？――すなわち、国民という理念そのものではないのだろうか。デモスという考え方を援用しながら、そして正真正銘の民主主義の国民を打ち立てるために「憲法パトリオティズム」が到来することを願いながら、ドイツの思想家たちは、いわゆる市民的で政治的な国民だけが、その原理において、国民の理念に一致するということを暗に認めているのである。

国民という特殊な政治的まとまりに参加することは、人びとの漸進的統合形態がその規模を大きくしていく歴史的過程の中のワンステップである。次第に大きくなっていく集合体のなかに漸進的に統合されていくという、一つの歴史的な契機である。個人をグループに結びつける関係、あるいはノルベルト・エリアスの概念を用いれば、社会的体質《ハビトゥス》というものは、政治的国民の建設や、社会的紐帯の国民化によって作り直されてきた。西洋の諸国民では、市民が行動上準拠する道徳的諸価値が、縁故主義や家族的・民族的紐帯に基づいた連帯に代わって、徐々に必要となっていった。たとえこのような合理性、すなわち理に適うことをよしとする論理が一度たりとも徹底されることがなかった——ありえなかった——にしても、である。今日、国民的な枠組みは、多くの点で、技術的、経済的、軍事的、情報的、そして同様に政治的な交流によって、実質的には超えられてしまっている。そうした交流は、人びとや歴史的集団を統合するか、あるいは対立させてしまう。一方には、政治的ユニットたる国民の形で組織された集団があり、他方には、国家以下もしくは超国家的な集団がある、といったように。人間の客観的な統合は、しばしばそのように言われているのを耳にするように、今日おそらく世界的なものではあるが、社会的体質《ハビトゥス》やアイデンティティ的・感情的な興奮は、国民的な帰属に密接に結びついたままなのではないだろうか。

ただし、国民による統合から人類全体レベルでの普遍的統合に移行するということは、また別の意味を持つだろう。「人類は社会的ユニットとしては奇妙な特徴を示している。人類とは異なるすべての統合の水準においては、われわれというものの存在理由は、自分自身のグループを苦しめる他のグループの脅威を認識することとの関係で発展してきた」[64]。ある集団への帰属は、つねに他者と対立することをつうじて明確になったのである。人類への帰属の意識は、どのように〈他者〉と対立しうるだろうか。人類への帰属という理念は、どのような主観的意味を持ちうるのだろうか。

結論　国民《ネイション》に対立する民主主義？

国家的諸制度や政治的ユニットたる諸国民が世界的に広がっているとしても、市民的国民が政治組織の普遍的な形態になったということを意味するわけではない。西洋的な政治秩序が、少なくとも形式的にでも世界中に否応なしに普及していることに伴う機能不全については、ここで触れるつもりはない。しかし、国民がそこで生まれた場所、あるいは国民が土着の歴史の所産であるところの場所、つまり西ヨーロッパや北アメリカにおける政治的形態としての国民の衰退については触れるようにしよう。国民を発明した国々においてすら、国民は、明確にしようとしてきた論理そのものから生じたさまざまな内的矛盾を経験している。「国民は何か永遠なものなのではない。国民は始まりをもち、終わりをもつだろう」（ルナン）ということを、ナショナリズムの時代の思想家たちは十分に自覚していた。しかしわれわれは、われわれが生きている民主主義時代の経験のおかげで、国民の衰退が、内的と外的との二重の次元において、まさにそれ自身の本性を原因として生じていることを、ナショナリズムの時代の思想家たちよりも明確に理解することができるのである。

民主主義の国民は衰退している。なぜならば、政治的ユニットたる諸国民の世界のなかで、民主主義の国民の主権が実際にはつねに大きく制限されているからである。そして、民主主義の国民は政治的プロジェクトをつうじて住民を統合するものの、そのようなプロジェクトが力を失い、国民の現実的な姿が徐々に労働、文化、そして富の再分配の共同体へと変容しているからである。人びとの間の紐帯は、市民的というよりは功利主義的、あるいは道具的になっている。民主主義は国民的なあり方のもとで生まれたが、法的な平等に対して具体的な中身を与えるという――民主主義的正統性の諸価値そのもののなかに含まれる――企てや生産至上主義の論理は、国民の根拠をなす政治的プロジェクトを継続的に弱めていく結果をもたらすおそれがあるのである。

客観的統合と社会的体質《ハビトゥス》

一九二〇年、モースは彼が「近代社会同士の相互依存の事実」と呼ぶところの、グローバリゼーションへ向かう動きを分析した。モースは、諸国民の間で「物質的、知的、道徳的諸関係」がますます強まっていくことを指摘し、「さまざまな出来事の結果によって、道徳的で物質的な生活の細部においてまで、借用、交換、一体化がますます活発になる方向に進んでいく」(1)と予想した。モース以後七十年以上が経過して、こうした主張に若干の留保をつけることができる。経済生活のなかで、借用や交換がますます活発化していることについては疑うべくもない。大部分の国民社会で、物質的生活のさまざまなあり方は、経済システムの内部で「借用」や「交換」が「ますます活発になる」ことで生み出されるのであって、一見したところつねにますます類似したものになってきている。技術文化は、たとえ国民的な特徴を保全するものであっても、生産活動のやり方には国ごとの違いを超えた共通のさまざまな規範が生まれるだろう。

技術や経済は、マルクス主義思想と開発主義思想との二重の影響のもとでそう論証が試みられてきたように、国民の建設や国民の維持を説明するには程遠いものであり、逆に本来は普遍的であろうとする傾向を持つ。ところが、生産、資本、情報がすべての大陸に広がっていくのだとしても、それらがさまざまな国々に同じ程度に到達するわけではない。異なる政治的・経済的まとまりを定義する国境線が、場合により資本や生産物が流入することを促したり、それにブレーキをかけたりし続けるからである。情報でさえも、その広がりは技術的に世界的なものになっているが、まったく同じような仕方で受け取られるわけでもなければ、理解されるわけでもない。人びとの往来は今なお、一時的または決定的な障害となっている政治的境界線とぶつかってしまう。

いずれにせよ、国民の理念を形作る独立や対外的主権といったものが厳密に制限されるようになったことに変わりはない。国際連合は諸国民国家に要請される諸規則を作り上げ、「国際世論」に訴えていこうとする。こうして軍事的・政治的領域において、政治的ユニットたる諸国民は世界的なものになったシステムの内部で行動することになる。こうしたシステムはそれぞれの国家の行動能力に厳しくブレーキをかける。誰も同盟の必要性や最も強大ないくつかの国家の直接的ないし実質的な圧力から逃れることはできない。一九一四年から始まった第一次世界大戦によって、諸国民国家が近代戦争を行うために必要な資源をもはや備えてはいなかったことが明らかとなった。フランスやイギリスは、ドイツ帝国やその同盟国を打ち破るためにアメリカの援助を必要としたのである。誰も他者と密接に協力することなしにいわゆる国内の安全を確かなものにすることもできない。たとえばテロリズム、ドラッグの密売者、あるいはスパイネットワークに対する戦いは国家警察同士の協力を必要とする。非国家的でトランスナショナルなアクターが国民国家の役割を減少させているのである。

経済的独立にもそれに劣らず限界がある。西ヨーロッパの諸政府は、ヨーロッパ経済共同体当局や国際的な経済機関によって決められたさまざまな要求を考慮することで初めて、貨幣を発行し、公的赤字に資金を調達し、インフレ政策を通して財源を獲得することができる。ヨーロッパ法で規制され、国際的な競争市場の義務に従っている経済生活は、徐々に国民的なものではなくなってきている。どのような政府も、国民経済が世界的なシステムのなかに統合されている事実を無視することはできない。一九八三年にフランスの社会主義政権が行った政策転換は、このことをいま一度明らかにしている。すべてのヨーロッパの農業従事者は、自分たち自身の運命がブリュッセルのヨーロッパ委員会による決定やGATTの交渉に左右されることを知っている。さらに非西洋の多くの国々では、国際通貨基金（IMF）や世界銀行やGATTの指導者たちが重要な経済的選択を押しつけている。トランスナショナルな大企業の経営者たちが行う基本的な決定は、とりわけ彼らの活動を「脱領域化する」ためのものであり、まさしく経済的な論理を追求するものである。そうした大企業経営者たちは、社会的保護の領域でのさまざまな国内法の違いを利用するのだが、彼らの決定は諸国民政府のコントロールから逃れるのである。

諸国民が生まれた西ヨーロッパにおいて、ヨーロッパ経済共同体の創設は国民という現実および理念に対するもう一つの挑戦をなしている。法の作り手たる国家は、実際には、徐々に少しずつ至高の存在でなくなってきている〔主権を失ってきている〕。一九六四年以来、ヨーロッパ経済共同体法の最も有名な判決の一つによって、「ヨーロッパ経済共同体が国際法の一つの新しい法的秩序であり」、「その主体は加盟諸国だけでなく、同様にその居留者たち（ressortissants）である」という原則が定められた。それ以後、ヨーロッパ経済共同体のあらゆる市民は、国民国家をヨーロッパの司法機関に対して訴えることができるようになった。ヨーロッパ共同体の法的領域は、徐々に国内法に重なり、そして国内法よりも優位になっている。ヨーロッパ司法裁判所は相次いで「加盟諸国の法に対する共同体法の優越」を認めた。フランスでは、一九八九年に国務院のニコロ判決がこの変化を正式に認めた。今や、経済、労働、人権保護に関する法といった一定数の分野全体が、主要なところはヨーロッパ法に由来している。国内法の約半分が国民国家と共同体との間で共有された管轄領域に属しているのである。

しかし、このような近代的社会同士の相互依存があるのと同時に、諸個人の政治的・象徴的な自己同一性や自己同一化、そして「道徳生活」(モース)は、一つの国民と別の国民との間で遠く隔たったままである。今日、人びとが潜在的に世界的な空間のなかに客観的に統合されてゆくことと、彼らの社会的体質《ハビトゥス》、つまり集団的なアイデンティティとの間には矛盾があるのであり、この矛盾は、国民のレベルで特権的に表現される彼らの政治参加との間にもあるのである。

過去から受け継がれた人びとの体質《ハビトゥス》は、エリアスがそうほのめかしていたように、確かに人間の客観的な統合に必ずしも適したものではない。技術は普遍的な抽象性を備えているが、さまざまな規範や価値体系の国民的な多様性が、そうした技術の世界的な広がりによって減退していくということはない。西ヨーロッパで、記憶によって育まれ、数世紀にわたる時間をつうじて作り上げられてきた歴史的共同体である国民は、政治的衰退にもかかわらずアイデンティティ的な意義を保ち続けており、社会的結束のための一つの手段であり続けているのである。

国民は、集団的アイデンティティや歴史的連続性の特権的な場の一つであり続けている。どの国民も一定の価値観のなかで自己を表現し続け、何らかの営みを誇りにしている。市民は国籍法に応じて定義されるが、そうした国籍法はもっぱら国民の主権のもとで制定されるのであって、国民理念の歴史や概念に応じて国々を異なったものにし続けている。制度化された宗教が衰退している時代にあってもなお、国民とは日々の生活に対して意味を与えることができる審級の一つであるのかもしれない。すべての国々で、地方選挙、国政選挙、ヨーロッパ選挙によって投票率が異なることがそう意味しているように、民主主義的な意思表明や政治生活への参加意識は、国民のレベルで示されているのである（このうちヨーロッパ選挙は、つねに最も投票率が低い）。西ヨーロッパの諸国民は、民主主義の具体的なあり方のなかに現れるような政治的伝統――選挙システム、議会活動や政府組織の様式、政党の内部組織や役割といったもの――を保ち続けている。ヨーロッパ選挙に対してですら、ヨーロッパ連合加盟十二カ国〔一九九四年の本書初版刊行時点での加盟国数〕は、同じ投票方法を採用するための同意ができなかったほどである。外国人や移民といった他者との諸関係もまた一つの固有の伝統のうちに書き込まれており、国民の誕生や政治的正統性の記憶、植民地帝国の記憶、戦争の記憶、そして起源の政治的プロジェクトの誕生の記憶がその上に重くのしかかっている。イギリスでは、たとえば市民性の論理はマイノリティの論理と結びついている。イギリス市民であると同時にマイノリティの成員であり、あるいはより正確にいえば、特殊な共同体へ帰属することによってイギリス市民となる。フランスでは市民性の論理はマイノリティの論理と対立する。ドイツは逆に、外国人と国民との間の区別を維持し、外国人を市民に変えることにためらい続けている。外国人が数十年にわたって継続的に定住したときでさえそうなのである。近年制定された諸法によって、ドイツで生まれ就学した外国人の若者は容易に帰化することができるようになったが、このような状況が根本的に変わるには至っていない。

　たとえばイラクに対する戦争〔湾岸戦争およびイラク戦争の両者をさす。一九九四年の本書初版では「湾岸戦争」とのみ記述されていたが、二〇〇三年の文庫版でその旨の修正がなされている〕の際のヨーロッパ諸国の対照的な反応が明らかにしたように、諸国民は国際政治のアクターのままであり続けている。一九九〇年代、スロヴェニア人がドイツに助けを求め、セルビア人が一九一四年以前の世界を猛烈に連想させるような外交ゲームを展開することでフランス人に理解してもらおうとしたとき、ヨーロッパがそれ自体として国際政治のアクターとして現れることはなかった。ヨーロッパ人の集団的な行動は、諸国民それぞれの利益が互いに一致しないがゆえに、つねに限定されている。ヨーロッパで政治的介入のための何らかの能力を保ち続けているのは、諸国民なのである。

政治的プロジェクトと生産至上主義——国民《ネイション》から民族《エスニー》へ？

政治的プロジェクトもまた、その内的次元において、民主主義時代の特有の進化によって衰弱している。こうした民主主義時代のさまざまな特徴はそれ自体、国民に対する挑戦となっている。市民的国民の社会的結束は、起源の政治的プロジェクトに含まれていた「カリスマの日常化」（ウェーバー）によってだけでなく、経済的・社会的領域の利益ばかりが優先され共同の公共生活が有する政治的特徴が衰退することによっても脅かされている。近代社会とは民主主義的であり、同時に生産至上主義的である。ところが、生産至上主義の論理そのものが、人間同士の関係を特殊なあり方にし、市民的プロジェクトを問いに付すおそれがあるのである。

近代民主主義の正統性は、市民が具体的に諸権利を行使しなければならないという理念や、形式的な平等を超えて事実上の平等を保証するという企てに立脚している。経済的・社会的・文化的領域へと国家が介入することは、民主主義の国民の論理の必然的帰結である。つまり、自由主義国家と福祉国家との間に断絶や非連続性はないのである。まさに主権者としての市民の諸権利とすべての人びとの平等の価値の名においてこそ、福祉国家は世論が公平だと判断する方法で資源を再分配すると同様に、最も持たざるものの生存を保障していくためのさまざまな措置を実施する。すべてのヨーロッパ諸国において、国民国家は、最低収入保障政策によって雇用市場の悪化や家族的・社会的紐帯の衰退の社会的影響を和らげながら、民主主義の国民の論理に合わせて行動している。国民国家は、少なくとも象徴的にでもすべての個人を集団的な公共生活へと参加させようと努める。しかし、近代国家の原理と社会的紐帯の性質に対するその影響とは、峻別せねばならない。

集団的な公共生活の経済的・社会的次元がますます重視され、生産至上主義的かつ快楽主義的な論理が個人の利益や喜びを特権視することによって、国民の理念を構成する政治的プロジェクトは徐々に蝕まれていく。経済発展や、社会福祉を介した富の再分配は、住民の客観的均質性を増大させる。客観的には不平等はより小さくなっていくが、一方では、すでにトクヴィルが定式化していた法則に従って、残存する不平等がいっそう我慢のならないものとなり、他方では、もっぱら経済活動だけが公民精神を蔑ろにして住民を突き動かしていくおそれがある。すべてのヨーロッパ諸国における社会保障費負担の増大は、福祉国家の危機と呼ばれた事実をまさしく示している。すなわち、社会的保護のシステムの財政赤字を超えた、再分配的民主主義による社会的・政治的統合の問い直しの危機である。社会的諸権利はますます政治的諸権利と同等のものと見られるようになり、「経済的・社会的市民権」は先進的な思想家たちの間で近代的市民権の正真正銘のあり方だと見なされるようになる。西洋の民主主義大国のとくに政治的な諸価値が、物質的利益の生産と再分配のための有効性以上に持ち出されることはあまりない。たとえ近代民主主義の正統性が、市民の諸権利と福祉国家の恩恵とをすべての人びとが普遍的に享受できるということに基礎づけられているにしても、諸個人はつねに市民の諸権利を犠牲にして、福祉国家の恩恵ばかりを重視してしまいがちである。ところが、政治的ユニットを維持するために必要な人間同士の紐帯を保証するのに、物質的利益だけで十分ということはない。「権利保持者」が市民であるわけではない。経済的領域では、ある人たちに与えられるものは他のある人たちからは奪われてしまう。経済競争によって人びとは分裂し、政治的プロジェクトが統合することを目指すグループの間には対立関係が生じてしまう。ヘーゲルがつとに察知していたように、ブルジョワジーが自らの社会的経済的特殊性のなかに閉じこもって、自らを市民として国家に結びつけていた政治的領域を蔑ろにするとき、国民的アイデンティティはぼろぼろになっていく。脱政治化は民主主義の国民にとって恒常的な脅威なのである。

今日、近代福祉国家は政治的プロジェクトを軸にして人びとを一つにするのではなく、経済生活に介入することで社会的紐帯を確かなものとしている。そうした近代福祉国家は、施設整備、教育整備、都市整備、そして一部の住宅整備のような大規模公共サービスを準備するときは企業家として行動し、ヨーロッパ・レベルや世界的レベルでの制約（予算、税制、所得税など）のなかで、経済政策の大規模な手段を取り扱うときは経済の調整者として行動し、不平等や対立を調整し、集団的な資源を再分配することでさまざまな「社会的パートナー」間の衝突を解決しようと努めるときは仲裁者として行動する。経済を調整したり、グループ間の諸関係を整序したりする役割が増大している一方で、福祉国家は次第に至上の存在ではなくなってきている。もっとも社会法や税法は、再分配のとくに重要な手段であり、ヨーロッパの国々では国民国家の管轄のままである。近代的ネオ・コーポラティズムと呼ばれたものが発展したことは、この福祉国家の肥大に関係している。社会的介入の諸政策は国のレベル、とりわけ地方のレベルで、再分配や行政サービスの諸機関の設置を促す。こうした諸政策によって、「社会的」活動の領域で働く給与生活者の数やこれらの介入の恩恵に浴するある類の住民の数が増大することになる。さまざまな共同体やカテゴリーに対し、資源、資金移転、場合によっては雇用、貸付、そしてさまざまな恩恵への諸権利を与えることで、福祉国家（*welfare state*）のかなりの数の仕事を任されている国家や地方公共団体の役人たちは、顧客の論理を作り出してしまう。福祉国家はまた顧客国家（Etat-clientélaire）になるのである——他のさまざまな手がかりのなかでも、訴訟の大規模な増加、とくに経済活動に結びついた訴訟の増加がこのことを示している。フランスでは、国家がつねにより積極的に文化政策に介入することで——国家レベルや地方公共団体のレベルで文化的行政サービスを作り、バイヤーや収集家として行動し、公的補助金から直接的ないし非直接的に恩恵を受けられるようつねに多くのアーティストや研究者を支えることで——、文化的福祉国家と呼びうるものを作り出した。いわゆる多文化主義の総合的な政策を始めた二つの国であるオーストラリアやカナダはまた、民族的福祉国家となった。「民族的」社会労働者や専門的知識人の団体の活動のおかげで再発見または再構築された、「出自の」文化に組織立って対応するからである。民族的・文化的コミュニティは、その特殊な利益を認められている。グループの諸権利に対する個人の諸権利の優越が、市民の共同体たる国民の理念の基礎にあったわけだが、集団の諸権利を優遇することによって、個人の諸権利は弱まることになる。

社会諸関係の商業主義的で功利主義的なモデルの拡大や、重要な国家的諸制度——学校、軍隊、司法、公共サービス——の陳腐化に、人びとは立ち会っているのである。こうした国家的諸制度は、国民や民主主義の諸価値を制度化する責任を負ってきたが、今日では民間企業活動のスタイルに倣うようになり、市民的使命を軽視してしまう傾向にある。形式的民主主義のメカニズムと象徴——投票、政党による公共生活の議論や実践の組織化——とが、党派的な代表制の危機によって問い直されている。選挙人はいまや、自分自身の判断に従い、政治家が勧めることを顧みない権利を自分のものとして保持しているからである。

マス・コミュニケーションの手段を有する責任者たちが実施し伝える世論調査は、つねに市民の投票よりも多くの政治的効果をもたらしてしまうおそれがある。もし民主主義の実践と象徴とによってコンセンサスがもはや準備されることがないのなら、またもし労働や富の再分配による共同社会への参加がもたらす物質的利益にしか結びつかない形でコンセンサスが構築されるのなら、生産が拡大しないたびごとに、コンセンサスが問い直されることにならないだろうか。イタリア北部でロンバルディア同盟の出会った反響を見るなら、国民的連帯が一つの同じ政治文化に由来する共通の政治的プロジェクトにもはや基づかない場合や、物質的利益のみに基づくように見える場合、豊かな地域が貧しい地域と労働の利益を共有するのを受け入れなくなることはありうる。民主主義社会において、失業はすべての人びとにとっての試練であり、すべての社会的紐帯を損ねてしまう。つまり、失業者はその尊厳において傷つけられ、企業や家族の内部における諸個人のさまざまな関係が問い直されるのである。生産の諸価値を軸にして築かれた社会は、果てしなく続くかもしれない経済危機に耐えることができるのだろうか。もしすべての社会成員に対して、雇用に結びついた尊厳をもはや保証することができず、貧窮ゆえに集団生活に参加するあらゆる可能性から排除された人びとの数が増大してしまうのなら、そうした社会は維持されうるのだろうか。上述のように、政治的市民権と「経済的・社会的市民権」とでも呼べるものとの間には、本性上の差異が存在するのである。

アンリ・マンドラスは、「第二次フランス革命」なるものについて言及することで、生産システム、消費システム、そして物資的・文化的な富の再分配システムとして、一九八〇年代のフランス社会を叙述した。彼の調査によれば、フランス人は自分たちの国を一つの大企業のように認識していたという。よい生活を送るためには売買せねばならず、その収支が黒字でなければならない。フランス人は企業活動を正当化していたのである。[2] 事実、近代的国民を発明したことを長く誇りにしてきた国において、民主主義の諸価値が全員一致ながら距離をおいた賛同の対象になっている限りにおいて、国民を特徴づけるものは今や政治的プロジェクトではなく、むしろ（ノルベルト・エリアスの表現を用いれば）風俗としての文明の特殊性、あるいは文化共同体の特殊性なのである。第二次世界大戦以後、社会の大規模な変容は経済をその原因とした。もし〈第一の革命〉が、公民精神や、他の紐帯よりも政治社会への忠誠に優位を認める考え方を実際に生み出したのだとすれば、〈第二の革命〉は、経済的・社会的・文化的共同体のために政治の価値を低下させるものだった。選挙キャンペーンの討論は道徳的諸価値や政治的方針には少しも向けられておらず、経済対策に向けられている。失業という問題が有権者や政治指導者の頭から離れないのである。国家的諸制度が粉砕されてしまえば、長らく異常だと判断されてきた振舞いを含むあらゆる行動が大きく黙認されたり、日常生活やその諸価値への没頭が結果としてもたらされる。国民意識は、「感情的で」「ほとんど感傷的に」[3] なり、「強力に市民的である」ことをやめてしまった。歴史家はミシュレのように人格としてのフランスを、あるいはラヴィスのようにその独自の運命をもはや賞賛はしないが、共通の記憶の場所――フランス革命からヴィシー政権に至る大規模な政治的対立の記憶を含む――を称えるようになっている。フランス人の歴史や文化の独自性に対する感傷的な愛着――（一九八四年から九二年にかけて出版された）『記憶の場』の成功が物語っているような――が、フランスの政治的プロジェクトに市民が参加することの代わりとなったのだった。

一九八九年まで西ドイツは、民主主義時代の一種の模範的な国であった。統一国家の名において行われた犯罪の記憶や、二つの主権国家への分断は、国民の理念を危険に晒していた。ある人びとは、将来において二つのドイツを統合する意志が基本法の第二十三条に規定されたことも不満に思ってさえいた。この

第二十三条は「ドイツの他の諸部分」が加入する可能性を見込んでいたのである。西ドイツの経験は、近代民主主義がそれでもなお、これまで分析してきた理念型という意味での一つの国民を形成することなしに、成功裡に発展することができることを明らかにした。この経験は、マックス・ウェーバーがスイスについて「未完の国民」と形容したものに、あるいは人びとが「商業国家」[4]と呼んだものに一致している。つまり、連邦主義によって保障された地方公共団体の諸権利、法治国家の尊重、経済活動の優先、一九七〇年代の「東方政策（*Ostpolitik*）」に至るまでの外的行動に対する慎重な態度、そしてまた軍隊を創設し世界的規模で外交政策を展開することに対する長年のためらいといった要素から成るものである。一九八三年には、ある一つの年齢層の二〇％が良心的兵役忌避者だった。一九九一年の湾岸戦争の際、ドイツというヨーロッパの最も繁栄した国が行動を自粛したのは、一九四五年の敗北によって課せられた状況から受け継がれた規則尊重主義の名においてだったのであり、明白な形で西ドイツのプロジェクトの中心をなしているものをまさに例証したのだった。ドイツがフランスとともに主要な推進者だったヨーロッパ建設や、北大西洋条約機構への参加だけが、国民の枠組みを超える政治的プロジェクトの維持を許容していた。新しい政治的プロジェクトは、ナチズムの記憶とソヴィエト帝国の現実とを二重に拒絶することを軸に構築されたのである。つまり「この二重の反全体主義的コンセンサスが（…）その上でわれわれの政治文化をリードしていくメンタリティが作り上げられた背景を規定したのである」[5]。本質的に経済的な国民であるという自意識――「ドイツマルク（*Deutschmark*）」が果たしたアイデンティティ的な役割がそれを例証している――は、まさに「核であり、この核を軸にして連邦共和国が自発的に有した政治的理解が作り上げられるだろう」[6]。五十年もの間、西ドイツはその名にふさわしい国民を形成することなしに、それでもなお経済的で社会的な民主主義国家でありえたのである。シュレーダー首相の選出〔一九九八年〕はおそらく、ドイツ史の新しい段階を示している。

共産主義体制とソヴィエト帝国の崩壊とによって強いられた再統合は、急激にこの政治的プロジェクトを再び問いに付すこととなった。ドイツはもはや、商業国家のままでいることができなくなった。ドイツは政治的に再度主権を有するようになり、政府は長年にわたって共通の運命を拘束することになるまさしく政治的な選択をせねばならなくなった。それは旧東ドイツの諸ラント（*Länder*）を連邦共和国のなかに統合するという選択であり、一つのドイツを再構築するという選択だった。一つのドイツは政治的で経済的なユニットとして、東側の住民には西側の政治システムを押しつけ、西側の住民には物質的な犠牲を要求した。それらはドイツの国民理念やドイツ民族の単一性の名において行われた。それまで西ドイツの枠組みのなかで決定されてきた経済的・社会的アクター間での、そして政治的諸機関（連邦政府とラント諸政府）間での諸関係全体が作り直されねばならなかった。統一ドイツは旧西ドイツの単純な延長ではありえなかったのである。今日のドイツが経験しているアイデンティティの危機は、一つの共産主義社会を建設するという旧東ドイツの政治的プロジェクトだけが問いに付されたのではなく――これは当然である――、西ドイツの政治的プロジェクトもまた問い直されたことに由来している。つまりそれは、連邦的で、脱集権的で、繁栄していて、平等な一つの民主主義国であるという政治的プロジェクトであり、諸国家関係の国際的な舞台に直接的に介入することを断念してきたプロジェクトなのである。

西洋世界全体がそうであったように、ドイツにおいては政治的意志という理念そのものが二つの大きな主意主義的冒険によって危険に晒された。すなわち、ナチ体制と共産主義体制であり、これら二つの冒険によって、人びとは市民の間に共同体タイプの社会的紐帯を再構築しようと努めていたのだった。ヨーロッパの民主主義の諸国民は、第二次世界大戦以降、少なくとも否定的な形で定義されることになった。

――つまりナチズムと共産主義との拒絶によってである。ソヴィエト軍の脅威は、そうした民主主義の諸国民に対して最低限の政治的プロジェクト、つまり共産国にはならないというプロジェクトを強いた。ソヴィエト帝国崩壊の結果、ヨーロッパの民主主義の国民が特別なプロジェクトを維持する政治組織として存在すること、そしてそのように自らを定義することをやめるのなら、未来はどうなるだろうか。ヨーロッパの民主主義の諸国民は、さまざまな帝国の崩壊と、諸民族《エスニー》の超越とによって形成されたが、再び諸民族《エスニー》に舞い戻ってしまうおそれはないだろうか。すなわち、歴史的共同体と集団的アイデンティティとの意識によって統合されているものの、出自を越えることで一つの共通の政治生活に参加するというまさしく市民的な意志によってはもはや統合されない人間たちのグループに、である。ヨーロッパの民主主義の諸国民は、本質的に平和主義を志向する傾向があるとはいえ、もし公民精神を育むことをなおざりにするなら、長きにわたって存続することはないだろう。そうした公民精神があることで、少なくとも傾向的には法治国家によって調整された政治的実践によって、情念や意志をコントロールすることが可能になるのである。また、もしヨーロッパの民主主義の国民が政治的諸価値を軸にして移民を統合する力をもはや有していないなら、長く存続することはないだろう。政府が流入を制限もしくはコントロールしようとさまざまな立法的措置を実施しようとも、移民は豊かさや富に魅せられて、つねにやって来続けるであろう。さらに、もしヨーロッパの民主主義の国民が自らの意志を押しつけないまでも、少なくとも自らの身を守る意志をもたなければ、あるいは地域の専制君主が力関係を不均衡にしたり、ソヴィエト連邦の崩壊によって世界中に拡散する可能性のある核兵器を我が物としたりするのを妨げる意志をもたなければ、やはり長く存続することはないだろう。オランダは政治的野心のない経済的で商業的な大国にすぎなかった時代には、英国海軍によって守られていた。合衆国でさえ技術的戦争、つまり具体的に血が流れることのない戦争を遂行することを望んだ。軍服のもとで青年たちが死ぬことのないようにである。もはや集団的価値を表明できず、必要な場合には力によってそれらを守ることもできなくなった社会は、あまり豊かではないがより意志を持った敵によってつねに打ち負かされてきたのである。

ヨーロッパ建設には、こうした自由民主主義の脱政治化に貢献するという、悪影響をもたらすリスクがある。ヨーロッパ建設がヨーロッパ諸国民の間に打ち立てた平和によって、国民意識が動員解除させられるのである。一九一四年以前のヨーロッパ国際体制は、隣国同士の競合関係を基礎としていたが、愛国心を育むことで、それぞれの国民的まとまりの統合を維持していた。あらゆる戦争もしくはあらゆる戦争の脅威は、国民統合の一つのファクターなのである。諸国民がそこで生まれ、戦争が二十世紀まで国民意識の誕生と活力との特別な手段となっていたヨーロッパの国々は、第二次世界大戦終結以降、交渉、歩み寄り、そして合意をつうじて対立を収束させるようになった。共産主義が――その是非はともかくとして――、もはや危険であるようには見えなくなった現在、外的な状況によって、逆説的にも国民統合が崩壊するおそれが増大している。経済的・社会的排除に脅かされた人びとの数が著しく増大しているからである。フランス、イギリス、ドイツ、ロシアは、時代ごとに互いに戦ってきた「父祖伝来の敵たち」をどのように、あるいは何者に取り代えるだろうか。

他方で、ヨーロッパ経済共同体は、生産者、消費者、商業取引者としてのヨーロッパを作り上げた。ブリュッセルの当局は主に経済的・社会的生活に介入し、雇用、両性間の平等、都市の再生、農村の整備や教育・文化に対して影響を及ぼそうとしている。当局は、地域公共団体の権力を強化していこうとする傾向にあり、諸国民国家を犠牲にして地域公共団体と直接的に交渉し、国家以下のさまざまなアイデンティティの活力を呼び覚まそうとしている。さらに、ナショナリストのあらゆる逸脱行為に不安を抱いている哲学者や法律家たちが到来することを願っている「ポストナショナル」な市民権もまた、もしそれが取り入れられたなら、同様に脱政治化を進めていく方向で作用することになるだろう。まさに国民という枠組みのなかでこそ、民主主義の正統性と慣行とが構築されてきたのである。つまり、国民国家の衰退は、ヨーロッパ統合の結果の一つであるが、同様に民主主義の衰退をもたらすおそれがある。フランスにおいて、左翼の側では「共和国」に対して、右翼の側では「愛国心《パトリオティズム》」や「主権」に対して行われる、しばしば軽率でつねに熱気を帯びた訴えかけや、すべての自由民主主義国家において民主主義がそこで教えられねばならない〈学校〉の失敗について示された不安は、一つの進化が引き起こす不安の表れであり、社会学者はこれをそれぞれ自身の表現で分析することができる。宗教的原理や王朝的原理の正統性をもはや認めない社会では、市民権による国民的紐帯が溶解していくことがまた、西ヨーロッパにおける社会的紐帯を弱めてしまうおそれがある。マックス・ウェーバーは、権力意志を持たない国民はないと考えた。共通の政治的意志を持たないヨーロッパもまたありえないだろう。同じ経済的・社会的システムへの参加だけでは、人びとを統合するのに十分ではない。社会学者とは、社会的人間が単なる「ホモ・エコノミクス〈経済的人間〉」であるわけではないことや、情念、価値、意志を糧にして生きていることを忘れた最後の人びとであるに違いない。

合理性に内在する限界

マックス・ウェーバーには、国民は世界の合理化の一つの段階であり、一つの実例であるように見えていた。しかしウェーバーは、合理的に脱魔術化された世界が人間の非合理性を排除しはしなかったことを知らないわけではなかった。一九六〇年代に至るまで、宗教やエスニシティを研究してきた社会学者たちは、近代社会を特徴づける合理的論理が広がるにつれて、ゲマインシャフトの論理の領域に属した社会形態は消滅する、あるいはいずれにせよ衰退するよう運命づけられていると主張してきた。一九七〇年代以降、西ヨーロッパの最も古い諸国民においてでさえも、民族的要求が著しく増大したことや新しい宗教運動が出現したこと、ウェーバーの言葉を用いるなら、組織化された教会の外部で「感情の共同体」が出現したことなどは、こうした合理性が有する限界を明らかにした。ある種の民族的・宗教的な情念や表現と近代性とが両立不可能ではないというだけでなく、近代性が宗教への回帰や民族的要求の独特なあり方を生み出しているのである。

すでに明らかにしてきたように、普遍的で合理的な理念とは、決して一つの支配原理以外のものではなかった。つまり、社会生活の理念であり、理想であった。しかし民主主義の時代にあって、人びとの客観的均質性が増大しているにもかかわらず、国民が賞賛された時代に比べて、国民的秩序はなかなか特殊な帰属を超越できなくなってきている。新たな民族的要求は、宗教への回帰として、民主主義社会の特徴——合理性、抽象性——から生まれるとともに、民主主義社会が自らに与える平等の理想と、民主主義社会が辿り着く不可避的に期待はずれな結果との間の矛盾から生まれる。(7) 近代社会は、その価値においては平等で、生産組織においては合理的であるが、不満と挫折の感情をかきたてずにはいない。すべての他者と平等である近代的人間は、まさにすべての他者と比較することができる存在であり、そのことによって不幸なのである。民主主義は——すべての人びとの平等を保証するといった——さまざまな理想を公言するが、具体的現実の観察は、そうした理想を否定してしまう。また民主主義は、まさしく形式的な平等を超えて平等を目指す大きな志を明確にするが、経済的・社会的領域の事実上の不平等を根絶することができない。たとえそれらを制限するよう努力したとしてもである。すべての文化の価値が尊重されることが望まれ、同時にすべての個人に対するチャンスの平等が保証されることが望まれるとき、民主主義は平等の価値と純正さの価値という、互いに衝突する価値を双方ともに掲げることになる。民主主義は形式的にであれすべての人びとにすべての可能性を開き、あらゆる社会的な野心をかきたてるものだが、また大きく失望させるものでもあらざるをえない。民主主義は個人に絶対的な価値を認めるが、生産性の論理によって、個人は官僚的・産業的組織の内部で、社会的で職業的な役割に還元されるよう強いられてしまう。宗教的・民族的な特殊な出自の永続性や活力が確認される一方で、民主主義は市民性の抽象的普遍性を地平としているのである。

より一般的に言えば、近代社会は存在しているものに対して究極的な意味を与えはしない。あるいはウェーバー的な表現を用いるなら、近代社会は世界の不完全さや自らの不幸を理由づけてくれる説明のシステムを手にするという人間の欲求に応えてはくれない。技術革新や知的革新や新しい社会形態の発明に基づき、未来へと差し向けられて、近代社会はそれ自身のうちにユートピア的な次元を伴っている。しかし、それは過去の宗教的ユートピアとは違って、合理的なユートピアである。かつての〈黄金時代〉という物語にも、根源的に異なる未来の展望にも安らうことのないユートピアである。近代社会は過去に価値を置くことをやめ、現在の合理性の発展と完成のみを未来に向けて告知するだけである。過去を糧にした神話体系に根を張っていた、完全で明白な断絶というさまざまな夢が果たしていた役割を、近代社会は果たしえない。近代社会は人類の集団的経験にも個人の運命にも意味を与えない。近代社会とは真空であって、各人には自らの存在に与えようと望む意味を選ぶ可能性、義務、特権、そして苦悶が残されるのである。

少なくとも傾向上、集団的な労働の組織化や、より一般的には社会秩序の組織化を司っている合理性は、諸個人をして制度化されていないさまざまな種類の感情のなかに人間の運命の意味を探し求めるよう促しはしないだろうか。市民性が有する合理性は、もはや容易には集団的な希望や熱狂をかきたてることがない。感情の共同性——宗教的な実践、国家以下ないし超国家的な民族共同体への帰属、反人種主義の戦闘的行動、あるいはまた最も頻繁に見られるものでは、あるスポーツチームへの同一化を軸に構築される——は、個人に対してその失敗に意味を与え、生産の世界や一般的には社会的な世界のもつメリトクラシーや合理性、政治社会や主権者たる市民の抽象性を補うことを可能にする。経済的・社会的生活に失敗した人びとに関するすべての調査は、彼らがまず第一に尊厳を要求していることを明らかにしている。民主主義的正統性の価値としての尊厳である。感情の共同体への参加によって、諸個人は人間の苦悩に対して意味を与え、他者との直接的で感情的な関係を築くことが可能になる。市民性による特殊性の超越は、まさにこうしたことによってさらに難しくなるばかりである。

一九七〇—八〇年代にかけて見られるようになった「多文化社会」への夢は、西ヨーロッパの民主主義国に定住した移民たちからの要求によってというよりも、ヨーロッパ人たち自身が政治的衰退に直面して、その国民的アイデンティティについて表明した問いから生み出されたのだった。フランスやイギリスはその決定が世界の運命に深く影響を与える帝国主義列強ではなくなっていた。ドイツ人は第二次世界大戦という政治的で道徳的な災厄を経験した後、経済活動に没頭するようになった。多文化社会の理念は、まさに曖昧であるがゆえに、魔法のように、すなわち言葉で政治的凋落を埋め合わせることを可能にした。他の諸価値、つまり文化の多様性の諸価値を掲げたのである。そして、多文化社会の理念はまた、過去の植民地政策や同化政策の過ち、第二次世界大戦の残虐行為を象徴的に償うという一つの機会ももたらした。多文化社会はついには、近代性の二つの大きな価値、つまり市民性の原理に含まれる個人の平等と、特殊文化に結びついた純正性という価値への全面的賛同から生み出された矛盾に対する、明白な解決策をもたらした。国民の全盛期には、国民的なものが社会的紐帯を保証する責務を負わされ、続いて福祉国家が同様の任務を委ねられ、以後は文化的なものがそれを引き継いでいる。言葉のあらゆる意味での「さまざまな文化」――つまり文化省の意味でもあり、多文化主義活動家といった場合の意味でもあり――は、価値としてはまったく同等であって、経済的かつ道徳的・政治的ですらある危機を解決する責務を負わされるだろうし、以後は廃れてしまった公民精神に代わって人間を統合し、その存在に意味を与えることになるだろう。

ますます技術的になっていく社会では、公共事業の管理は必然的に専門家だけに任されることになるが、人びとは地域的市民権の諸価値を進んで持ち出すようになっており、その実践は「参加」の要求、あるいは参加型市民権の要求に応えることを可能にしている。こうした要求は諸個人が表明するものであり、漠然としてはいるが執拗でもある。民主主義の国民を生み出すもととなった代表制の理念そのものが、今や多くの人びとによって不十分とみなされている限り、地域的民主主義の実践こそが、真に能動的な市民権の希求を満たすことになるだろう。しかし、民主化が望まれる地域行政の管理運営へと参加するだけで、共通意志の基礎となるプロジェクトを中心にして市民を統合するのに十分というわけではない。地域的民主主義の実践は、市民が政治的集団やそれを正統化する諸価値を守るために、必要な場合には自らに動員をかけることを保証するのに十分ではないのである。

すべての概念を歴史化し、あらゆる制度を相対化することで、近代思想は――政治的諸価値の名において二十世紀に遂行された残虐行為にも助けられ――、宗教的なものを非神聖化した後、政治の権威を失墜させる結果をもたらした。ところが、あらゆる権力は神聖さを帯びるものである。民主主義の国民のなかには、人民の意志を制度的に表明する組織と、そのように表明されたものを承諾するというこの種の正統性のあり方とが残っている。つまり、すべての人びとは選挙の結果を受け入れるものである。こうして市民の主権が認められ、正統性の基礎が築かれ、政治的プロジェクトが再確認される。しかし、選挙は政治的紐帯を、すなわち社会統合を保証するのに十分でありうるだろうか。情念や興奮は、他のすべての社会と同様、民主主義時代の社会に浸透し、そうした社会を潤していく。教会は、カルト集団やカリスマによる運動をもはや制御できないというリスクをもち、また教会制度のなかにいつの日か再統合しようと望むことで、宗教的インスピレーションによるすべての種類の感情の共同体を認めてしまうリスクをもっている。民主主義の国民が、市民権という合理的な企てをつうじて、生産至上主義的民主主義のなかで富の分配が引き起こしてしまう必然的な衝突を制御し続けることができるというのは、確実なことではない。そうした民主主義のなかでは、物質的欲求は物質的欲求であるかぎり限界を知らず、また他方で民族的共同体への帰属、あるいは自己同一化の意識によって生じる振舞いもまた限界を知らないからである。民主主義の国民が社会的紐帯を保証し続けることができるということも、確実ではない。

十八世紀、ヨーロッパ人たちは君主政体の弱体化に立ち合っていた。君主政体は、大衆が抱いた新たな希求に応える用意がなかったのである。したがって今日、国民という政体が限界を迎えてしまうことも考えられないわけではないのである。

訳者あとがき

本書はDominique Schnapper, *La Communauté des citoyens, Sur l'idée moderne de nation* の全訳である。翻訳に際しては、一九九四年に刊行された初版ではなく、二〇〇三年に刊行されたPoche版、つまり文庫版を使用した。著者は文庫版を刊行するにあたって、いくらかの加筆・修正を施している。なお、本文中にある引用については、既訳のものを確認しつつも、基本的には本書の趣旨や文脈に合うように訳し直した。また、日本において教科書などに頻繁に登場するような用語についても、本書の趣旨やフランス語における認識に基づいて、訳し変えたものがある（例えば、「民族自決」は「人民自決」となっている）。

さて、日本において、著者であるドミニク・シュナペールの名はさほど知られてはいないだろう。数多くある著作のなかで、二〇〇〇年に刊行された『市民権とは何か（*Qu'est-ce que la citoyenneté?*）』（富沢克・長谷川一年訳、風行社、二〇一二年）のみが邦訳されている。

シュナペール自身について簡単ではあるが紹介しておきたい。一九三四年、シュナペールは二十世紀フランスを代表する社会学者レイモン・アロン（一九〇五〜八三年）の長女としてパリで生まれた。シュナペールは夫の姓であるが、夫アントワーヌ（一九三三〜二〇〇四年）はジャック＝ルイ・ダヴィッドなど十八世紀から十九世紀のフランス美術を専門とする美術史家であった。

シュナペールは高名な社会学者の娘として生まれたがために自分自身も社会学者になったというわけではなかった。十代の頃のシュナペールはマルティン・ハイデガーの哲学に傾倒し、哲学者になることを目指していたのだという。ところが、哲学的な問いに対し哲学的に答えるのではなく、政治、経済、社会といった社会的現実を考察することを通して抽象性を帯びた哲学的な問いに対し答えたいという問題意識を持つなかで、シュナペールはその興味関心を哲学から社会学へ移していった。まさに本書の緒言および本文中において記述されているように、シュナペールにとっては社会的現実を分析し、「現実を描写することが問題なのではない」（緒言二頁）。「社会的現実とのさまざまな関係のなかで理念を検討する」（二一頁）ことこそ、シュナペールの思考の中心にある。さまざまな社会的現実を考察しつつ、抽象化することで、ある社会的な事象についての合理的な概念（＝「理念型」）を導き出すというわけである。あるべき理想や規範の意味での理念を提示しようということではない。シュナペールによれば、社会学というものは歴史的経験の分析をもとにして、社会的現実の領域と、理念やイデオロギーの領域とを区別しつつ、ある社会的な事象についての一般的な妥当性をもった命題を提示することができるのである。

社会学者を志したシュナペールが師事したのは、ピエール・ブルデュー（一九三〇〜二〇〇二年）であった。ブルデューは父レイモン・アロンによって見い出され、引き立てられた人物であり、シュナペールはブルデューの元で研鑽を積んでいく。しかし、一九六八年の五月危機（Crise de mai）（日本ではしばしば五月革命と表現される）の喧騒のなかで、シュナペールはブルデューの元を去ることを決断した。多くの仲間や同僚たちと一線を画する選択であった。五月危機は社会のなかに、そして学者・思想家らの間に不和や対立、断絶をもたらしたが、シュナペールはこれ以降独自の道を歩んでいくことになった。一九七二年から母校であるパリ政治学院の教壇に立ち（一九八〇年まで）、一九八一年にはフランス国立社会科学高等研究院（EHESS）の教授（正式名称は「研究ディレクター（Directrice d'Etudes）」）に就任した（現在に至る）。一九九五年から九九年まで、フランス社会学会（Société française de sociologie）の学会長を務めた。公職も歴任しており、二〇〇一年から二〇一〇年にかけては、憲法院（いわゆる憲法裁判所に相当）の委員の地位にあった。

このようなシュナペールがとくに関心を寄せてきた問題こそ、さまざまな社会的現実に基づいて国民という概念をいかに明確にしうるかということであった。そして、シュナペールの名が社会学の枠組みを越えて他分野の研究者のみならず一般の読者にまで広がり、さらにフランスを越えて世界的にも知られるようになったのは、本書『市民の共同体——国民という近代的概念について』を刊行したことがきっかけであった。シュナペールは、『市民の共同体』以前から『統合のフランス（*La France de l'intégration*）』（一九九一年）などの著作を刊行していたように、多人種的、多民族的、多文化的、そして多宗教的なフランス社会において、多種多様な背景を持った人びとを「国民」としてどのように統合していくかについての問題意識を一貫して保持してきたのである。そのためにも、さまざまな社会的現実から「国民」という概念を明確にすることが必要であった。先に確認した社会学をめぐるシュナペールの姿勢ないし視点から分かるように、シュナペールは〝近代的な国民がこうあるべき〟という、理想や規範の意味での理念について探究するわけではない。本書のサブタイトルの idée については、「理念」とも「概念」とも翻訳可能であるが、「理念」という言葉が醸し出す〝べき論〟のイメージを切り離すために、「概念」の方を選ぶことにした。

近代にその姿を現して以降、今日に至るまで、国民国家は国際社会の標準的な単位として確立している。フランス共和国はそうした近代的な〝国民国家の典型例〟として取り扱われることがある。フランス共和国が近代的な国民国家の典型例であるとするならば、国民国家の基礎をなす「国民」という近代的概念について明確な定義が存在するはずである。ところが、エピローグおよび本文に二度登場するエミール・デュルケムの言葉のとおり、「確かに、国民の概念というものは謎に満ちていて、よくわからない理念である」(二一〇頁)。nationという言葉が生まれてより今日に至るまで、その意味内容はさまざまに変化し、近代の国民についても種々雑多に語られてきた。国民と訳することもあれば民族と訳することもあるといったように、著者の文化的背景や政治的立場によって、nationがいかなる意味で用いられているのかを判断せねばならない。著者が何かを引用することでnationと記述している場合、もともとの引用の書き手の思想に目を向けねばならない。邦訳書によっては、nationがほとんど自動的に民族と訳されてしまっているなど、著者の意志にまったくそぐわない形で翻訳者の思考が反映されていることがある。

アントニー・スミスのように、「国民の民族的起源」を語ることで国民を民族の延長に過ぎないものとして見なすのならば、nationは国民と民族とのどちらも意味することになり、国民とも民族とも訳することが可能になる。ある区切られた領土を有する国家のなかで、国民は元来存在する民族的紐帯を利用しているに過ぎず、したがって国家も国民も民族に比べて本質的ではないとする立場においては、国家と国民との区分は認識されない。ベネディクト・アンダーソンの「想像の共同体」のように、国民を境界を与えられ主権を有するものとして想像されたと考えるとき、想像に過ぎない国民に比べて民族をやはり本質的なものと捉える立場がありうる。こうして、二〇一〇年にノーベル文学賞を授与された作家であるマリオ・バルガス・リョサなどは、まさに近代に生まれた国民を「有害なる空想の産物の代表的な例」(一〇頁)と断じ、「独裁、全体主義、植民地主義、宗教的・民族的ジェノサイド」(一〇頁)の源泉と見なした。「専制的で、人びとの役に立つわけではない政治的フィクションである国民は、二十世紀の最もひどい権力乱用のアリバイとしての役割を果たしたといえよう」(一〇頁)。とはいえ、悪しきすべての国民を取っ払ってしまえば、「純正の小規模文化」の担い手たる民族によって「グローバルな民主主義」と「平和な経済交流」(一一頁)とが到来するのであろうか。歴史を振り返るなら、外国人排斥も戦争もジェノサイドもつねに存在し続けてきた。国民国家という単位が出現するはるか以前から、人類は大量虐殺と文明の消滅とを経験していた。さらに、国民が想像の産物に過ぎないとするのなら、そのような考え方は民族にも当てはまってしまう。本文中で紹介されているように、ナイジェリアにおけるイボ族とヨルバ族とはまさに恣意的に作り出されたものだった。旧ユーゴスラヴィアにおいては、チトー主義によってボスニア・ヘルツェゴヴィナのイスラム民族がでっち上げられた。

国民を民族の延長に過ぎないものとして見なそうとも、事実問題としてフランス国民やアメリカ国民のような多人種、多民族、多文化、多宗教の国民が存在するという現実がある。かつて存在したチェコスロヴァキアは、少なくとも二つの民族が一つの政治的単位たる人民としてまとめあげられることで人為的に作り出されたものであった。そこで、アントニー・スミスらは政治的・市民的国民と民族的・文化的国民、あるいはアメリカ流・フランス流国民とドイツ流国民といった形で国民という近代的概念が二元的であることを主張してきた。結局、近代にその姿を現した国民という概念については、フランス型ナシオンとドイツ型フォルク、あるいは政治的・市民的国民と民族的・文化的国民といった二元的対立軸に基づいて語られることがしばしばである。しかし、シュナペールは民族的・文化的国民の代表例のようなドイツも含めた上でさまざまな社会的現実を観察しつつ、「国民の二つの理念などは存在せず、たった一つの理念だけが存在する」(二二一〜二二三頁)と考えるのである。いかなる近代的国民も必ず市民権によって民族性といったさまざまな所与の特殊性を「超越」した抽象的な個人たる市民によって形成され、一つの抽象的な政治社会を作り出すという企てを持つ。国民と民族とを明確に区分する「市民」という領域があり、国民とは法的かつ政治的に自由で平等な抽象的個人たる「市民の共同体」なのである。そうして多種多様な人びとは一つの国民社会に統合されることになる。もちろん、さまざまな特殊性は否定されたり抑圧されたりするのではなく、私的領域においては尊重されねばならない。

多種多様な背景を持った人びとが存在するのならば、「市民の共同体はその原理において、文化的に異種混交でありうる」(五一頁)。また、「つねに引き合いに出されるスイスの例がそう示しているように、住民の文化的均質性は政治社会の建設を促す一つのファクターにすぎないのである。文化的均質性が、一つの国民を形成するために十分であったためしは一度たりともなかった」(五一頁)。

では、さまざまな国民社会を現実的に見た場合に、それらが帯びているように見える民族的なるもの、あるいは文化的均質性とは何なのだろうか。シュナペールは「国民に対する政治的忠誠が、政治的組織によって多かれ少なかれ認知された先在する民族へのさまざまな種類の愛情と組み合わさることはありうる」(五一頁)と考える。マルセル・モースが「まさに国民が人種を作り出すからこそ、人種が国民を作り出すと信じられてしまったのである」(六三頁)と書いたように、「国民は一種の民族性を生み出すのであり、その民族性が国民の側に集団への帰属の意識を培うのである」(九八〜九九頁)。どんなに所与の特殊性を越えて、市民＝抽象的個人による共同体を作り出そうとしても、歴史の推移のなかで国民がそれ自身の特殊性を帯びたものを生み出してしまう。こうして市民という普遍性を目指すベクトルと特殊性を生み出そうとするベクトルとが一種の緊張状態を引き起こす。いかなる国民も普遍的であることを目指しつつ、他国家・他国民・他民族・他宗教などに対する排外主義的な感情を持つようになるのであれば、なにゆえに今日なお諸国民間において、そしてある国民集団と新たに流入してきた住民（移民など）との間において、さまざまな不和や対立が見られるのかについて理解することができよう。

国民という近代的概念について、市民＝抽象的個人による共同体と捉えるシュナペールは、公的領域に民族といったさまざまな所与の特殊性を持ち込むことになる共同体主義や多文化主義に批判的である。シュナペールが口にする概念のなかにフランス共和主義の伝統が見え隠れすることは否めない。シュナペール自身、本書初版の執筆に関して、「私はいわゆる共和主義的な信念を決して隠さなかった」（緒言七頁）と述べている。イスラエルでの『統合のフランス』についての講演において、シュナペールはその「理論」をフランスの例をもとにして作り上げている」といった批判を受けていたわけだが、本書もまた「フランスや外国で、フランス共和国について擁護し顕揚する宣言書《マニフェスト》のように読まれた」（緒言七頁）。それでも、シュナペールにとって、国民という近代的概念を見出そうとする際に「フランスの例は、歴史的な理由で例証となるにすぎない」（二二三頁）ものであり、いかなる国民社会であっても「市民権の価値、原理、そして制度に基礎づけられている」（緒言二頁）方向へ進んでいくのである。

さて、さまざまな国民社会のあり方や思想家たちの言説を分析するなかで、シュナペールは民族的・文化的国民の代表的な例として扱われてきたドイツの変化について触れた。本文中で紹介されているように、『ドイツ国民に告ぐ』で知られるヨハン・ゴットリープ・フィヒテなどは単純に民族性のみに基づいて国民を語ったわけではなかった。そういう意味で、ドイツにおける国民をめぐる意識は実は混淆的なのであった。ここで、ドイツの変化という問題について少し補足しておきたい。

今日のヨーロッパでは、諸国民国家による統合（ヨーロッパ統合）が深化・拡大を続けるなかで、「フランス流」の国民概念と「ドイツ流」の国民概念との対立がにわかに注目されるようになった。本書初版が刊行された一九九四年、当時のドイツの政権与党キリスト教民主同盟およびキリスト教社会同盟（CDU・CSU）の議員団が、ヘルムート・コール首相の側近、ヴォルフガング・ショイブレ（二〇一五年現在、ドイツ財務相）ら二人を中心として、「ヨーロッパ連邦」の建設を視野に入れたヨーロッパ統合ヴィジョンを提示したことがきっかけであった。この前年の一九九三年、マーストリヒト条約批准をめぐるEC（ヨーロッパ諸共同体）加盟諸国家の国民投票のなかで、ヨーロッパ統合を牽引してきたフランスにおいて批准賛成票がたったの五一・〇五％にとどまるという賛否拮抗した結果が出たことは、ドイツをはじめとする諸国家にショックを与えていた。

CDU・CSU議員団は、この提案のなかで既存の国民国家を「抜け殻」と表現し、そのような「抜け殻」を解体することで、主権を持つ「ヨーロッパ連邦」を創設することを主張した。フランス出身のヨーロッパ委員会委員長、ジャック・ドロールがCDU・CSU提案を「フランス人宛ての書留書簡」と表現したように、CDU・CSU議員団はヨーロッパ統合のパートナーたるフランスに対してこそ連邦ヴィジョンを訴えかけたのだった。提案者の一人はわざわざパリを訪れ、加盟諸国家のうちのいくつかによって先行して統合を進める「ヨーロッパ中核」が一つの国家（連邦国家）であって諸国家の連合（国家連合）ではないということを強調した。

ヨーロッパに限らず世界のあらゆる場所で見られた事象であるが、国家統合や国民国家形成が行われる際、ある民族的・文化的「地域」が国境によって分断されたり、また地域的特殊性が国家権力によって少なからず抑圧されるということがあった。そうして、ベルギーにおけるフランドルとワロン、イタリアにおける南北両地域、スペインにおけるバスク地方、フランスにおけるコルシカ島、イギリスにおける北アイルランドなど、諸国家の中では地域主義運動という形で自らの存在を活発に表明する「地域」が多々存在してきた。こうした状況下で、国民国家が制度的限界に直面しているとし、ドイツが考える統合ヴィジョンを地域主義運動に応えうるものとしてとらえる人びとがいた。国民国家を解体し地域単位でヨーロッパを再編することは、実は単に国境などによって強引に、そして暴力的に分割されてしまった元来の地域文化圏を再び人為的につなぎ合わせる試みであると考えられるのである。民族やその文化を純正と捉えつつ、そうした純正なるものを抑圧する存在として国民国家を断罪する姿勢は、バルガス・リョサなどの言葉にも見られたとおりである。

しかし、フランスは「諸国民国家のヨーロッパ」から「諸地域のヨーロッパ」につながっていく連邦ヴィジョンを問題視し、CDU・CSU提案に消極的姿勢をとった。なにゆえにフランスはこうした連邦ヴィジョンに消極的だったのであろうか。たとえば、フランスの政治文化史の大家であり、簡明な表現で多くの歴史研究書を著している歴史家ミシェル・ヴィノックは、ヨーロッパ統合の深化・拡大のなかで「一つの不安がわれわれの国にとりついている。もし、ヨーロッパがわれわれのアイデンティティの墓場だとしたら?」と叙述した。実は、伝統的な連邦ヴィジョンがフランス国民に危機をもたらしうるものと判断されたからである。

政治的・市民的国民は人種や民族といったさまざまな所与の特殊性を超越した市民によって構築される。ドイツ民族性を帯びたドイツ民族からなると見なされてきたドイツ国民とは違って、フランスには国民を作り出すものとしてのフランス民族もフランス民族性も決して存在しない。フランス国民はフランスという政治社会とそれを支える諸価値とともに存在しうるものである。フランスがヨーロッパ統合のなかで小さな「地域」に解体されたとしたら、フランスという政治社会は存在しなくなる。たとえ国民が歴史の推移のなかで民族性といった特殊性を生み出すものだとしても、ヨーロッパ統合が深化し、フランスが解体されたとき、フランス国民の意識やアイデンティティは恒久的に生き残り続けるだろうか。深化し続けるヨーロッパ統合とは、フランス国民にとって「アイデンティティの墓場」なのかもしれないのである。まさに、ヨーロッパ統合という国民国家を超えていこうとする動き、つまり超国家・超国民的な統合の動きによって、フランスとドイツとの間にある国民概念の差異があらためて注目されるようになった。

しかし、ドイツ国民とてドイツ人であることを望んだユダヤ人などを包摂してきたように、決して血統に基づく単一のドイツ民族のみによって構築されたわけではなかった。ドイツ民族を超える形でドイツ国民は形成されてきたのである。そして、「ある種のグループの抵抗にもかかわらず、ドイツもスイスもゆっくりと、しかし不可避的に、いわゆる政治的・市民的国民へ向かって進化しているのである。政治的・市民的国民は、市民権の普遍性という原理のさまざまな作用をまったく無視してしまうことはできないし、そうした原理によって、公共領域に参加することを望んでおり参加することができると主張している人びとに対し開かれるのである」（一三二〜一三三頁）。シュナペールが言うように、「二〇〇〇年一月法に至るまで、ドイツの国籍法は主として一九一三年法を基礎とし、血統権のみを重んじてきた」（二〇六頁）わけだが、二〇〇〇年一月にこうしたドイツの国籍法が改正されたのであった。二〇〇三年の本書文庫版にはこの点が加筆された。

一九九八年にゲアハルト・シュレーダーを首班にして政権の座についた社会民主党（ＳＰＤ）と緑の党

による「赤緑連立」は、一九九九年一月に生地権を盛り込む国籍法改正案をドイツ連邦議会に提出した。ドイツで生まれた外国人子弟の国籍取得を容易にし、さらに二重国籍を容認する案であった。そして、改正された国籍法は二〇〇〇年一月に発効するに至った（二〇〇〇年一月法）。

血統権を軸としてきたドイツの国籍法を改正しようという議論はこれ以前からも見られた。例えば、SPDはコール政権下の一九九〇年、血統権を軸とする国籍法を批判したものの、連邦議会選挙で大幅に議席を失ってしまい、国籍法改正を成し遂げることはできなかった（もちろん、SPDの敗北については国籍法改正問題だけでなく、東西ドイツの統一によってコール首相およびCDUの求心力が高まっていたことも原因であろう）。そして、一九九九年一月の国籍法改正案の提出によって、SPDは再び国民世論の反発に直面することになった。一九九九年二月に行われたヘッセン州議会選挙において、国籍法改正に反対するキャンペーンを展開したCDUが勝利し、SPDより州政権を奪還することに成功した。もちろん、CDUが全党を挙げて反国籍法改正キャンペーンを展開したわけではなく、党執行部の動きに対し若手議員が反発することもあった。それでも、ヘッセン州議会選挙の結果は、血統権だけでなく生地権も認めようという国籍法改正が受け容れられることの難しさを見せつけた。

ドイツは戦後の高度経済成長期を中心に労働力不足を補うために、イタリアを皮切りに、スペインやトルコ、チュジニアなど外国政府と雇用協定を結び、外国人労働者の受け入れを積極的に推し進めた。オイル・ショック後の景気低迷によって、外国人労働者の受け入れは中止されたが、すでにやってきている外国人労働者の多くがドイツでの定住を希望した。二世や三世が生まれている外国人労働者の人口は、国籍法改正案が提出された一九九九年の段階で全人口の八・九％（約七三〇万人）にのぼっていた。

ヘッセン州議会選挙の後、SPDの内部では国民世論の主流と思われるものに従おうとする動きも見られたが、一九九九年五月、国籍法改正案はドイツ連邦参議院を通過し、新国籍法が成立した（二重国籍については、二十三歳までにドイツ国籍かもう一つの国籍かを選ばねばならないことになった）。国籍法改正の担当大臣であるオットー・シリー内相は、この国籍法がドイツの国民概念をより現実に近づけていくことになると指摘した。すなわち、多くの出自の異なる人間によってドイツの国民社会が構成されている現実が法的に認められるのである。さらにシリー内相は、国民という概念が民族的均質性に依拠すると考えるのは幻想であるとし、社会的なまとまりは共通の言語や地理的な境界、あるいは統一的な宗教だけでは決して達成できないと述べた。さらには開かれた現実的な国民という概念は、平和的に共存しつつ共同で未来を建設していこうとする意志や、自由な社会の基本である諸価値への忠誠に立脚せねばならないと主張した。

もちろん、ヘッセン州議会選挙の結果を見るにつけ、新国籍法の成立によってドイツ国民が全体として血統権だけでなく生地権を容認する方向へ変化し始めたと判断するのは時期尚早であったと言える。それでも、一九九〇年の東西ドイツ統一から約十年が経過して、ドイツ民族性に対する強いこだわりが解消されていっているのではないかという指摘が見られた。ユルゲン・ハーバーマスの「憲法パトリオティズム」のような意識が多かれ少なかれ共有されるようになっているのは確かであろう。そして、シリー内相発言で示されたような政治的・市民的国民に基づく考え方が、国籍法改正によるドイツ国民のさらなる多様化という現実を前にして国民各層に根づいていくことになろう。歴史的現実として、いったん変革が発生すると、誰も以前の状態に完全に回帰することは不可能なのである。そうして、「ある種のグループの抵抗にもかかわらず、ドイツもスイスもゆっくりと、しかし不可避的に、いわゆる政治的・市民的国民へ向かって進化して」いくのである。

新国籍法が発効してから四ヵ月後の二〇〇〇年五月、「赤緑連立」のヨシュカ・フィッシャー副首相兼外相が、フンボルト大学での演説のなかで自らのヨーロッパ統合ヴィジョンを発表すると、CDU・CSU提案以後下火となっていた独仏間の議論がにわかに活発化していった。フィッシャーは、ヨーロッパ諸国が明確な将来形態に関するヴィジョンを持っていない状況にあると考え、この提案をもってヨーロッパ統合の将来形態に関する議論を巻き起こそうとしたという。二〇〇〇年はフランスがEU（ヨーロッパ連合）議長国に就任することが予定されており、フィッシャーはまさにそのような機会を狙って自らのヨーロッパ統合ヴィジョンを発表したのだった。フィッシャーは基本的に、CDU・CSU提案のような、旧来の国民国家を「抜け殻」とみなしつつ、それに代わって主権を持つ「ヨーロッパ連邦」を創るというヨーロッパ統合ヴィジョンを現実にそぐわないものと批判した。むしろ、国民国家を解体してしまうのではなく、それぞれの歴史と伝統を有する国民国家を基礎とした連邦制（「諸国民国家の連邦」）を実現していこうというヴィジョンを提案するのであった。フィッシャーとCDU・CSU議員団には国民をめぐる意識に大きな差があった。一九九四年のCDU・CSU提案から二〇〇〇年のフィッシャー提案への変化などについて、訳者は長らく関心を持ち、著書や論文の中でまとめているが、ここで深く掘り下げるのは「あとがき」の趣旨に反するため控えることにする。

いずれにせよ、国民という近代的概念について捉えようとするとき、ドイツにおける国民をめぐる意識もドイツ国民自体もそもそも混淆的だったという事実には留意せねばならない。これまでは国民を民族的・文化的なものと捉える風潮が優勢だったというだけであって、ドイツ国民は政治的・市民的国民へ向かって漸進的に変化し続けてきたし、変化し続けているのである。フランスにおいては、常に人びとが普遍性を目指そうとする概念に従ってきたわけではなかった。人びとが特殊性を望むことによって、「市民の共同体」の諸価値を裏切ることがあったし、これからもありうるのである。

本書の翻訳をめぐっては、法政大学出版局編集長、郷間雅俊氏には大変お世話になった。まだまだ経験が浅く、未熟な私の翻訳原稿に対し、郷間氏の丁寧かつ的確なチェックおよび指摘があったからこそ、本書は日の目を見たのであった。また、一橋大学大学院法学研究科准教授、森千香子先生からのさまざまな叱咤激励は非常に有難いものがあった。駒澤大学法学部講師、大西楠・テア先生からは現代ドイツの変化という点について示唆をいただいた。さらに、一橋大学大学院社会学研究科に所属する野末和夢君と慶應義塾大学大学院医学研究科修士課程に所属する西村直子さんとは、翻訳の際の文献・資料集めに積極的に協力してくださった。申し訳なく思いつつも本当に助かった。ここに篤く御礼と感謝とを表する次第である。

二〇一五年四月

訳　者

著　者

ドミニク・シュナペール（Dominique Schnapper）
1934 年生まれ。社会学者。パリ政治学院およびパリ大学社会学博士課程（第三課程）修了。パリ第五大学にて博士論文『文化的伝統と産業社会』により文学博士号を取得。1981 年より 2015 年現在に至るまで，フランス国立社会科学高等研究院（EHESS）教授（研究ディレクター）。現代におけるフランス共和主義の代表的論者の一人として世界的に知られ，その歴史への深い知見に基づく研究は高く評価されている。邦訳には『市民権とは何か』（風行社，2012 年）がある。

訳　者

中嶋洋平（なかしま・ようへい）
1980 年生まれ。慶應義塾大学総合政策学部卒業。慶應義塾大学大学院政策・メディア研究科後期博士課程単位取得退学。フランス国立社会科学高等研究院（EHESS）政治研究系博士課程修了。政治学博士。現在，東洋大学ほか非常勤講師。専門は，政治思想史・ヨーロッパ統合思想史。著書に『ヨーロッパとはどこか——統合思想から読む 2000 年の歴史』（吉田書店，2015 年）。

《叢書・ウニベルシタス　1026》
市民の共同体
国民という近代的概念について

2015年 5月 29日　初版第 1 刷発行

ドミニク・シュナペール
中嶋洋平 訳
発行所　一般財団法人　法政大学出版局
〒102-0071 東京都千代田区富士見 2-17-1
電話 03(5214)5540 振替 00160-6-95814
組版: HUP　印刷: 日経印刷　製本: 積信堂

Printed in Japan

ISBN978-4-588-01026-2

人名索引

ア 行

カ 行

サ 行

タ 行

ナ 行

ハ 行

マ行

ヤ 行

ラ 行

ワ 行

事項索引

あ 行

か 行

さ 行

た 行

な 行

は 行

ま 行

ら 行

や 行

わ 行

引用文献

ANDERSON Benedict, *Imagined communities. Reflections on the origin and spread of nationalism*, Londres, Verso, 1982.

ARMSTRONG John, *Nations before nationalism*, Chapel Hill, University of North Carolina, 1983.

ARON Raymond, *Paix et guerre entre les nations*, Paris, Calmann-Lévy, 1962.

ARON Raymond, «Max Weber et la politique de puissance», dans *Les étapes de la pensée sociologique*, Paris, Gallimard, coll. «Tel», 1967.

BADIE Bertrand, *L'Etat importé. L'occidentalisation de l'ordre politique*, Paris, Fayard, 1992.

BALIBAR Etienne et WALLERSTEIN Immanuel, *Race, nation, classes. Les identités ambiguës*, Paris, La Découverte, 1988.

BALIBAR Etienne, *Les frontières de la démocratie*, Paris, La Découverte, 1992.

BANFIELD Edward C., *The moral basis of a backward society*, New York, The Free Press, 1958.

BARNAVI Elie, *Une histoire modeme d'Israël*, Paris, Flammarion/Champs, 1988 (1982).

BARTH Frederik, *Ethnic groups and boundaries. The social organisation of cultural difference*, Londres, Allen and Unwin, 1969.

BEAUNE Colette, *Naissance de la nation France*, Paris, Gallimard, 1985.

BEETHAM David, *Max Weber and the theory of modern politics*, Cambridge, Polity Press, 1985.

BERGER Suzanne, «Bretons, Basques, Scots and other European nations», *Journal of interdisciplinary History*, 1972, 3, pp. 167-175.

BIBO Istvan, *Misère des petits Etats d'Europe de l'Est*, Paris, L'Harmattan, 1986 (1946).

BIRNBAUM Pierre et LECA Jean (éd.), *Sur l'individualisme. Théories et méthodes*, Paris, Presses de la Fondation nationale des sciences politiques, 1986.

BIRINBAUM Pierre (éd.), *Histoire politique des juifs de France*, Paris, Presses de la Fondation nationale des sciences politiques, 1991.

BREUILLY John, *Nationalism and the state*, Manchester U.P., 1982.

BRUBACKER William Rogers, *Citizenship and nationhood in France and Germany*, Harvard U.P., 1992

BURKE Edmund, *Réflexions sur la Révolution française*, Paris, Hachette/Pluriel, 1989 (1790), (Préface de Philippe Raynaud.)

CONNOR Walker, « A nation is a nation, is a state, is an edhnic grou, is a... », *Ethnic and Racial Studies*, vol. 1, n° 4, oct. 1978, pp. 377-400.

COSTA-LASCOUX Jacqueline, *De l'immigré au citoyen*, Paris, La Documentation Française, 1990.

COSTA-LASCOUX Jacqueline, « L'étrange dans la nation », *Raison présente*, 106, 1992, pp. 79-93.

DELANNOI Gil et TAGUIEFF Pierre-André (éd.), *Théories du nationalisme. Nation, nationalité, ethnicité*, Paris, Kimé, 1991.

Devant l'histoire. Les documents de la controverse sur la singularité de l'extermination des juifs par le régime nazi, Paris, Cerf, « Passages », 1988. (Préface de Luc Ferry, introduction de Joseph Rovan.)

DEUTSCH Karl W., *Nationalism and social communication. An Inquiry into the foundation of nationality*, New York, Wiley, 1966 (1953).

DEUTSCH Karl W. et FOLTZ William J. (ed.), *Nation-Building*, New York, Atherton Press, 1963.

DUMONT Louis, *Essais sur l'individualisme. Une Perspective anthropologique sur l'idéologie moderne*, Paris, Le Seuil, 1983.

DUMONT Louis, *L'idéologie allemande. France-Allemagne et retour*, Paris, Gallimard, 1991.

DURKHEIM Emile, *L'éducation morale*, Paris, Alcan, 1925 (1899).

EISENSTADT Shmuel N., *An absorption of immigrants*, Londres, Routledge and Kegan Paul, 1954.

ELIAS Norbert, *La société des individus*, Paris, Fayard, 1991 (1986/1987).

FERRY Jean-Marc, *Les puissances de l'expérience*, Paris, Cerf, 1991.

FICHTE Johann Gottlieb, *Discours à la nation allemande*, Paris, Imprimerie nationale, 1992. (Présentation et notes par Alain Renaut.)

FINLEY Moses I., *L'invention de la politique*, Paris, Flammarion, 1985 (Cambridge U.P., Politics in the ancient world, 1983).

FINLEY Moses I., « The Ancient Greeks and their nation : the sociological problem » , *The British Journal of sociology*, 5, 1954, pp. 253-264.

FURET François et OZOUF Mona (éd.), *Le siècle de l'avènement républicain*, Paris, Gallimard, 1993.

FURNIVALL J. S., *Netherlands India*, Cambridge University Press, 1939.

GARRIGOU Alain, *Le vote et la vertu. Comment les Français sont devenus électeurs*, Paris, Presses de Fondation nationale des sciences politiques, 1992.

GAULTHIER Philippe, «La citoyenneté en Grèce et à Rome : participation et intégration», *Ktema, civilisations de l'Orient, de la Grèce et de Rome antiques*, n° 6, 1981, pp. 176-179.

GAULTHIER Philippe, «Sur le citoyen romain», *Commentaire*, 6, 1979, pp. 318-323.

GEERTZ Clifford (ed.), *Old societies and new states. The quest for modernity in Asia and Africa*, New York, The Free press, 1963.

GELLNER Ernest, *Nations and nationalism*, Oxford, Blackwell, 1983.

GIRARDET Raoul, *Le nationalisme français, 1871-1914*, Paris, Armand Colin, 1966.

GLAZER Nathan et MOYNIHAN Daniel Patrick, *Beyond the melting pot. The Negroes, Puerto Ricans, Jews, Italians and Irish if New York City*, Cambridge, The MIT press, 1963.

GLAZER Nathan et MOYNIHAN Daniel Patrick (ed.), *Ethnicity. Theory and experience, Cambridge*, Harvard U.P., 1975.

GOLDENBERG David M. (ed.), *Documents in American Jewish History*, Philadelphie, Annenberg Research institute, 1990.

GREENFELD Liah, *Nationalism. Five Roads to modernity*, Londres, Cambridge, Harvard U.P, 1992.

GRÉMION Pierre, *Le pouvoir périphérique. Bureaucrates et notables dan le système politique français*, Paris, Le Seuil, 1976.

GUENÉE, Bernard, *L'Occident aux XIVe et XVe siècles: les Etats*, Paris, PUF, 1971.

GUENIFFEY Patrice, *Le nombre et la raison. La Révolution françaises et le élections*, Paris, Ecole des hautes études en sciences sociales, 1993.

HABERMAS Jürgen, *Ecrits politiques*, Paris, Cerf, 1990 (1985-1990).

HAGÈGE Claude, *Le souffle de la langue. Voies et destins des parlers d'Europe*, Paris, Odile Jacob, 1992.

HANSEN Morgens H., *The Athenian democracy in the age of Demosthenes*, Oxford, Blackwell, 1991; traduction française, Belles Lettres, 1993.

HARTZ Louis, *The Founding of new societies*, New York, Harcourt, Brace and World Inc., 1964; traduction française, Le Seuil, 1968.

HAUPT Georges, Löwi Michael et Weill Claudie, *Les marxistes et la question nationale*, Paris, Maspéro, 1974.

Haut Conseil à l'intégration, *L'intégration à la française*, Paris, UGE, 10/18, 1993.

HECHTER Michael, *Internal colonialism. The Celtic fringe in national development, 1536-1966*, Londres, Routledge and Kegan Paul, 1975.

HOBSBAWM Eric J., *Nations and nationalism since 1780. Programme, myth, reality*, Cambridge, Cambridge U.P., 1990,

HROCH Miroslav, *Die Vorkämpfer der nationalen Bewegung bei den kleinen Völkern*

Europas, Prague, University Karlova, 1968.
HUGGER Paul (dir.), *Les Suisse. Modes de vie, traditions, mentalités*, Lausanne, Payot, 1992.
HUME David, *Ecrits politiques*, Paris, Vrin, 1972.
IHL Olivier, «L'urne électorale, formes et usages d'une technique de vote», *Revue française de science politique*, n° 1, 1993, pp. 30-59.
IRIBARNE Philippe d', *La logique de l'honneur. Gestion des entreprises et traditions nationales*, Paris, Le Seuil, 1989.
KAMENKA Eugène (ed.), *Nationalism. The nature and evolution of an idea*, London, Edward Arnold, 1976.
KANTOROWICZ Ernst, *Les Deux Corps du Roi*, Paris, Gallimard, 1989 (1957).
KEDOURIE Elie, *Nationalism in Asia and Africa*, New York, World publ., 1970.
KENDE Pierre, «Quellle allternative à l'Etat-nation», *Esprit*, oct. 1991, pp. 23-30.
KOHN Hans, *The idea of nationalism. A Study in its origin and Background*, New York, Mac Millan, 1944.
LACROIX Bernard, «La vocation originelle d'Emile Durkheim», *Revue française de sociologie*, vol. XVII, n° 2, avril-juin 1976, pp. 213-245.
LAQUEUR Walter, *Histoire du sionisme*, Paris, Calmann-Lévy, 1973 (1972).
LÉVY-STRAUSS Claude (éd.), *L'identité*, Paris, Grasset, 1977.
LEWIS Bernard, *Islam et laïcité*, Paris, Fayard, 1988 (1961).
LIJPHART Arend, *The politics of accommodation. Pluralism and democracy in the Netherlands*, University of California Press, 1968.
LIJPHART Arend, *Democraties in plural societies. A comparative exploration*, Yale U.P., 1977.
LIPSET Seymour Martin, *The first new nation. The United States in historical and comparative perspective*, New York, Basic Books, 1963.
LIPSET Seymour Martin, *Continental divide. The values and institutions of the United States and Canada*, New York, Routledge, 1990.
LONG Marceau (dir.), *Etre français aujourd'hui et demain, Rapport présenté au Premier ministre*, Paris, Christian Bourgois, 10/18, 1988.
MANENT Pierre, *Histoire intellectuelle du libéralisme, dix leçons*, Paris, Calmann-Lévy, 1987.
MAUSS Marcel, *Œuvres*, t. 1, *Les fonctions sociales du sacré*, Paris, Editions de Minuit, 1968; t. 3, *Cohésions sociale et divisions de la sociologie*, 1969.
MENDELSOHN Ezra, *The Jews of East Central Europe between the world wars*, Bloomington, Indiana U.P., 1983.
MENDRAS Henri, *La Seconde Révolution française, 1965-1984*, Paris, Gallimard,

1988.
MOMMSEN Wolfgang J., *The Age of bureaucracy. Perspectives on the political sociology of Max Weber*, Oxford, Blackwell, 1974.
MOMMSEN Wolfgang J., *Max Weber et la politique allemande*, Paris, PUF, 1985 (1959).
NAIRN Tom, *The break up of Britain*, Londres, Verso, 1981.
NICOLET Claude, *Le métier de citoyen dans la Rome républicaine*, Paris, Gallimard, 1976.
NISBET Robert A., *La Tradition sociologique*, Paris, PUF, 1984 (1963).
NISBET Robert A., « Citizenship : two traditions », *Social Research*, vol. 41, n° 4, 1974, pp. 612-637.
NORA Pierre (dir.), *Les lieux de mémoire*, Paris, Gallimard, 7 vol., 1984-1992; nouvelle édition en trois volumes, Gallimard, coll. « Quarto », 1997.
PAUGAM Serge, *La société française et ses pauvres*, Paris, PUF, 1993.
PERIN Roberto, « National histories and ethnic history in Canada », *Cahiers de recherche sociologique*, n° 20, 1993.
PIRENNE Henri, *Histoire de Belgique*, 6 vol., Bruxelles, Henri Lamertin, 1900-1926,
POULTER Sebastian, « Cultural pluralism and its limits : a legal perspective », in *Britain : a plural society*, Londres, Commission for Race Equality, 1989.
RENAN Ernest, *Œuvres complètes*, t. 1, Paris, Calmann-Lévy, 1947.
RENAN Ernest, *Qu'est-ce qu'une nation? et autres essais politiques*, Paris, Presses Pocket, Agora, 1992 (1870-1882) (présentation de Joël Roman).
ROSANVALLON Pierre, *L'Etat en France de 1789 à nos jours*, Paris, Le Seuil, 1990.
ROSANVALLON Pierre, *Le sacre du citoyen*, Paris, Gallimard, 1992.
ROSECRANCE Richard, *The rise of the trading state. Commerce and conquest in the modern world*, New York, Basic Books, 1986.
ROSTOW Walt Whitman, *The Stages of economic growth. A non-communist manifesto*, Cambridge, U.P., 1960.
SAINT-GERMAIN Charles-Eric de, « Hegel, l'assimilation et l'exclusion », *Philosophie politique*, 3, 1993, pp. 45-64.
SCHLESINGER Jr. Arthur M., *La désunion de l'Amérique*, Paris, Liana Levi, 1993 (1991).
SCHNAPPER Dominique, *La France de l'intégration. Sociologie de la nation en 1990*, Paris, Gallimard, 1991.
SCHNAPPER Dominique, *L'Europe des immigrés. Essai sur les politiques d'immigration*, Paris, François Bourin, 1992.
SCHNAPPER Dominique, « Le sens de l'ethnico-religieux », *Archives de sciences sociales des religions*, 1993, pp. 149-163.

SETON-WATSON Hugh, *Nations and states. An inquiry into the origins of nations and the politics of nationalism*, Londres, Methuen, 1977.

SHKLARE Judith, *American citizenship*, Harvard U.P., 1991.

SIEGFRIED André, *La Suisse, Démocratie-témoin*, Neuchâtel, A la Baconnière, 1947.

SMITH Anthony D., *The ethnic revival in the modern world*, Cambridge, Cambridge, U.P., 1981.

SMITH Anthony D., *The ethnic origins of nations*, New York, Londres, Blackwell, 1986.

STARK Joachim, «Ethnien, Völker, Minderheiten», *Jahrbuch für Ostdeutsche Volkskunde*, Band 31, 1988, pp. 1-55.

SZÜCS Jenö, «Sur le concept de nation. Réflexions sur la théorie politique médiévale», *Actes de la Recherche en sciences sociales*, 64, septembre 1986, pp. 51-62 (1981).

SZÜCS Jenö, *Les Trois Europe*, Paris, L'Harmattan, 1985.

TIRRY Charles (ed.), *The Formation of national states in Western Europe*, Princeton U.P., 1975.

TOCQUEVILLE Alexis de, *Œuvres*, Paris, Gallimard, La pléiade, t. I, 1991, t. 2, 1992.

VILLARS Jean, «L'Amérique au miroir brisé», *Commentaire*, n° 54, été, 1991, pp. 425-429.

WALLERSTEIN Immanuel, «Ethnicity and national integration in West Africa», *Cahiers d'Etudes Africaines*, n° 3, 1960, pp. 129-139.

WEBER Max, *La ville*, Paris, Aubier-Montaigne, «Champ urbain», 1982 (1921), Tübingen, Mohr, 1947.

WEBER Max, *Wirtschaft und Gesellschaft. Grundriss der verstehenden Soziologie*, Tübingen, Mohr, 1947; traduction française *Economie et société*, Paris, Plon, 1971.

WEIL Eric, *Essais et conférences*, Paris, Plon, 1971.

WIEVIORKA Michel (éd.), *Racisme et modernité*, Paris, La Découverte, 1992.

WINDISCH Uli, «700 ans, ce n'est qu'un début», dans 1991, *Regards sur une Suisse jubilaire, 1291-1991*, Institut national genevois, 1991.

WINDISCH Uli, *Les relations quotidiennes entre Romands et Suisses allemands*, Lausanne, Payot, 1992 (2 vol.).

WINOCK Michel, *Edouard Drumont et Cie. Antisémitisme et fascisme en France*, Paris, Le Seuil, 1982.

WOOD Gordon S., *La création de la république américaine 1776-1787*, Paris, Belin, 1991 (préface de Claude Lefort) (1969).

注

緒　言

(1)　*La France de l'intégration. Sociologie de la nation en 1990.* Paris, Gallimard, « Bibliothèque des sciences humaines ».

(2)　私はまた，「非宗教性《ライシテ》」についてよりも，むしろ「政教分離の原則」について語るだろう。この「ライシテ」という用語は，フランスの特殊な事例にあまりに結びついてしまっている。「ライシテ」は，政教分離という，より一般的な現象の一つの国民的なあり方にすぎないのだから。

(3)　もっとも，私はローラン・テヴノが私にしてくれた指摘に従っているのである。それは，彼がリュック・ボルタンスキーとともにフランス国立社会科学高等研究院（EHESS）で指導しているゼミで，私が自分の研究を紹介した際に受けた指摘である。

(4)　これらの分析の展開については，*La relation à l'autre. Au cœur de la pensée sociologique,* Paris, Gallimard, « Nrf/essais », 1998, pp. 75 et suiv. を見よ。

(5)　Max Weber, *Essai sur la théorie de la science,* Paris, Armand Colin, 1992, p. 178.〔マックス・ウェーバー「社会科学および社会政策の認識の「客観性」」『ウェーバー社会科学論集』出口勇蔵訳，河出書房新社，1982 年，67 頁〕

(6)　*Ibid.*

序　論

(1)　この講演は 1993 年 6 月 3 日にウィーンで行われた第 7 回パトチカ・メモリアル・レクチャーでのものである。講演要旨はウィーン人間科学研究所『ニュースレター』第 40 号に掲載されているが，一般的に受け入れられている多くの考え方が熱を帯びて述べられている。この講演について，本書はのちほど繰り返し言及することになる。

(2)　Aron, 1962, p. 299.

(3)　Rosanvallon, 1990; Shklare, 1991, Schnapper, 1991.

(4)　Durkheim, 1925（1899）, p. 89.〔エミール・デュルケム『道徳教育論』麻生誠・山村健訳，講談社学術文庫，2010 年，154 頁〕

(5)　Elias, 1991（1986/1987）, p. 216.〔ノルベルト・エリアス『諸個人の社会――文明化と関係構造』宇京早苗訳，法政大学出版局，2000 年，183 頁〕

(6)　Mommsen, 1985（1959）, p. 75 で引用されている。

(7)　第五章第二部におけるこれらの分析の展開を見よ。

(8)　マリオ・バルガス・リョサの講演より。

(9)　Hechter, 1975.

(10)　Smith, 1981; Smith, 1986.〔アントニー・スミス『ネイションとエスニシティ——歴史社会学的考察』巣山靖司・高城和義他訳，名古屋大学出版会，1999 年〕

(11)　Nisbet, 1984 (1963).

(12)　Geertz (ed.), 1963. Greenfeld, 1992 がこの観点を引き継いでいる。

(13)　ヨーロッパにおける例外はただ以下の通り。Bibo, 1946; Aron, 1962; Szücs, 1986 (1981); Dumont, 1983 et 1991; Elias, 1991.

(14)　C. Geertz, in Geertz (ed.), 1963, p. 29.

(15)　C. Geertz, in Geertz (ed.), 1963, pp. 80–81.

(16)　Lipset, 1963, pp. 11, 224–225.〔シーモア・マーティン・リプセット『国民形成の歴史社会学——最初の新興国家』内山秀夫・宮沢健訳，未來社，1971 年，25 頁および 256–257 頁。リプセットはアメリカの政治学者〕

(17)　Greenfeld, 1992, p. 182.

(18)　Mauss, 1969, (1920?), p. 594.　モースのテクストは後になって刊行されたが，おそらくは 1920 年に執筆されたものである。

(19)　この表現はルイ・デュモンから借用している。Dumont, 1991, p. 25.

(20)　ソシュールが「視点が科学を作り出す」と書くことができた意味における「視点」である。

(21)　Mauss, 1969 (1920?), p. 605.

(22)　Mauss, 1968 (1904), p. 93.

(23)　Mauss, 1968 (1904), pp. 93–94.

第一章

(1)　それゆえ私は市民的国民，政治的国民，民主主義の国民，あるいは市民の共同体的国民について，それぞれ区別せずに論じるだろう。

(2)　民族《エスニー》や民族的グループという用語には対象を軽蔑するような含意はいっさいなく，ある人たちが政治生活のなかで東ヨーロッパの「民族《エスニー》」や「部族」を非難しているような意味でこれらの用語が用いられていないことを，強調する必要があろうか。

(3)　Szücs, 1986 (1981).〔イェネー・スュッチはハンガリーの歴史家〕

(4)　Hobsbawm, 1990, p. 47.〔エリック・ホブズボーム『ナショナリズムの現在』浜林正夫・嶋田耕也・庄司信訳，大月書店，2001 年，58 頁〕

(5)　E. Shils, dans Geertz (ed.), 1963, pp. 21–22.

(6)　W. Petersen dans Glazer-Moynihan (ed.), 1975, pp. 177 et suiv. « subnation ». 〔邦訳として，ネイサン・グレイザー，ダニエル・パトリック・モイニハン編『民族とアイデンティティ』内山秀夫訳，三嶺書房，1984 年があるが，ピータ

ーセンの論文は翻訳されていない〕

(7) Armstrong, 1982.

(8) Wallerstein, 1960, p. 132.

(9) D. L. Horowitz dans Glazer-Moynihan (ed.), 1975, pp. 21–22.〔D. L. ホロヴィッツ「種族的アイデンティティ」, 前掲『民族とアイデンティティ』, 154 頁〕

(10) Barth, 1969.〔フレデリック・バースはノルウェーの人類学者〕

(11) Connor, 1978, p. 589.〔ウォーカー・コナーはアメリカの政治学者〕

(12) Seton-Watson, 1977, p. 5.〔ヒュー・シートン＝ワトソンはイギリスの歴史学者〕

(13) Armstrong, 1982.

(14) Berger, 1972.

(15) J. Crowley dans Delannoi-Taguieff (dir.), 1991, p. 187.

(16) D. Schnapper dans Birnbaum (dir.), 1991, pp. 296–310.

(17) Renan, 1947 (1882), p. 887.〔エルネスト・ルナン「国民とは何か」鵜飼哲訳, 鵜飼哲編『国民とは何か』インスクリプト, 1997 年, 42 頁〕

(18) Renan, 1947 (1882), p. 888.〔同前, 43 頁〕

(19) Mauss, 1969 (1920?), p. 581.

(20) Mauss, 1969 (1920?), p. 583.

(21) Mauss, 1969 (1920?), pp. 584–585.

(22) Aron, 1962, p. 17.

(23) 私はこの場合,「政治的ユニットたる国民《ネイション》 (nation-unité politique)」という用語を使用するだろう。

(24) Weber, 1947, p. 647.〔マックス・ウェーバー「国民」『権力と支配』濱島朗訳, みすず書房, 1954 年, 209 頁〕

(25) Weber, *Politische Schriften*, cité dans Aron, 1967 (1964), p. 646.〔マックス・ウェーバー『政治論集 1』中村貞二・山田高生・林道義・嘉目克彦訳, みすず書房, 1982 年, 161–162 頁〕

(26) Weber, 1947, p. 630.〔マックス・ウェーバー「国民」, 前掲『権力と支配』, 215 頁〕

(27) Mommsen, 1985 (1959).

(28) Mommsen, 1985 (1959), p. 79.

(29) Gellner, 1983.〔アーネスト・ゲルナー『民族とナショナリズム』加藤節監訳, 2000 年, 岩波書店。アーネスト・ゲルナーはパリ生まれプラハ育ちのユダヤ人歴史学者〕

(30) Lévi-Strauss, 1977, p. 372.

(31) Manent, 1987, p. 161.〔ピエール・マナン『自由主義の政治思想』高橋誠・藤田勝次郎訳, 新評論, 1995 年, 170 頁〕

(32) A. Renaut dans Fichte, 1992 (1806), p. 42.
(33) Schnapper, 1991, p. 27.
(34) Mauss, 1969 (1920?), p. 574.
(35) Aron, 1962, pp. 16–17.
(36) Mauss, 1969 (1920?), p. 604.
(37) Aron, 1962, p. 297.
(38) 例えば，Gellner, 1983, p. 11.〔前掲『民族とナショナリズム』，11–12 頁〕や Ferry, 1991, t. 2, p. 181 など。
(39) Hume, 1972 (1748), pp. 291–292.
(40) Weber, 1971 (1913) (trad.), p. 421 ; 1947, p. 222.〔『経済と社会』第二部第四章「種族的ゲマインシャフト」(邦訳なし))
(41) C. Geertz dans Geertz (ed.), 1963, p. 156.
(42) Weber, cité par Mommsen, 1974, p. 44.
(43) Cité par Aron, 1967 (1964), p. 643.
(44) Mauss, 1969 (1920?), p. 608.
(45) Tilly (ed.), 1975.〔チャールズ・ティリーはアメリカの歴史社会学者〕
(46) Durkheim, 1925 (1899), p. 78.〔エミール・デュルケム『道徳感情論』麻生誠・山村健訳，講談社学術文庫，2010 年，139 頁〕
(47) Smith, 1986, p. 166.〔前掲『ネイションとエスニシティ』，178 頁〕
(48) Schnapper, 1991, p. 71.

第二章

(1) たとえ実際には，普遍的な「市民」という概念そのものが，市民の「支配」が宣言されて以来変化したにしてもである。例えば，Rosanvallon, 1992.
(2) Renan, 1947 (1882), pp. 896, 899, 902, 903. (エルネスト・ルナン「国民とは何か」鵜飼哲訳，前掲『国民とは何か』，53，56，59，60 頁。)
(3) Gellner, 1983, p. 54.〔前掲『民族とナショナリズム』，91 頁〕
(4) Gellner cité dans Delannoi-Taguieff (dir.), 1991, p. 236.
(5) Mauss, 1969 (1920?), pp. 595 et 596.
(6) Mauss, 1969 (1920?), pp. 598 et 601.
(7) Weber, 1947 (1913), p. 627. 同じテーマが 242 頁に見られる（フランス語訳版の 424 頁)。〔マックス・ウェーバー「国民」，前掲『権力と支配』，209–210 頁〕
(8) Mauss, 1969 (1920?), p. 54.
(9) Weber, 1971 (avant 1913) (trad.), p. 427 ; Weber, 1947, p. 22.〔『経済と社会』第二部第四章「種族的ゲマインシャフト」(邦訳なし)〕
(10) Lipset, 1963, p. 7.〔前掲『国民形成の歴史社会学』，20 頁〕

(11)　Greenfield, 1992, p. 14.〔ライア・グリーンフィールドはアメリカの政治学者〕
(12)　Weber, 1971 (avant 1913) (trad.), p. 427 ; Weber, 1947, p. 226.〔『経済と社会』第二部第四章「種族的ゲマインシャフト」(邦訳なし)〕
(13)　Weber, 1971 (avant 1913) (trad.), p. 427 ; Weber, 1947, p. 226.〔『経済と社会』第二部第四章「種族的ゲマインシャフト」(邦訳なし)〕
(14)　Hartz, 1968 (1964).
(15)　Lipset, 1963, en part. pp. 73–78. Lipset, 1990.
(16)　近代民主主義諸国における政治的プロジェクトの衰弱や国民の頽廃は，そうした近代民主主義諸国が多くの場合過去にその姿を現したことの説明となる。
(17)　Bibo, 1986 (1946), p. 134.
(18)　以下をそのまま参照した。Greenfeld, 1992, pp. 41 et suiv.
(19)　Hume, pp. 136 et 300.〔デイヴィッド・ヒューム「グレイト・ブリテンの党派について」『道徳・文学・政治論集』田中敏弘訳，名古屋大学出版会，2011 年，53 頁および「国民性について」，前掲書，175 頁〕
(20)　Hume, pp. 333, 345 et 64.〔デイヴィッド・ヒューム「原始契約について」，前掲『道徳・文学・政治論集』，381–382 頁および 386–387 頁，そして「政治は科学になりうる」，前掲書，18 頁〕
(21)　Hume, p. 150.〔デイヴィッド・ヒューム「グレイト・ブリテンの党派について」，前掲『道徳・文学・政治論集』，57 頁〕
(22)　Burke, 1989, p. 41.〔エドマンド・バーク『フランス革命の省察（新装版）』半澤孝麿訳，1997 年，みすず書房，42 頁〕
(23)　Burke, 1989, p. 40.〔前掲『フランス革命の省察（新装版）』，41 頁〕
(24)　Nairn, 1981, p. 18.
(25)　Lipset, 1963 の書名。
(26)　T. Parsons dans Glazer-Moynihan (ed.), 1975, p. 56; Greeenfeld, 1992, p. 13.〔タルコット・パーソンズ「エスニシティ変化の性質と動向にかんする理論的考察」，前掲『民族とアイデンティティ』，80 頁。リア・グリーンフェルドについては邦訳されず〕
(27)　これら二つの引用は Schlesinger, 1991 から〔アーサー・シュレージンガー『アメリカの分裂』都留重人監訳，岩波書店，1992 年，5 頁および 18 頁。なお邦訳書ではクレヴキョールと記述〕。
(28)　Glazer-Moynihan, 1963.
(29)　Ph. Raynaud dans Furet-Ozouf (éd.), 1993, p. 59.
(30)　Wood, 1991 (1969), p. 684.〔ゴードン・ウッドはアメリカの歴史家〕
(31)　Wood, 1991 (1969), p. 33.
(32)　Hartz, 1968 (1964), p. 90.

(33) Tocqueville, 1992 (1835), p. 394.〔アレクシ・ド・トクヴィル『アメリカのデモクラシー　第一巻（下）』松本礼二訳，岩波文庫，2005 年，298 頁〕
(34) Bibo, 1986 (1946), p. 55（著者による強調).
(35) フランスの政治的プロジェクトの性質は Schnapper, 1991 のテーマである。
(36) Dumont, 1991, p. 251.〔ルイ・デュモンはフランスの人類学者〕
(37) Pirenne, 1917, p. 20.
(38) Pirenne, 1917, p. 5.
(39) Renan, 1947 (1870), p. 416.
(40) 第三章，第二部を見よ。
(41) Windisch, 1991, p. 84.〔ウーリ・ヴィンディッシュはスイスの社会学者〕
(42) Hugger (dir.), 1992.
(43) Laqueur, 1973 (1972), p. 106 で引用されている Herzl の文章〔ウォルター・ラカー『ユダヤ人問題とシオニズムの歴史』高坂誠訳，第三書館，1994 年，126 頁。ウォルター・ラカーはアメリカの歴史家〕。
(44) Eisenstadt, 1954, p. 39.〔シュメル・アイゼンシュタットはイスラエルの社会学者〕
(45) Laqueur, 1973 (1972), p. 606.〔前掲『ユダヤ人問題とシオニズムの歴史』，795–796 頁〕
(46) Barnavi, 1988 (1982), p. 27.〔エリー・バーナヴィはイスラエルの歴史家・外交官〕
(47) Anderson, 1982, p. 101.〔ベネディクト・アンダーソン『定本　想像の共同体——ナショナリズムの起源と流行』白石隆・白石さや訳，書籍工房早山，2007 年，172–173 頁〕によって引用されている。ジョルジュ・オープ（Haupt）によれば，オットー・バウアーが続いてこの文化的自律性の理論を再検討したという。Haupt *et al.*, 1974, p. 52 を参照せよ。
(48) Habermas, 1990, p. 238.
(49) Ferry, 1991, p. 194.
(50) Ferry, 1991, p. 195.
(51) Costa-Lascoux, 1992.〔ジャクリーヌ・コスタ＝ラスクーはフランスの社会学者〕
(52) Kende, 1991, p. 27.〔ピエール・ケンドはハンガリーの社会学者〕
(53) *Devant l'histoire*, 1988 という論文選集のサブタイトルを用いるならば。
(54) Ph. Raynaud dans Burke, 1989 (1790), p. xv.
(55) Elias, 1991 (1986–87), pp. 261 et 263.〔前掲『諸個人の社会』，228 頁〕
(56) Smith, 1986, pp. 212–213.〔前掲『ネイションとエスニシティ』，241–242 頁〕
(57) 18 世紀のハンガリーについては Szücs, 1986 を見よ。
(58) Beetham, 1985, p. 122 に引用されている。〔デイヴィッド・ビーサムはアメ

リカの社会理論家〕

第三章

(1) P. Vidal-Naquet, 1985, p. 6. モーゼス・フィンリーの著作への序文。

(2) 私はHansen, 1991やフィリップ・ゴーチエとのやりとりを根拠としている。

(3) Hansen, 1991, p. 62.

(4) Eschine, 1. 4–5, p. 74. ハンセンによって引用されている。

(5) Aristote, Pol., 1317 a 40 – b 17.

(6) Aristote, Pol., 1280 b 32–35.

(7) Gauthier, 1981, p. 167.

(8) Finley, 1954, p. 256.

(9) Cicéron, *De Legibus*, 1, 23. ゴーチエによって引用・翻訳されている。Gauthier, 1981, p. 172.

(10) Gauthier, 1979, pp. 318–319.

(11) Finley, 1985 (1983), pp. 139–140.

(12) Weber, 1982 (1921), p. 209; Weber, 1947, p. 600.〔マックス・ウェーバー『都市の類型学（『経済と社会』第二部第九章）』世良晃志郎訳，創文社，1964年，346頁〕

(13) Nicolet, 1976.

(14) Weber, 1982 (1921), p. 62; Weber, 1947, p. 534.〔前掲『都市の類型学』，96頁〕

(15) Lewis, 1988 (1968), p. 344.

(16) Manent, 1987, p. 26.〔前掲『自由主義の政治思想』，25頁〕

(17) Rosanvallon, 1992, p. 333.

(18) Burke, 1989, p. 252.〔前掲『フランス革命の省察（新装版）』，249頁〕

(19) ローザンヴァロンの引用するジョン・ステュアート・ミルの文章。Rosanvallon, 1992, p. 453.

(20) 例えば，Mauss, 1969 (1920?), Dumont, 1983.〔ルイ・デュモン『個人主義論考——近代イデオロギーについての人類学的展望』渡辺公三・浅野房三訳，言叢社，1993年〕

(21) Manent, 1987, p. 170.

(22) フィリップ・レイノーはFuret et Ozouf (éd.), 1993のなかで非常に明晰にこれら二つの伝統を分析している。

(23) Rosanvallon, 1992.

(24) Furnivall, 1939.

(25) Garrigou, 1992; Gueniffey, 1993; Ihl, 1993.

(26) Mendelsohn, 1983.

(27) J. Rex dans Wieviorka (dir.), 1993, p. 343.

(28)　T. Parsons dans Glazer-Moynihan (ed.), 1975, p. 55.〔タルコット・パーソンズ「エスニシティ変化の性質と動向にかんする理論的考察」，前掲『民族とアイデンティティ』，78 頁〕
(29)　Schnapper, 1991, pp. 155 et suiv.
(30)　Dumont, 1991, pp. 269 et 270.
(31)　Windisch, 1991, 1992.　さらに本書 157–159 頁を見よ。
(32)　Mauss, 1969 (1920?), p. 593.
(33)　Rosanvallon, 1992, p. 337 で引用されている。
(34)　Lijphart, 1968; Lijphart, 1977, *passim*.
(35)　Lijphart, 1977, p. 168.
(36)　Badie, 1992.
(37)　Elias, 1991 (1986/1987), pp. 235 et suiv.〔前掲『諸個人の社会』，204 頁以降〕
(38)　例えば，Balibar, 1992, p. 113.
(39)　Costa-Lascoux, 1992.
(40)　例えばフランス国籍法の第六十九条およびそれに続く条項の表現による。
(41)　多くの差異について指摘した後，私はとくにドイツ連邦共和国とフランスとの間のこうした差異を強調した。Schenapper, 1991, pp. 51–71.
(42)　15,000 人の外国人が毎年，ドイツ国籍を取得してきた。
(43)　Tocqueville, 1992 (1840), p. 787.〔前掲『アメリカのデモクラシー　第二巻（下）』，183 頁〕
(44)　Aron, 1962, p. 170.
(45)　Villars, 1991, p. 425.
(46)　Tocqueville, 1992 (1840), p. 797.〔前掲『アメリカのデモクラシー　第二巻（下）』，197 頁〕
(47)　Renan, 1947 (1870), p. 434.
(48)　Banfield, 1958.
(49)　J. Leca dans Birnbaum-Leca (dir.), 1986, pp. 172–174.
(50)　C. Geertz dans Geertz (ed.), 1963, p. 110.

第四章

(1)　Saint-Germain, 1993, p. 64.
(2)　Fichte, 1992 (1806), p. 33 で A. ルノーが引用している。
(3)　Laqueur, 1973 (1972), pp. 452–453.
(4)　Goldenberg (ed.), 1990, p. 59.
(5)　Lipset, 1963, p. 165.〔前掲『国民形成の歴史社会学』，194 頁〕
(6)　Lewis, 1988 (1961), pp. 354 et suiv.
(7)　Tocqueville, 1991, p. 29.〔« Lettre à Chabrol » は邦訳されず〕

(8) Tocqueville, 1991, p. 190 (p. 355 de Folio).〔前掲『アメリカのデモクラシー 第一巻（下)』, 121–122 頁〕
(9) Windisch, 1992, t. 2, p. 441.
(10) Windisch, 1991, p. 83.
(11) Siegfried, 1947, p. 199.〔アンドレ・シーグフリード『スイス——デモクラシーの証人』吉阪俊藏訳, 岩波新書, 1952 年, 202 頁〕
(12) Eisenstadt, 1954, pp. 52–58.
(13) Laqueur, 1973 (1972).
(14) Durkheim, 1925 (1899), p. 90.〔前掲『道徳感情論』, 154 頁〕
(15) Long, 1988.
(16) Durkheim, 1925 (1899), p. 170.〔前掲『道徳感情論』, 256 頁〕
(17) Guenée, 1971, p. 123.
(18) Lewis, 1988 (1961), pp. 314–315.
(19) 括弧内の表現は 1917・1918 年版の序文から借用した。
(20) Perin, 1993.
(21) D'Iribarne, 1989, p. 226.
(22) Hagège, 1992, p. 86 で引用されている。
(23) Lijphart, 1977, p. 169.
(24) Wallerstein, 1960, p. 138.
(25) Lewis, 1988 (1961), p. 378 et suiv.
(26) Grémion, 1976.
(27) Poulter, 1989, p. 7.
(28) Poulter, 1989, p. 5.
(29) Haut Conseil à l'intégration, 1993, p. 81.
(30) Tocqueville, 1992, p. 786.〔前掲『アメリカのデモクラシー 第二巻（下)』, 182 頁〕
(31) Mauss, 1969 (1920?), p. 588.
(32) Weber, 1947, p. 627.〔マックス・ウェーバー「国民」, 前掲『権力と支配』, 208 頁〕
(33) Laqueur, 1973 (1972), p. 36.
(34) Hroch, 1968.
(35) I. Berlin dans Delannoi-Taguieff (dir.), 1991, p. 311.
(36) Aron, 1962, p. 299 以下を見よ。
(37) Paugam, 1993.
(38) Elias, 1991 (1986/7), p. 261.〔前掲『諸個人の社会』, 227 頁〕

第五章

(1) C. Tilly dans Tilly (éd.), 1975, p. 42.
(2) Beaune, 1985.
(3) Renan, 1947 (1882), p. 894.〔エルネスト・ルナン「国民とは何か」鵜飼哲訳, 前掲『国民とは何か』, 50 頁〕
(4) Kantorowicz, 1989 (1957), p. 146.
(5) Manent, 1987, p. 29.〔前掲『自由主義の政治思想』, 28 頁〕
(6) Bibo, 1986 (1946), p. 144.
(7) Hagège, 1992, p. 146.
(8) Delannoi-Taguieff (éd.), 1991, p. 318 にて引用されている。
(9) Weil, 1971, p. 156.
(10) Szücs, 1985.
(11) Smith, 1986, p. 4.〔前掲『ネイションとエスニシティ』, 6 頁〕
(12) J. Plamenatz dans Kamenka, 1976.
(13) Dumont, 1991, p. 24.
(14) Costa-Lascoux, 1990.
(15) Stark, 1988.
(16) Schnapper, 1991, pp. 51 et suiv. ; Schnapper, 1992 ; Brubacker, 1992.
(17) M. Douglas (*daedalus*, automne 1978). Dumont, 1983, p. 15 に引用されている(前掲『個人主義論考』, 15 頁)。
(18) この段落はやむをえず簡略化して Fichte, 1992 (1806)におけるアラン・ルノーの序文を要約している。
(19) A. Renaut dans Fichte, 1992 (1806), p. 26.
(20) Fichte, 1992 (1806), p. 206.〔ヨハン・ゴットリープ・フィヒテ「ドイツ国民に告ぐ」細見和之・上野成利訳, 前掲『国民とは何か』, 120 頁〕
(21) A. Renaut dans Fichte, 1992 (1806), pp. 41 et 43.
(22) J. Roman dans Renan, 1992 (1882), p. 24.〔ジョエル・ロマン「二つの国民概念」大西雅一郎訳, 前掲『国民とは何か』, 1997 年〕
(23) Lacroix, 1976, p. 241.
(24) クロード・ルフォールが Tocqueville dans Wood (trad.), 1991, p. 7 で使用している表現。
(25) Kohn, 1944.
(26) Kedourie, 1960, 1985.
(27) Greenfeld, 1992.
(28) Girardet, 1966; Winock, 1982.
(29) Nora (dir.), 1984–1992.

(30)　Smith, 1986, p. 2.〔前掲『ネイションとエスニシティ』, 3 頁〕
(31)　Kedourie, 1985, p. 74.
(32)　Hechter, 1975. Berger, 1972.
(33)　かなり多くの著作が Glazer-Moynihan, 1963 とともに執筆されるようになった。
(34)　W. Petersen dans Glazer-Moynihan (éd.), 1975, pp. 177–208.
(35)　最近の例としては Hobsbawm, 1990 がある。
(36)　Tilly (éd.), 1975, p. 6.
(37)　最近の例としては Balibar-Wallerstein, 1988 がある。
(38)　Nisbet, 1974 に引用されている A. D. Lindsay, 1943.
(39)　E. Shils dans Geertz (éd.), 1962, p. 21.
(40)　E. Shils dans Geertz (éd.), 1962, p. 22.
(41)　C. Geertz (éd.), 1962, p. 153.
(42)　C. Geertz (éd.), 1962, p. 119.
(43)　T. Parsons dans Glazer, Moynihan (éd), 1975, p. 59.
(44)　Delannoi-Taguieff (dir.), 1991 には, これらの研究についての John Crowly によるフランス語のよい分析がある。
(45)　K. Deutsch dans Deutsch-Folz (éd.), 1963, p. 4.
(46)　Deutsch, 1966, p. 188.
(47)　Deutsch, 1966, pp. 7–8.〔ホイットマン・ロストウ『増補・経済成長の諸段階——一つの非共産主義宣言』木村健康・久保まち子・村上泰亮訳, ダイヤモンド社, 1974 年〕
(48)　Gellner, 1983, p. 24.〔前掲『民族とナショナリズム』, 41 頁〕
(49)　Gellner, 1983, p. 37.〔前掲『民族とナショナリズム』, 63 頁〕
(50)　Gellner, 1983, p. 140.〔前掲『民族とナショナリズム』, 233 頁。邦訳書は原文の legitimate culture を「正統な文化」と訳しているが, シュナペールは "l'éducation légitime" と訳している。ゲルナーは国家には必ずメインカルチャーというものがあり, そうしたメインカルチャーが維持されるのは国家が中央集権的に管理運営する教育システムのおかげであると指摘している。つまり主権国家は必ず暴力と culture を合法的に独占するのである。したがってこの culture の翻訳としては仏語 "éducation"／邦語「教育」が正しいと思われる。culture には éducation ／教育という意味もある〕
(51)　Gellner, 1983, p. 73.
(52)　Kedourie, 1985 (1960), pp. 147–148.
(53)　Anderson, 1983, p. 15.〔前掲『定本　想像の共同体』, 24 頁〕
(54)　Smith, 1986, pp. 215–216.〔前掲『ネイションとエスニシティ』, 254 頁〕
(55)　Breuilly, 1982.

(56) Dumont, 1991, pp. 268 et 270.

(57) Mauss, 1969 (1920?), p. 586.

(58) Dumont, 1983, pp. 130–131.〔前掲『個人主義論考』, 191–193 頁〕(この邦訳書は「nationales」に「民族的」という訳語を与えることで,「それぞれにおいて優越する民族的イデオロギー (idéologies nationales)」と訳出している〕

(59) Dumont, 1991, p. 8.

(60) Dumont, 1991, p. 25.

(61) Dumont, 1991, p. 30.

(62) Dumont, 1983, pp. 20–21.〔前掲『個人主義論考』, 22–23 頁。邦訳書は「民族主義は, 歴史的には, 価値としての個人主義と固く結びついているのだ。民族とはまさしく価値としての個人主義が支配的位置を占めることに対応する, 全体社会の一類型にほかならない。それは歴史的に個人主義の支配に随伴しているばかりでなく, 両者の相互依存は不可避のものなのである。すなわち民族とはみずからを個人とみなす人々によって構成された全体社会なのである」と訳出しているように, nation を基本的にすべて「民族」と訳している〕

(63) Habermas, 1990, pp. 250 et 259 に引用されている M. R. レプシウス。

(64) Elias, 1991 (1986/1987), p. 297.〔前掲『諸個人の社会』, 258 頁〕

結 論

(1) Mauss, 1969 (1920?), p. 625.

(2) Mendras, 1988.

(3) Nora, 1993, III, vol. 3, p. 30.

(4) Rosecrance, 1986.

(5) Habermas, 1991, p. 240.

(6) Habermas, 1991, p. 247.

(7) これらの分析は Schnapper, 1993 のなかで展開されている。